2021世代 いわて 高校野球ファイル

2021 Iwate high school Baseball File

〈表紙の写真〉1回戦・盛岡南―水沢商　初回、水沢商の三走阿部が三ゴロで本塁を尽き、先制点を挙げる

Contents

[表記について]
全部員名簿を除き、本文中の人名は原則、新字体で表記しています。選手の学年は岩手日報掲載時のものです。
イニングスコアの本塁打の丸数字は①ソロ、②2ラン、③3ラン、④満塁―を表します。

輝いた
2021世代

最速147キロ

斎藤響介
（盛岡中央2年）

177センチ、68キロの細身から最速147キロの速球を投げ込み、4試合で計35奪三振。1回戦13個、2回戦では10個の三振を奪った

進撃支えた左腕

山本陸駆
（水沢工3年）

38年ぶりに4強入りした水沢工のエース。120キロ台の直球ながら、的を絞らせない投球で延長戦を含む3試合に完投。4試合計35回で自責点6と抜群の安定感が光った

1年生スラッガー

佐々木麟太郎
（花巻東1年）

1年生ながら183センチ、117キロの大型スラッガー。春季県大会で5本塁打したパワーを発揮し、夏も2本塁打をマーク。チームの勝利に貢献した

5戦連続アーチ

金子京介
（盛岡大付3年）

2回戦から決勝まで5試合連続アーチを放ち、1大会での本塁打記録を更新。20打数9安打11打点の活躍で盛岡大付の優勝に貢献した

長身サウスポー

長倉勇気
（久慈東3年）

身長180センチから投げ下ろす140キロ台の直球を武器に、1回戦は3安打完封。2回戦も4安打1失点で完投し、チームを16強に導いた

第103回全国高校野球選手権岩手大会

11度目の夏制覇

新型コロナウイルス感染症の影響で2年ぶり開催となった第103回全国高校野球選手権岩手大会は、決勝で第2シード盛岡大付が第1シード花巻東を9—4で破り、2017年以来11度目の夏の甲子園切符をつかんだ。夏11度の出場は福岡、花巻東を上回り、単独で県勢最多。

盛岡大付は初回に金子京介（3年）の大会新記録となる5試合連続の本塁打などで2点を先制。4—4で迎えた八回は渡辺翔真（同）の右前適時打など5安打で5点を挙げ、花巻東を突き放した。花巻東は四回と六回に2度追い付く粘りを見せたが、終盤に力尽きた。

4年ぶり11度目の優勝を果たし、マウンドで喜ぶ盛岡大付の選手たち=7月24日、盛岡市三ツ割・県営球場

盛岡大付

FINAL

決勝

7月24日

盛岡大付 9—4 花巻東

盛岡・県営球場

盛岡大付

2	1	0	0	0	1	0	5	0	9
0	1	0	2	0	1	0	0	0	4

花巻東

(盛)渡辺―田屋
(花)萬谷、菱川、平井、中居―田代
▽本塁打　金子(盛)＝一回①、田代(花)＝二回①

盛岡大付は4―4の八回、南、新井、佐々木の3連打で無死満塁とし、渡辺の右前適時打が敵失を誘って一挙3点。さらに松本の右前打と金子の左犠飛などで2点を加え突き放した。主戦渡辺は9安打を許しながら緩急を付けた投球で要所を締めて完投。バックも無失策で支えた。初回に金子の5試合連続本塁打で先制するなど、打線も14安打を放った。

花巻東は2度追いつく粘りを見せた。0―3の二回1死、田代の右越え本塁打で1点を返し、四回には1死一、三塁から田代の中前打と平井の右越え二塁打で2点を加え同点。六回にも菊池開の中犠飛で4―4の同点としたが、終盤は打線のつながりを欠いた。投手陣も計7四死球を与え、リズムに乗り切れなかった。

【盛岡大付】		打	安	点	振	球	犠	盗	残	失
⑤	松本	5	3	2	0	1	0	0	4	0
⑧	大貫	4	0	0	0	0	1	0	0	0
③	金子	4	1	2	1	0	1	0	0	0
⑨	小針	1	0	0	0	4	0	0	1	0
R	赤堀	0	0	0	0	0	0	0	1	0
9	駒田	0	0	0	0	0	0	0	0	0
④	南	5	2	1	1	0	0	0	1	0
⑦	新井	5	3	0	0	0	0	0	1	0
⑥	佐々木	5	3	1	0	0	0	1	0	0
①	渡辺	4	2	1	0	0	1	0	1	0
②	田屋	3	0	0	3	2	0	0	1	0
		36	14	7	5	7	3	1	10	0

【花巻東】		打	安	点	振	球	犠	盗	残	失
⑧	相野	4	0	0	0	1	0	0	1	0
⑥	宮沢	5	2	0	1	0	0	0	1	0
③	佐々木	4	0	0	0	1	0	0	1	0
⑤15	菱川	3	1	0	0	1	0	0	0	0
②	田代	4	2	2	0	0	0	0	0	0
⑦17	平井	4	2	1	0	0	0	0	2	0
⑨	黒沢	3	1	0	0	1	0	0	2	1
①	萬谷	0	0	0	0	0	0	0	0	0
5	菊池開	1	0	1	0	1	1	0	0	0
7	渡辺	1	0	0	0	0	0	0	0	0
1	中居	0	0	0	0	0	0	0	0	0
④	熊谷	4	1	0	1	0	0	0	1	0
		33	9	4	2	5	1	0	8	1

▽三塁打　熊谷(花)
▽二塁打　南、新井、松本(盛)宮沢、平井(花)
▽併殺　盛2、花1
▽捕逸　田代（花）1＝四回▽暴投　渡辺(盛)1＝七回
▽球審　三浦大▽塁審＝三浦寿、小野寺、高橋
▽試合時間　3時間6分(中断8分)

投手	回	打	安	振	球	責	失	投
渡辺	9	39	9	2	5	4	4	148
萬谷	2	11	4	1	1	3	3	38
菱川	5⅓	27	9	3	4	2	6	111
平井	1⅓	7	1	1	2	0	0	26
中居	⅓	1	0	0	0	0	0	3

【盛岡大付野球部小史】
1958年に生活学園として設立された男女共学の私立校。80年野球部創部。90年盛岡大付に校名変更した。95年夏の岩手大会で優勝し甲子園初出場。2003年には県勢19年ぶりの春夏連続出場を果たした。これまで春5度、夏10度の甲子園出場を果たし、17年には春夏連続で8強に進出。部員は106人。主なOBにプロ野球ソフトバンクの松本裕樹、元広島の伊東昂大ら。野球部のほか柔道などの部活動も盛ん。盛岡市厨川5の4の1。

健在、強打の盛岡大付

最後の打者を二ゴロに打ち取ると、盛岡大付の選手たちはマウンドで喜びを爆発させた。「入学したときからこの瞬間を待っていた」と主戦渡辺翔真（3年）。ライバル花巻東との3時間6分に及ぶ熱戦を制し、11度目の夏の甲子園出場をつかんだ。

背番号1が試合をつくった。2点を先制した初回裏。打率5割超の相野七音（3年）を1番、1年生ながら2本塁打の佐々木麟太郎を3番に据えた花巻東打線を、3試合連続先発のエースが冷静に打ち取った。相野と2番宮沢圭汰（2年）を中飛、佐々木は二邪飛。あっさりとスコアボードに「0」を刻んだ。二回に本塁打を浴び、何度も走者を背負いながらも逆転だけは許さず、148球を投げ抜いた。

2度追いつかれる嫌な雰囲気を、看板の強打が振り払った。4―4で迎えた八回、南早羽己、新井流星、佐々木一晃（いずれも3年）の3連打で無死満塁の好機をつくり、打席には力投する渡辺。「何かの巡り合わせだと思う」と関口清治監督。2球目を右前にはじき返した打球は相手の失策を誘い、一気に3点。さらに安打と犠飛で2点を加えた。

田屋瑛人主将（3年）は「エースの渡辺と3番の金子を中心とした打線が最大限の役割を果たしてくれて頼もしかった」。4年前は猛打で甲子園を沸かせ、強豪校を次々破りベスト8入りを果たした。全国に通じる強力打線で、再び大舞台に挑む。

盛岡大付―花巻東　8回表盛岡大付無死満塁、渡辺が右前へ決勝の適時打を放つ。失策も絡み、7―4とする。捕手田代

安定感ある投球で花巻東を4点に抑えた主戦渡辺

1回表盛岡大付2死、金子が大会新記録となる5試合連続の本塁打を放ち先制する。捕手田代

5戦連発、金子が先制アーチ

決勝戦独特の空気を一振りでほどいた。盛岡大付の金子京介（3年）は「先制したかった」と5試合連続アーチを放ち、OBの植田拓さん（2018年卒業）らが持つ1大会4本塁打の記録を塗り替えた。

初回2死、2ボールからの3球目だった。「カーブを待っていた」と相手投手の得意な変化球に狙いを定め振り抜いた。打球は左翼スタンド奥深くに飛び込み、チームを勢いづかせた。

八回には貴重な犠飛で追加点を挙げ、優勝に大きく貢献した。「野球道具を買ってもらったり、いろいろ心配してくれる親に恩返しができた」とほっとした表情を見せた。

「長打力が売り。どんな投手が来ても打ち勝つ」と岩手の夏に急成長を遂げたスラッガーは、甲子園での活躍を誓った。

盛岡大付・関口清治監督

苦しい展開だったが自分たちのカラーを出し勝ち切れた。甲子園は投手、打者の質がさらに上がり、厳しい試合となる。ここ一番では精神力が大事。はっきりと勝てるチームと言えるまで体力面から見直す。

盛岡大付・田屋瑛人主将（3年）

（岩手大会優勝は）素直にうれしい気持ち。春の大会を経てこのままではダメだと練習での意識から見直した。やってきたことは間違ってなかった。岩手の野球のレベルの高さを証明し全国制覇を成し遂げる。

不発、逆転の花巻東

盛岡大付打線を相手に力投を見せた花巻東の主戦菱川

2度同点に追いつきながら、どうしても勝ち越せなかった。3連覇を目指した第1シード花巻東は、最後まで流れをつかみ切れなかった。

盛岡中央、一関学院と難敵を下して勢いに乗る盛岡大付に、打撃で食らいついた。3点先制された二回1死、田代旭（2年）が「ここで自分が打たなければズルズルいってしまう」と内角の速球を打ち返し、右翼ポール際に運ぶ本塁打。四回は宮沢圭汰（同）の左中間二塁打を足がかりに田代、平井柊（3年）の連打で2点を挙げて同点とし、再び勝ち越された六回も犠飛で追いついた。

相野七音主将（3年）は「相手は四球を出す投手ではなく、積極的に打ちにいった。追い込まれた後も、真っすぐで打たせて取るか変化球で空振りを取るかどちらかだったので、見極めて対応できたと思う」と振り返った。だが八回に5点を失い、伝統の粘りも力尽きた。

準々決勝は3得点、準決勝は2得点にとどまり、打順を入れ替えて決勝に臨んだ。佐々木洋監督は「一度でも、1点でも前に出ていれば、結果は違ったかもしれない。3年生は力のないところからスタートし、ここまで成長してくれた。3年間よくついてきてくれた」とねぎらった。

主将として攻守でチームをけん引した花巻東の相野

4回裏花巻東1死一、三塁、平井が右越え適時二塁打を放ち、3—3の同点とする。投手渡辺

花巻東・相野七音主将（3年）

多くの方々に支えられてここまで来られた。勝って恩返ししたかったが、悔しい。もっと同じグラウンドで野球をしたかった。スタンドから最後まで声援を送ってくれて、おにぎりを握ってくれたりもした3年生に感謝している。

花巻東・菱川一輝（3年）

3年間、監督にむちゃくちゃ怒られてきた。今日も勝って花巻に帰り、また監督に怒られたかった。（盛岡大付は）同じ岩手代表として、日本一を目指して戦ってきてほしい。

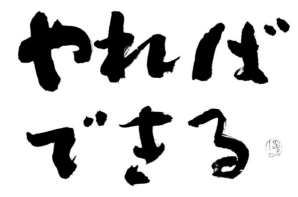

盛岡大付、本領12点

SEMIFINAL

準決勝 7月22日

盛岡・県営球場

盛岡大付

	1	2	3	4	5	6	7	計
盛岡大付	4	0	2	0	3	0	3	12
一関学院	1	0	0	0	0	1	2	4

（七回コールド）

一関学院

(盛)渡辺、阿部、三浦―田屋
(一)奥谷、伊藤、寺尾、鈴木、千葉華―杉沢
▽本塁打　金子(盛)＝五回①、奥谷(一)＝七回②

盛岡大付が着々と加点し、コールド勝ちを収めた。初回２死一、二塁から南の右前打で先制。さらに２死満塁から平内の三塁打で３点を加えた。三回に２点、五回は金子の本塁打と新井、中沢の連続適時打で３点を加え、七回にも３点を奪った。

一関学院は相手を上回る12安打を放ったものの、４得点にとどまった。初回２死三塁から奥谷の中前打で１点を返し、六回にも留場の犠飛で１点、七回に奥谷の本塁打で２点を挙げたが、投手陣が踏ん張れなかった。

【盛岡大付】		打	安	点	振	球
⑤	松本	3	0	1	1	1
⑥	佐々木	3	0	0	1	2
③	金子	5	1	1	0	0
3	庄司	0	0	0	0	0
⑨	小針	2	2	0	0	2
1	阿部	0	0	0	0	0
1	三浦	0	0	0	0	0
④	南	3	2	1	0	0
⑧	新井	2	2	3	0	2
8	大貫	0	0	0	0	0
⑦	平内	2	1	3	0	0
7	中沢	1	1	1	0	0
R	赤堀	0	0	0	0	0
79	駒田	0	0	0	0	1
①7	渡辺	2	1	2	0	1
②	田屋	3	0	0	1	0
犠盗失併残 40016		26	10	12	3	9

【一関学院】		打	安	点	振	球
⑦	岩渕	4	2	0	0	0
⑧	佐藤拓	2	1	0	0	1
⑨	佐々木	4	0	0	1	0
①6	奥谷	4	3	3	0	0
③	八幡	2	0	0	0	0
H3	小松	2	2	0	0	0
⑤	高橋	4	1	0	1	0
②	杉沢	3	2	0	1	0
⑥	佐藤零	0	0	0	0	0
1	伊藤	2	0	0	2	0
1	寺尾	0	0	0	0	0
H	留場	0	0	1	0	0
1	鈴木	0	0	0	0	0
1	千葉華	0	0	0	0	0
④	山本	3	1	0	0	0
犠盗失併残 20008		30	12	4	5	1

▽三塁打　平内(盛)
▽二塁打　新井2、渡辺(盛)杉沢(一)
▽捕逸　杉沢(一)1＝七回
▽審判　球審＝八重樫　塁審＝加倉、吹切、湊
▽試合時間　2時間14分

投手	回	打	安	振	球	失
渡辺	6	27	9	5	0	2
阿部	⅔	3	1	0	1	1
三浦	⅓	3	2	0	0	1
奥谷	⅔	8	2	0	4	4
伊藤	4⅔	21	6	3	2	5
寺尾	⅔	3	1	0	0	0
鈴木	0/3	3	1	0	2	3
千葉	1	4	0	0	1	0

4戦連発、金子がダメ押し弾

1球に対する集中力が光った。盛岡大付の金子京介(3年)は「甘い球を一発でとらえた」と、4戦連発となるダメ押しの本塁打を放ち、2大会ぶりの決勝進出に貢献した。

6―1で迎えた五回の第3打席。1試合ごとに存在感が増している金子は「打った瞬間入ったと思った」と真ん中のスライダーを強振、左翼スタンドに放り込んだ。先輩の植田拓さん(2018年)らが持つ1大会4本塁打の記録に並んだ。

降雨ノーゲームだった前日の試合がうそのように打線は初回から活発だった。二つの四球で2死一、二塁とすると、南早羽己(同)の右前打で先制。さらに2死満塁から平内純兵(同)の走者一掃の右越え三塁打で3点を加えた。田屋瑛人主将(同)は「初回の攻撃が全て」と言い切った。

これだけでは終わらない。強打の盛岡大付は三、五、七回と着実に加点し、リードを大きく広げた。

0―15と大敗を喫した春季大会決勝の花巻東戦では「何点とられても食らいつく気持ちが足りなかった」と関口清治監督。夏までの期間で重圧に打ち勝つ練習に時間をかけてきたという。

前日に続いて先発の主戦渡辺翔真(同)は6回被安打9ながらも、2失点と粘った。「丁寧な投球を心がけた」と直球と変化球を内外角、高低とバランス良く投げ分け、要所を締めた。

あと1勝で目標の甲子園出場。渡辺は「厳しい試合を勝ちきれるような練習をしてきた」と自信に満ちあふれる。あと1本で大会記録を更新する金子は「流れを変える打撃をする」と燃える。

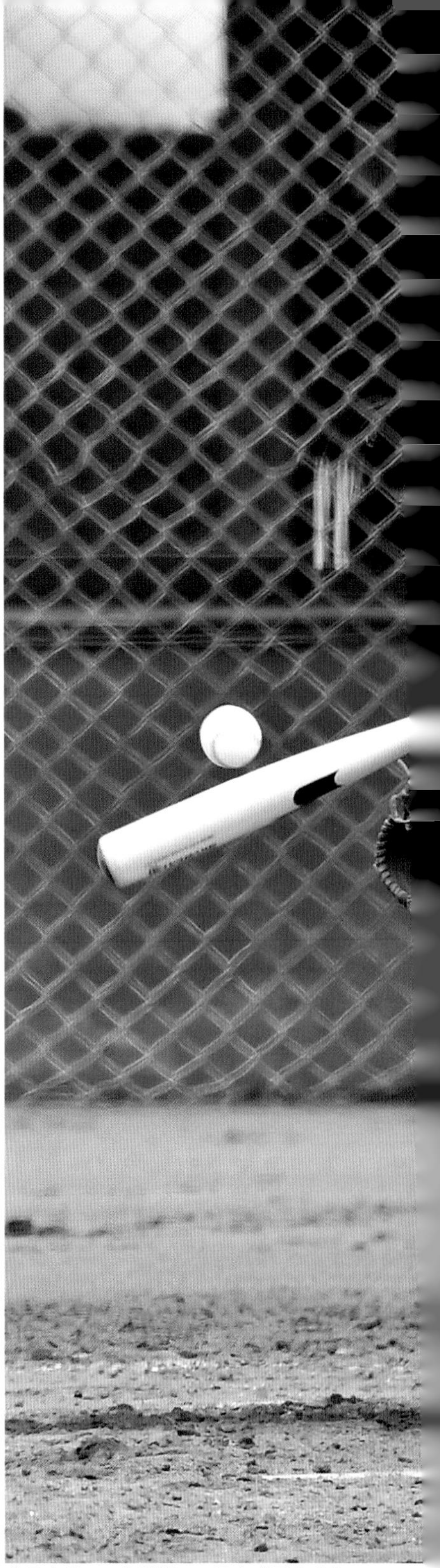

盛岡大付―一関学院　5回表盛岡大付無死、金子が4戦連発となる本塁打を放つ

一関学院、主将が意地の一発

一関学院の奥谷奏翔主将(3年)はリードを広げられても、諦めていなかった。「自分がやってきた練習は間違ってない」と打席に入り、チームを鼓舞する一発を放った。

2―12で迎えた七回2死三塁。「ここからだぞ」「やってきたことを出せ」と仲間の声が左打者の背中に向けられた。「悔いがないように振ろう」と放った打球はチームの思いを乗せるかのように右翼スタンドに飛び込んだ。

奥谷は先発のマウンドを託された。緊張からか制球が定まらず4失点。初回を投げ切ることなく降板した。だが、直後の一回裏。「自分の失点。なんとしてでも返す」と2死三塁から中前適時打で1点を奪った。

優勝した昨年夏の県大会で2年生として唯一のレギュラー。厳しい戦いを人一倍経験しているからこそ、時には高橋滋監督以上に厳しい言葉をかけ、選手を引っ張ってきた。高橋監督は「彼(奥谷)のチームだった」と語る。

奥谷は「(昨年夏の優勝チームとして)プレッシャーがあった中でスタートした新チーム。仲間がついてきてくれたおかげで楽になった。3年生26人には感謝している」と涙を浮かべた。

7回裏一関学院2死三塁、奥谷が右翼へ意地の本塁打を放ち、拳を上げ一塁を回る

【雨でノーゲーム】

7月21日の第2試合だった盛岡大付―一関学院は、2―2の五回終了後、グラウンド整備中に降り出した大雨でノーゲームとなった。

盛岡大付は一回、松本龍哉（3年）の中前打と新井流星（同）の右翼線三塁打、小針遼梧（同）の右犠飛で2点を先制。一関学院は三回、岩渕将馬（3年）の左前打と暴投などで1点を返し、四回にも奥谷奏翔と高橋研伍（ともに3年）の右前打と杉沢龍星（3年）のスクイズなどで同点とした。

SEMIFINAL

準決勝　盛岡・県営球場

7月21日

チーム	1	2	3	4	5	6	7	8	9	計
花巻東	1	0	0	1	0	0	0	0	0	2
水沢工	0	0	0	0	0	0	0	0	0	0

（花）中居、菱川―田代
（水）山本―高橋
▽本塁打　佐々木（花）＝一回①

花巻東が無失点リレーで接戦を制した。初回に佐々木の右越え本塁打で先制。四回は内野安打で出塁した田代を送りバントで進め、２死二塁から黒沢の中前打で１点を追加した。先発中居は６回を被安打３と好投。今大会初登板の主戦菱川は３回を被安打３に抑えた。

水沢工は好機を生かし切れず、先発山本を援護できなかった。二回の１死三塁は強攻策に失敗。三回の２死満塁も三振に倒れた。九回は伊藤、遠藤の連打で１死一、二塁から佐々木の左前打で二走伊藤が本塁を突いたが、好返球に阻まれ得点できなかった。

【花巻東】		打安点振球
⑥	宮　沢	40010
③	佐々木	41110
⑤1	菱　川	42000
②	田　代	31011
⑧	相　野	20001
⑦	平　井	41000
⑨	黒　沢	41100
①	中　居	20011
5	菊池開	00000
④	熊　谷	20001
犠盗失併残	11015	296244

【水沢工】		打安点振球
⑥	村　上	42010
④	北　條	20021
③	伊　藤	31001
⑤	遠　藤	41010
⑧	及川海	30011
⑨	佐々木	31000
⑦	吉　田	40010
②	高　橋	31020
①	山　本	30010
犠盗失併残	21017	296093

▽ボーク　中居（花）１＝二回
▽審判　球審＝小谷地　塁審＝千葉、三浦、菊地
▽試合時間　２時間16分

投手	回	打安振球失
中居	6	233430
菱川	3	113500
山本	9	346442

花巻東、揺るがず

佐々木が先制アーチ 中居ー菱川で零封

苦しい試合をエースが救った。花巻東の主戦菱川一輝（3年）が今大会初登板。好リリーフで3大会連続の決勝進出に貢献した。

七回、走者が2度もけん制で刺された。佐々木洋監督は「流れが悪い」と、その裏のマウンドを今大会初登板のエースに託した。「野手を信じ、やってきたことを出すだけ」。菱川は球威のある直球と鋭い変化球を織り交ぜ、七回2死から4者連続三振。最終回こそ連打を浴びたものの、バックの堅実なプレーに助けられて無失点で締めた。

水沢工の粘りに苦しんだ。初回、1年生の佐々木麟太郎が「なんとか先制点」と甘く入った緩いカーブをすくい上げ、右翼スタンドへ運んだ。しかし、二、三回は三者凡退。四回2死二塁から黒沢健太（3年）の中前打で1点を追加したが、五回以降は強力打線が沈黙した。それでも、鍛えられた守りと投手の粘りで2点を守り切った。

佐々木監督は「東北全体で波乱が起きている中、勝ち切れたことは良かった」とほっとした表情。菱川は「（投手で）夏を経験できて良かった。いつでも鍵は自分」とエースの自覚十分だった。

水沢工の山本 完全燃焼の夏

甲子園に一歩届かなかったが、悔いはない。水沢工の主戦山本陸駆《りく》（3年）の表情は、晴れ晴れとしていた。１６５センチの体ながら、今大会4試合で計35回を投げて快進撃を支えた。

準決勝も思い切りのいい腕の振りから繰り出すボールは伸びがあり、変化の大きいカーブや手元で少し軌道がずれる球をうま

花巻東―水沢工　9回裏水沢工1死一、二塁、佐々木の左前打で二走伊藤が本塁を狙うも7―5―2の好返球でタッチアウト。捕手田代

く使い、強打の花巻東打線を6安打に抑えた。佐々木麟太郎（1年）には初回に本塁打を浴びたが、以降は高めを振らせる配球と極端な右寄りの守備でしのいだ。

試合後は応援に訪れた父登さん（47）と母昭子さん（47）に無言で右手を差し出し、順番に握手した。登さんが「悔しくないだろ？」と問うと、「（花巻東1年の佐々木）麟太郎君のホームランだけだな」と笑った。

小学4年から野球を始め、中学時代は金ケ崎リトルシニアに所属。花巻東の宮沢圭汰（2年）らとしのぎを削ったが、2017年の第99回大会で8強入りした水沢工に憧れ「私学を倒したい」と門をたたいた。

私立の強豪と最後まで堂々と渡り合った。「悔いはないが、一つあるとしたら今日、陸駆を勝たせたかった」と村上天馬主将（3年）。「このメンバーで3年間やってこられて本当に良かった。とてもつらかったけれど、この試合で報われた」。声を震わせる主将の肩を、山本選手が優しくたたいた。

水沢工、最終回に意地

水沢工は最後まで第1シード花巻東を苦しめた。九回裏、この回先頭の伊藤諒比（3年）が中前打で出塁すると、4番遠藤海翔（2年）がファウルで粘り、7球目を右前へ。次打者の三振で1死一、二塁となった後、佐々木大地（2年）が左前へ運んだ。果敢に本塁を突いた二走伊藤が憤死し一矢報いることはできなかったが、相手エースから3安打を放った。

遠藤は「春は県大会で1回戦負けし、その後勝てない日が続いて雰囲気は最悪だった。けれど、この大会で勝ち進むたびにチームが一つになれた。その全てを最後に出せて良かった」と涙をぬぐった。

6回表のピンチで捕手の高橋来とマウンドで話す山本陸駆

花巻農―水沢工　11回裏水沢工2死一、二塁、遠藤の左前打で二走村上が本塁へ滑り込む。捕手瀬川のミットからボールがこぼれ、サヨナラ勝ちを収める

4点差追いつき延長サヨナラ

驚異的な粘りで追いつき、勝ち越した。水沢工は終盤の集中打で延長戦に持ち込み、1点を追う十一回に2本の適時打でサヨナラ勝ち。1983年以来、38年ぶりに夏4強に勝ち上がった。

延長十一回、5―5の同点に追いつき、2死一、二塁。ここまで2安打の遠藤海翔(2年)は「調子は良い。どこかで適時打は出る」とつなぐ意識で臨んだ。浅い当たりが左翼で弾む。二走の村上天馬主将(3年)が本塁に勢いよく突っ込む。クロスプレー。捕手のミットからボールがこぼれ、ベンチから飛び出したチームメートが歓喜の輪を広げた。

相手先発を捉えられず、七回まで4安打。それでも諦めず、八回無死一塁から伊藤諒比(3年)の左越え三塁打で1点を返し、反撃を開始した。2点を追う九回は1死満塁と攻め、北條誠人(同)が押し出し四球を選び、伊藤の犠飛で土壇場で追いついた。

昨年の県大会初戦で花巻農と対戦し、延長十一回の裏に2点を取られサヨナラ負けを喫した。伊藤は「やっとリベンジできた。勝てたことが糧になる」と感無量の表情。準決勝の相手は、甲子園常連の花巻東。遠藤は「相手は強いが、攻めの野球は変わらない。打つ方で貢献したい」と力を込めた。

QUATERFINAL

準々決勝　花巻・花巻球場

7月19日

	1	2	3	4	5	6	7	8	9	10	11	計
花巻農	0	2	1	0	0	1	0	0	0	0	1	5
水沢工	0	0	0	0	0	0	0	2	2	0	2x	6

(延長十一回)

(花)遠藤、藤原奏―瀬川
(水)山本―高橋

4点を追う水沢工は八回、伊藤の三塁打などで2点を返す。九回は伊藤の犠飛などで2点を挙げ追いついた。1点を勝ち越された延長十一回、遠藤のサヨナラ打で逆転勝ちした。

花巻農は二回、葛巻雄の適時打で2点を先制。同点の延長十一回に藤原怜の犠飛で勝ち越したが投手陣が力尽きた。

【花巻農】		打安点振球
④	藤原　怜	51100
⑧	高橋　空	52001
⑥	高橋　悠	50010
③	三　浦	41000
3	清　水	11000
①	遠　藤	41000
1	藤原　奏	00000
②	瀬　川	42101
⑦	葛巻　力	52010
⑤	佐　藤	22002
⑨	葛巻　雄	21200
9	及　川	00000
犠盗失併残		
60019		3713424

【水沢工】		打安点振球
⑥	村　上	31123
④5	北　條	40112
③	伊　藤	42211
⑤7	遠　藤	53121
⑧	及川　海	41101
⑨	佐々木	20000
H4	鈴　木	30030
⑦9	吉　田	51010
②	高　橋	51020
①	山　本	42000
犠盗失併残		
230111		39116128

▽三塁打　伊藤(水)
▽捕逸　高橋(水)1＝六回
▽暴投　山本(水)1＝一回
▽ボーク　山本(水)1＝十一回
▽審判　球審＝千葉　塁審＝高橋貞、高橋一、佐久間
▽試合時間　2時間58分

投手	回	打安振球失
遠藤	8⅓	3771064
藤原奏	2⅓	124222
山本	11	4713245

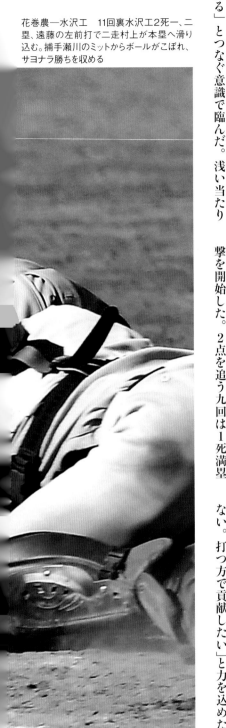

激闘制し　水沢工4強

花巻農、投手陣力尽きる

優位に試合を進めた花巻農は、終盤で振り出しに戻され逆転負け。佐々木貴大監督は「非の打ち所のないナイスゲーム」と泣き崩れる選手をかばった。

先発遠藤悠音(3年)が力のこもった直球を武器に8回を5安打、2失点に封じた。九回も続投したが1死満塁とされたところで足がつり、無念の降板。藤原奏良(同)が救援したが、連戦の主戦にいつもの変化球のキレはなかった。

打線は二回、葛巻雄大(同)が2点適時打を放つなど5得点。しぶとい試合運びや息の合ったバッテリーは印象的なチームだった。藤原奏は「4強の壁を破り、花巻農初の甲子園に行ってほしい」と後を託した。

2回表花巻農2死二、三塁、葛巻雄が中前へ先制適時打を放ち、2—0とする

一関学院 アーチ攻勢

QUATERFINAL

準々決勝 花巻・花巻球場

7月19日

一関学院

	1	2	3	4	5	6	7	8	計
一関学院	0	5	0	2	0	0	0	6	13
盛岡一	1	0	0	0	2	0	0	3	6

（八回コールド）

盛岡一

(一)寺尾、伊藤、奥谷—杉沢
(盛)菅、佐々木裕、斎藤、菅、工藤—金沢
▽本塁打　岩渕(一)＝二回④、高橋(一)＝八回③

１点を先制された一関学院は二回、同点とし、なお２死満塁から岩渕が左中間に本塁打を放ち一挙５得点で逆転に成功。八回には連続二塁打や高橋の３点本塁打などで６点を追加した。

盛岡一は初回、平井の適時打で先制。五回に２点、八回も３点を取ったが追いつけなかった。

【一関学院】	打安点振球
⑦　岩　　渕	４２５０１
⑧　佐藤　拓	５２１１０
⑨　佐　々　木	４２２０１
⑥１奥　　谷	４２１００
③　八　　幡	３１０００
⑤　高　　橋	５２３１０
②　杉　　沢	４１１０１
①　寺　　尾	００００００
Ｈ　小　　松	１００００
１　伊　　藤	２００００
６　佐藤　零	０００１
④　山　　本	３２００１
犠盗失併残	
３０３０６	3514１３２５

【盛岡一】	打安点振球
⑥　川　　村	５２１１０
①31　菅	２１１１１
１　工　　藤	１００００
⑨８佐々木航	４２１００
⑧　井　　上	２０００１
Ｈ９木　　村	１００１０
③53平　　井	４２１１０
②　金　　沢	４１０１０
⑦　藤　　平	４１１１０
⑤１佐々木裕	３００１０
１　斎　　藤	００００００
３　千　　葉	００００００
５　笹　　木	１０１００
④　大　　川	３０００１
犠盗失併残	
１２２１８	349６７３

▽二塁打　佐々木、岩渕、佐藤拓(一)
▽暴投　奥谷(一)１＝八回
▽審判　球審＝加倉　塁審＝小野寺、阿部恒、阿部義
▽試合時間　２時間３０分

投手	回	打安振球失
寺　　尾	１	６１０１１
伊　　藤	３⅔	14４４１２
奥　　谷	４	18４３１３
菅	１⅔	11５０１５
佐々木裕	５⅔	26５２４４
斎　　藤	⅔	２２００２
菅	⅓	３２００２
工　　藤	⅓	１００００

一関学院—盛岡一　2回表一関学院2死満塁、岩渕が左中間へ満塁本塁打を放ち、5—1と勝ち越す。捕手金沢

要所で満塁弾と3ラン

昨夏王者の一関学院が、2本塁打を含む14安打13得点で打ち勝った。

先制を許しても慌てなかった。二回に1点を返し、なおも2死満塁。岩渕将馬(3年)が狙い打った直球は左中間席に吸い込まれ、この回一挙5点。八回は岩渕、佐藤拓己(同)の連続適時打と奥谷奏翔主将(同)の犠飛でたたみかけ、高橋研伍(同)が左翼に3点本塁打を放り込み、試合を決めた。

早めの継投で相手打線を波に乗せなかった。2回戦で好投した1年生右腕・寺尾皇汰が初回に失点。二回から主戦伊藤龍紀(3年)にスイッチ。五回途中からは奥谷がマウンドを引き継ぎ、盛岡一の反撃をしのいだ。

ただ、3回戦の4失策に続き、この日も3失策。この日は初回と八回のミスが失点につながった。高橋滋監督、奥谷主将とも「こういう野球をやっているようでは厳しい」と反省を口にした。コロナ禍で甲子園の土を踏むことはできなかった昨夏の王者。11年ぶりの切符を目指し、真価を問われる戦いが続く。

盛岡一、集中打で食い下がる

盛岡一が活発な打線で食い下がった。初回、平井太耀(3年)が中前に鮮やかな先制打。6点を追う五回は相手エースをマウンドから引きずり下ろした。

打線が一段と奮起したのは10点差をつけられた八回。2点を返し、なお2死三塁。「川村(咲郎主将)に回せ」。仲間が必死につないだ好機で川村は左前打を放ち、この回3点目を奪った。5月に負ったかかとのけがでプレーできない時期があったという川村は試合後、「最後に意地を見せられた。最高の仲間と戦えた」と涙で振り返った。

1回裏盛岡一2死一、三塁、平井が中前へ適時打を放ち先制する。投手寺尾(19)、捕手杉沢

左腕継投 花巻東救う

盛岡四—花巻東　六回途中から登板し、ピンチを断ち切った花巻東の萬谷

QUATERFINAL

準々決勝　盛岡・県営球場

7月19日

	1	2	3	4	5	6	7	8	9	計
盛岡四	0	0	0	0	0	1	0	0	0	1
花巻東	2	1	0	0	0	0	0	0	×	3

(盛)岩渕—煙山
(花)中居、萬谷—田代

花巻東が序盤に挙げた３点を守り切った。初回、相野の左前打などで２点を先制。二回は敵失などで１点を加えた。中居、萬谷の継投で最少失点に抑え、バックも無失策でもり立てた。

盛岡四は六回、３連打で１点を返し、なおも無死一、三塁だったが、後がつながらなかった。

【盛岡四】		打安点振球
⑤	菅原	31012
⑨	千田	30011
⑧	中塚	52010
③	酒井	41000
②	煙山	44100
④	角	20010
⑥	上山	40010
⑦	上関	41010
①	岩渕	20000
H	尾崎	10000
犠盗失併残	403111	329163

【花巻東】		打安点振球
⑥	宮沢	42001
③	佐々木	41000
⑤	菱川	42000
②	田代	30101
⑧	相野	43100
④	菊池開	40000
⑨	黒沢	41000
①	中居	30000
1	萬谷	00000
⑦	平井	41000
犠盗失併残	120010	3410202

▽三塁打　相野(花)▽二塁打　宮沢２(花)
▽捕逸　煙山(盛)１＝二回
▽審判　球審＝吹切　塁審＝湊、川口、高橋
▽試合時間　２時間８分

投手	回	打安振球失
岩渕	8	3710023
中居	5⅔	236221
萬谷	4	163410

萬谷、反撃を断つ 3者連続三振

「チームの思いを背負った」。六回途中から登板した花巻東の萬谷大輝（2年）は、相手打線の流れを切る好救援を見せ、七回から再びスコアボードにゼロを並べた。

変化球を織り交ぜながら丁寧に低めを突いていた先発の中居颯真（3年）が六回、相手打線に突如つかまり、3連打で1点を失った。2点差に迫られ、なおも無死一、三塁。中居から「後は頼むぞ」と託された萬谷は「プレッシャーはあったが、野手を信じた」と全力で腕を振った。

右打者には伸びのある直球、左打者にはキレの鋭いスライダーを巧みに投げ分け、3者三振で最大のピンチを断った。佐々木洋監督は「もう1点は覚悟した。萬谷のおかげ」。

2、3回戦で計26得点を挙げた強力打線はかみ合わず、苦しい展開だった。相野七音主将（3年）は「勝ち切れたことは上の試合につながる」と納得の表情を浮かべ、萬谷は「次戦も接戦になる。チームのために戦っていきたい」と力を込めた。

盛岡四、最後まで粘り強く

盛岡四は主戦岩渕良祐（3年）が10安打を浴びながらも粘り、9回3失点と好投を見せた。

序盤は失策などでピンチを広げ、初回、二回と立て続けに失点した。それでも岩渕は「なんとか抑え、チームを盛り上げたい」と三回以降は丁寧にコースを突き、強打の相手打線に本塁を踏ませなかった。春先の練習試合では0―11で大敗していた。勝利はつかめなかったが、最後まで第1シードを苦しめた。上山七海主将（3年）は「1、2年生は力がある。主将だけに頼らず自ら行動して1日1日を大切にしてほしい」と期待した。

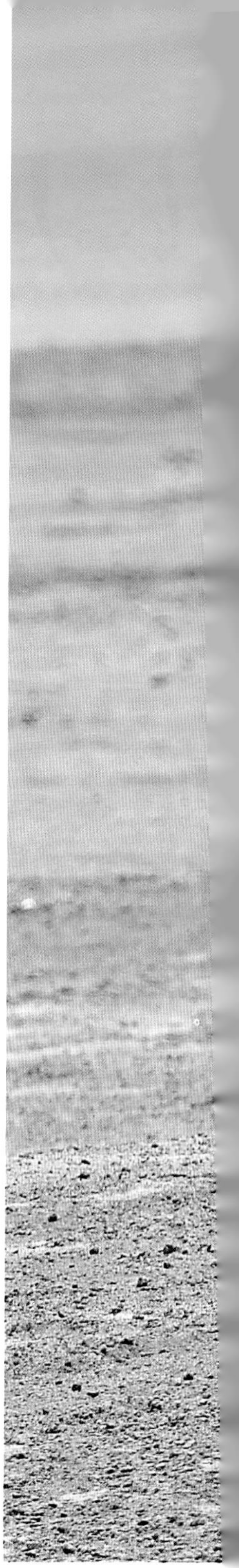

4回裏花巻東の本盗を阻止し、盛り上がる盛岡四の選手たち

に底力

金子、値千金の勝ち越しソロ

盛岡大付打線が好投手を攻略し、4年ぶりの甲子園に一歩前進した。

4―4で迎えた八回、金子京介(3年)が値千金の勝ち越し弾を放った。「流れを変えたい」と相手主戦の速球を強振。打球は空高く舞い上がり、左翼スタンドに3試合連続のアーチを描いた。関口清治監督も「あの一発が効いた」。さらに2点を追加し、勝利を大きく引き寄せた。

序盤は先行を許す苦しい展開。主戦渡辺翔真(同)は立ち上がり、制球が定まらず先制点を奪われた。三回には連打を許し3失点。それでもベンチでは「焦らないでチャンスをものにしよう」との言葉が飛び交ったという。三回裏、その雰囲気そのままに松本龍哉(同)が平常心で振り抜いた打球は右翼席に飛び込むソロ本塁打。この一打をきっかけに四回で同点に追いつくと、渡辺も中盤以降は立ち直り、凡打の山を築いた。

関口監督は「精神力が強くないと勝てない試合。また一つ強くなれた」。

QUATERFINAL

準々決勝　盛岡・県営球場

7月19日

	1	2	3	4	5	6	7	8	9	計
盛岡中央	1	0	3	0	0	0	0	0	0	4
盛岡大付	0	1	2	1	0	0	0	3	×	7

(中)斎藤―小笠原颯
(付)渡辺―田屋
▽本塁打　松本(付)＝二回①、金子(付)＝八回①

盛岡大付が投打に地力を発揮した。四回に田屋の犠飛で同点。八回に金子の本塁打で勝ち越し、大貫の右前打などで２点を加えた。主戦渡辺は４失点で完投した。

盛岡中央は初回に小沢の犠飛で先制。三回に高林の中前打、大沼の二塁打などで３点を勝ち越したが、四回以降は１安打に抑えられた。

【盛岡中央】		打安点振球
⑧	藤　本	32001
R8	萩生田	00000
⑦	高　林	31120
⑨	小　沢	30210
③	大　沼	41110
④	菊　池	41000
⑤	茅　橋	30000
H	岩　動	10000
⑥	佐々木優	30000
H	菊　地	10000
②	小笠原颯	31000
H	中　川	10000
①	斎　藤	21010
犠盗失併残		
30114		317451

【盛岡大付】		打安点振球
⑤	松　本	42100
⑥	佐々木	20011
④	南	41010
⑨	小　針	41120
9	駒　田	00000
③	金　子	42100
⑧7	新　井	21002
⑦	平　内	30010
8	大　貫	11100
①	渡　辺	31200
②	田　屋	30100
犠盗失併残		
31005		309753

▽三塁打　渡辺(付)▽二塁打　藤本２、大沼(中)小針、金子、新井(付)
▽暴投　渡辺(付)１＝七回
▽審判　球審＝伊藤　塁審＝伊東、渡、菩提野
▽試合時間　２時間８分

投手	回	打安振球失
斎藤	8	369537
渡辺	9	357514

盛岡大付 投打

盛岡中央ー盛岡大付　8回裏盛岡大付1死、金子が左中間に本塁打を放ち、5—4と勝ち越す。捕手小笠原颯

盛岡中央主戦、痛恨の被弾

盛岡中央は主戦斎藤響介（2年）の力投も実らず、準々決勝で姿を消した。斎藤は140キロ台の直球とスライダーを駆使し、大量点を与えない。だが、4―4で迎えた八回は疲労がピークを迎え、浮き球が増えた。勝ち越し本塁打を浴びると、適時打と犠飛で一気に3点を失い、力尽きた。

3点差の最終回、奥玉真大監督は主将の一振りに懸け、先頭打者に代打の岩動諒（3年）を送った。「チームに流れを呼び込む。甲子園に行きたい」と並々ならぬ思いで強振したが、三ゴロに終わった。岩動主将は「あと一歩届かなかったが、みんなと一緒に野球ができて楽しかった」と感謝した。

強力打線を相手に力投した盛岡中央の主戦斎藤

盛岡・県営球場

盛岡一が延長戦で第3シード久慈を破り、9大会ぶりに8強入り。
花巻農は主戦藤原奏が尻上がりに調子を上げ、盛岡商を6安打に封じた。

久慈―盛岡一　11回裏盛岡一2死二塁、平井の右中間への適時打で二走工藤（中央）が生還し、サヨナラ勝ちを収め喜びを爆発させる盛岡一の選手

盛岡一、延長11回サヨナラ

盛岡一 6―5 久慈

	1	2	3	4	5	6	7	8	9	10	11	計
久　慈	1	0	0	0	0	3	0	1	0	0	0	5
盛岡一	2	0	0	2	0	0	1	0	0	0	1x	6

（延長十一回）

（久）松川、播磨―荒谷
（盛）菅、佐々木裕―金沢

5―5で迎えた延長十一回、盛岡一の5番平井太耀（3年）が放った打球が、3時間近い熱戦に幕を下ろした。

川又範明監督は「平井は勝負強い。4番にバントさせてでも回したかった」と、井上信司（2年）の犠打で2死二塁。攻撃が始まる前の円陣で「自分が決めてくるから」と宣言した平井が、内角の直球を右中間にはじき返した。一塁ベースを回り、二走工藤廉汰（同）が本塁にかえる姿を見て、拳を突き上げ喜びを爆発させた。

今季、投手から野手に転向した平井は「投手陣が頑張っている姿を近くで見てきた。野手として貢献したかった」と気持ちをぶつけた。

久慈、集中打で追いつく

第3シード久慈が3点を追う六回、見事な集中打を見せた。播磨颯和（3年）が中前打で出塁すると、大会1週間前に右手のけがで4番から7番に降格した大村蓮（同）が、初球を振り抜いて左中間へ適時二塁打。仲間のために「貢献したい」との一念で1点を返すと、さらに長川晃己（2年）の左前打、荒谷陽己（同）の左中間二塁打で同点に追い付いた。

相手を上回る15安打も実らず延長十一回で力尽き、柴田護監督を甲子園に連れて行くことはかなわなかった。宇部天翔主将（3年）は目に涙をためて「最後にふさわしい試合だった」。

【久慈】		打安点
⑧	高橋　琉	601
⑨	宇　部	620
⑥	野　崎	521
⑤	佐　藤	410
⑦	谷　地	510
①	松　川	200
1	播　磨	310
③	大　村	521
④	長　川	330
②	荒　谷	432

振球犠盗失併残………
4 2 4 0 2 0 1143155

【盛岡一】		打安点
⑥	川　村	310
①3	菅	530
⑨	高　橋	400
R	工　藤	000
⑧	井　上	400
③5	平　井	512
②	金　沢	411
⑦	藤　平	400
⑤1	佐々木裕	520
④	大　川	300

振球犠盗失併残………
4 8 5 0 2 1 123783

▽二塁打　野崎、大村、荒谷（久）川村、菅（盛）
▽審判　球審＝瀬川　塁審＝八重樫、加倉、吉田
▽試合時間　2時間55分

花巻農―盛岡商　被安打6で完封した花巻農の藤原奏

【花巻農】		打安点
④	藤原　怜	410
⑧	高橋　空	310
⑥	高橋　悠	400
③	三　浦	421
⑦	葛巻　力	400
②	瀬　川	420
⑨	遠　藤	400
⑤	佐　藤	321
①	藤原　奏	300

振球犠盗失併残………
0 1 3 0 1 2 83382

【盛岡商】		打安点
⑧	盛　内	420
④	篠　山	310
③	阿　部	400
②	佐々木悠	400
⑤	須　川	400
⑥	広　田	310
⑨	桜　庭	310
⑦	佐々木一	310
①	佐々木空	200

振球犠盗失併残………
3 0 3 0 2 0 63060

▽二塁打　広田（盛）
▽審判　球審＝三浦　塁審＝里見、百鳥、湊
▽試合時間　1時間37分

花巻農・藤原が無四球完封

花巻農 2―0 盛岡商

	1	2	3	4	5	6	7	8	9	計
花巻農	1	0	0	1	0	0	0	0	0	2
盛岡商	0	0	0	0	0	0	0	0	0	0

（花）藤原奏―瀬川
（盛）佐々木空―佐々木悠

花巻農の主戦藤原奏良（3年）が無四球、被安打6で盛岡商を封じた。得意のカーブがさえた。2―0の五回1死一、三塁では「低めの変化球で勝負」と三塁邪飛。次打者も伸びのある直球を見せ、最後はカーブで空を切らせた。

序盤はボールが浮ついたものの、変化球を軸に的を絞らせず、連打を許さなかった。佐々木貴大監督は「テンポ良く、いつも通りの投球をしてくれた」とたたえた。それでも瀬川龍太（同）との花巻・宮野目中出身バッテリーは慢心はない。藤原奏は「初球がボールになることが多かった」、瀬川は「2死からの長打がいらなかった」と反省した。

盛岡商、力投を援護できず

盛岡商は1、2回戦で計16得点を奪った打線が沈黙。2失点完投の佐々木空良（2年）は「リズムがつくれなかった」と落胆した。緩急自在の投球で幾度となくピンチをしのぎ、兼田智監督は「1本出ていたら」と唇をかんだ。

打線は相手主戦のカーブを意識して打席に立ったが、芯でとらえた当たりは少なかった。広田健真主将（3年）は「流れを持ってこられなかった」と悔しがり、「2年生には本当に助けられた。来年はさらに勝ち進んで欲しい」と後輩に託した。

花巻・花巻球場

一関学院は岩渕の3ランで久慈東を突き放し、3投手の継投で零封した。
水沢工は初回にソロ本塁打2本で主導権を握り、釜石商工にコールド勝ちした。

健闘久慈東、3ランに沈む

久慈東―一関学院　4回裏一関学院1死二、三塁、岩渕が左越え本塁打を放ち、喜びに沸くベンチ前を走る

一関学院 5―0 久慈東

久慈東	0	0	0	0	0	0	0	0	0	0
一関学院	1	1	0	3	0	0	0	0	×	5

(久)中田、長倉―釜谷
(一)千葉華、岩鼻、伊藤―杉沢
▽本塁打　岩渕(一)＝四回③

「夏２勝」を挙げた久慈東の夏が終わった。四回に３ランを浴びるまではゲームプラン通りの展開。先発の中田龍弥主将(３年)が要所を締め、「３回まで３失点でいい」と指揮官の思惑通り、犠飛の２点に抑えた。

「ゼロで抑えて逆転しよう」と三回途中から登板したエース長倉勇気(３年)が四回、まさかの被弾。１回戦で大船渡東を３安打完封、２回戦では水沢相手に１失点完投した左腕が打たれ、ベスト８進出はならなかった。

１年生のころは「力不足」と言われた３年生が成長し、秋、春は果たせなかった県大会勝利を挙げた久慈東。強豪私立とも堂々と渡り合った夏だった。

【久慈東】		打安点
⑥	北沢総	4 1 0
⑤	川端	4 0 0
⑨	吉田海	3 0 0
H9	原子内	1 0 0
⑦	吉田大	4 0 0
③	村上	3 1 0
3	大西	1 0 0
②	釜谷	4 2 0
①4	中田	1 0 0
④	谷崎	1 0 0
1	長倉	3 0 0
⑧	北沢蓮	3 1 0

振球犠盗失併残………
7 3 0 0 3 2 8 32 5 0

【一関学院】		打安点
⑦	岩渕	3 2 3
7	留場	0 0 0
⑧	佐藤拓	3 0 0
⑨	佐々木	3 1 0
⑥	奥谷	3 1 1
③	八幡	4 2 0
⑤	千葉竜	4 0 0
②	杉沢	3 1 0
①	千葉華	0 0 0
H	小松	1 0 0
1	岩鼻	0 0 0
1	伊藤	2 1 0
④	山本	1 1 1

振球犠盗失併残………
2 4 6 0 4 1 8 27 9 5

▽二塁打　釜谷（久）
▽審判　球審＝新沼　塁審＝伊藤、井上、水野
▽試合時間　２時間９分

水沢工、大技小技で快勝

釜石商工―水沢工　1回裏水沢工無死、村上が左中間へ先頭打者本塁打を放つ。捕手平野裕

水沢工 10―3 釜石商工

釜石商工	0	1	0	1	0	0	1	3
水沢工	2	0	0	2	4	1	1x	10

(七回コールド)

(釜)佐々木稜、古川―平野裕
(水)及川直、小野寺、安倍―松戸
▽本塁打　村上(水)＝一回①、遠藤(水)＝一回①

水沢工が大技小技を駆使して得点を積み上げ、３大会ぶりの８強入りを引き寄せた。

初回、１番の村上天馬主将(３年)が「高めの球にバットが素直に出た」と左翼席に先制ソロ。２死後、今度は４番の遠藤海翔(２年)が「(本塁打が)出るとは思わなかった」と、本人も驚く左越えアーチで主導権を握った。

追いつかれた四回は２死一、三塁から重盗で４点目。五回は集中打で４点を奪うと、六回にはスクイズで９点目。北條誠人(３年)は「そういう練習は散々やっている。どうやって１点を取りに行くか。まだまだ引き出しはある」と自信をみなぎらせた。

釜石商工、一度は同点

釜石商工が懸命に食らいつき、一度は同点に追いついた。先発の佐々木稜太主将(３年)は「前半に攻めて点を取り返してくれた。最後は粘れず申し訳ない」と悔しさをにじませた。

七回は佐々木優成(２年)の適時打で１点を返し、コールド負けを阻止。しかし、その裏、四球でためた走者を返され、ナインの夏が幕を閉じた。佐々木稜主将は「自分が声を掛け始めなくても、みんなは自然と声を出ていた。一丸になっていた」。

【釜石商工】		打安点
⑥	佐々木優	4 1 1
⑤	川崎	2 1 0
9	長洞	1 0 0
①5	佐々木稜	4 0 0
⑧	中村	3 2 0
②	平野裕	3 0 0
③	近藤	1 1 0
H3	小野	1 0 0
⑦	平野颯	2 0 0
⑨1	古川	1 0 0
④	板沢	2 0 0

振球犠盗失併残………
6 6 0 0 2 3 6 24 5 1

【水沢工】		打安点
⑥	村上	3 2 1
④	北條	1 1 2
③	伊藤	4 2 1
⑤	遠藤	2 1 1
⑧	及川海	3 1 1
⑨	佐々木	3 0 0
9	佐藤	0 0 0
⑦	吉田	3 2 2
②	松戸	1 0 0
①	及川直	0 0 0
H	菊池	1 0 0
1	小野寺	1 0 0
H	鈴木塁	1 1 0
R	阿部一	0 0 0
1	安倍	0 0 0
H	高橋	1 1 1

振球犠盗失併残………
2 9 3 6 2 1 7 24 11 9

▽三塁打　伊藤（水）
▽二塁打　近藤、佐々木優（釜）吉田、高橋（水）
▽審判　球審＝三浦　塁審＝大和田、千葉聖、千葉広
▽試合時間　２時間５分

盛岡・県営球場

第1シード花巻東と第2シード盛岡大付が大勝した。
花巻東は佐々木の2点本塁打を含む14安打15点で圧倒。
盛岡大付も南の3ランで先制し、金子の2ランでコールドに持ち込んだ。

花北青雲が先制、爪痕残す

花巻東 15—4 花北青雲

花北青雲	2	0	2	0	0	4
花巻東	4	2	6	3	×	15

(五回コールド)

(青)伊藤、高橋文、小原—高橋翔
(東)佐藤、萬谷、中居—田代
▽本塁打　佐々木(東)=二回②

花北青雲はコールド負けを喫したものの、初回に鮮やかな攻撃を見せた。1番鎌田有仁主将(3年)が右前打で出塁し、四球と犠打を足がかりに1点。さらに2死三塁から「後ろにつなぐ思いで打った」と高橋大智(2年)の中前打で2点目。松浦友輔監督は「自分たちらしい点の取り方だった」とたたえた。

春は地区予選敗退。悔しさを胸に1日千本をノルマに素振りを続けてきたという。鎌田主将は「春からの成長を感じた」とすがすがしい表情。「2年生には力がある。来年は実力を思う存分発揮して欲しい」とエールを送った。

【花北青雲】		打安点
④	鎌田　有	3 1 0
⑧	福　山	0 0 0
②	高橋　翔	1 0 0
⑦	中　島	3 0 1
⑤	高橋　大	3 2 2
③	戸　来	2 0 0
⑨1	小　原	2 1 0
①	伊　藤	1 0 0
1	高橋　文	0 0 1
9	宮　森	0 0 0
⑥	佐　藤	2 0 0

振球犠盗失併残………
4 6 2 0 0 0 6 17 4 4

【花巻東】		打安点
⑥	宮　沢	3 1 0
③	佐々木	4 3 2
⑤	菱　川	1 0 0
②	田　代	1 1 1
⑧	相　野	2 2 4
⑦	平　井	4 4 4
⑨	黒　沢	2 1 2
①	佐　藤	1 0 0
1	萬　谷	1 1 1
1	中　居	0 0 0
④	熊　谷	3 1 1
4	広　内	0 0 0

振球犠盗失併残………
0 9 2 1 0 0 6 22 14 15

花北青雲—花巻東　花巻東1回裏1死満塁、平井が左前適時打を放ち、2—2と同点に追いつく

▽三塁打　相野(東)
▽二塁打　平井(東)
▽審判　球審=高橋勝　塁審=高橋一、小谷地、釜石
▽試合時間　1時間55分

黒沢尻北、初回痛恨の被弾

盛岡大付 11—1 黒沢尻北

黒沢尻北	0	0	0	1	0	0	1
盛岡大付	3	1	0	2	3	2x	11

(六回コールド)

(黒)星、松本—佐藤晃
(盛)千葉、大平、遠藤—田屋
▽本塁打　南(盛)=一回③、金子(盛)=六回②

黒沢尻北の主戦・星知輝(3年)にとっては痛恨の初回だった。四球と安打の走者に盗塁で揺さぶられリズムを崩すと、盛岡大付の3番南早羽己(同)に3ボールからの直球をとらえられ、右翼ポール直撃の3ランを浴びた。星は7四死球と乱れ6失点。2番手の松本壮哉(2年)も四球から崩れた。

一矢報いたい打線は四回2死二塁から「万全のコンディションだった」と高橋寛大(3年)が右前打を放ち、1点をつかみ取った。高橋は「自分より上のレベルにいろいろな選手がいる。追い付き、追い越せるようにがんばりたい」と次なるステージへ向け歩き出した。

【黒沢尻北】		打安点
⑧	渡　辺	3 0 0
⑥	山　田	3 0 0
⑤	小　原	2 1 0
5	滝　津	0 0 0
⑦	鎌　田	3 1 0
③	高橋　寛	3 3 1
②	佐藤　晃	3 0 0
①	星	1 0 0
H	飛　沢	1 0 0
1	松　本	0 0 0
⑨	所	2 0 0
④	高橋　朝	2 1 0

振球犠盗失併残………
2 1 0 1 2 2 5 23 6 1

【盛岡大付】		打安点
⑤	松　本	0 0 1
⑧7	新　井	4 2 0
④	南	4 1 3
⑨	小　針	3 2 2
R	駒　田	0 0 0
③	金　子	4 2 2
⑥	佐々木	0 0 0
⑦	中　沢	1 0 0
8	大　貫	0 0 0
②	田　屋	3 0 0
①	千　葉	0 0 0
H	金　田	0 0 0
R	赤　堀	0 0 0
1	大　平	1 0 0
1	遠　藤	0 0 0

振球犠盗失併残………
2 11 1 5 0 1 6 20 7 8

黒沢尻北—盛岡大付　1回裏盛岡大付無死二、三塁、南が右越え本塁打を放ち、3—0と先制する

▽二塁打　高橋朝(黒)
▽審判　球審=畑川　塁審=馬渕、里見、吹切
▽試合時間　1時間46分

花巻・花巻球場

盛岡中央が9大会ぶりにベスト8入り。中川の場外弾などで福岡を突き放した。
盛岡四は2点を追う二回、5連打などで8点を奪い逆転。一関一をコールドで退けた。

盛岡中央、場外弾で勢い

盛岡中央 8—3 福岡

盛岡中央	0	0	1	3	2	0	0	1	1	8
福岡	1	0	0	0	0	2	0	0	0	3

(盛)中川、斎藤—小笠原颯
(福)荒谷、松沢、平颯—漆原
▽本塁打　中川(盛)＝四回①

盛岡中央—福岡　4回表盛岡中央無死、中川が右翼場外へ勝ち越しの本塁打を放つ。捕手漆原

【盛岡中央】		打安点
⑧	藤本	411
⑦	高林	100
H7	萩生田	310
①	中川	311
1	斎藤	200
⑨	小沢	312
③	大沼	520
④	菊池	321
⑤	茅橋	301
②	小笠原颯	432
⑥	佐々木優	200

振球犠盗失併残………
1 2 6 0 0 2 6 33 11 8

【福岡】		打安点
③	山市	500
⑧6	和山	410
⑤	合川	430
④	菅野	400
⑥1	平颯	431
⑨8	舘山	300
⑦	舘ケ沢	211
H7	宮崎	100
①	荒谷	110
1	松沢	110
9	平頼	100
②	漆原	201

振球犠盗失併残………
11 5 1 0 1 0 8 32 10 3

▽三塁打　萩生田(盛)▽二塁打　藤本、菊池2(盛)平颯(福)▽審判　球審＝高橋　塁審＝加倉、小野、阿部▽試合時間　2時間13分

制球に苦しんだ盛岡中央の先発中川青空(3年)が、自らの場外弾でチームに勢いを与えた。1—1で迎えた四回、先頭で左打席に入ると「投球で持ってこられなかった流れを変えたかった」と内角の球を振り切った。打球は右翼を大きく超える場外本塁打。勢いに乗った打線はこの回計3点を奪った。

その裏の守りではスクイズを阻止。三走を挟殺し、三塁を狙った一走も挟殺に仕留めて主導権を渡さなかった。

六回途中からは斎藤響介(2年)が「あまり経験がない」という走者を背負った場面で継投。2者連続で四球を与え、押し出しで1点を失ったが、以降は147キロを2度記録。被安打1、7奪三振で古豪をねじ伏せた。

盛岡四、好守で逆転劇呼ぶ

盛岡四 14—4 一関一

一関一	1	1	1	1	0	4
盛岡四	0	8	2	1	3x	14

(五回コールド)

(一)小原、熊谷翔、千葉洸、須藤、古舘—高橋
(盛)中塚、桜田、岩渕—煙山

一関一—盛岡四　2回裏盛岡四2死一、三塁、菅原が中前へ適時打を放ち、3—2と勝ち越す

【一関一】		打安点
⑥16	須藤	331
③4	村上	000
⑤65	軍司	100
②	高橋	200
⑨	千葉和	211
⑦	橋野	200
①3	小原	311
④	小野寺京	000
1	熊谷翔	000
1	千葉洸	000
H	武田	100
5	宮崎	000
1	古舘	000
⑧	中川	100

振球犠盗失併残………
1 8 2 0 1 0 6 15 5 3

【盛岡四】		打安点
⑤	菅原	312
⑨	千田	433
②	煙山	421
③	酒井	100
⑦	上関	212
⑥	上山	431
④	角	211
①8	中塚	221
⑧	尾崎	000
1	桜田	111
1	岩渕	000

振球犠盗失併残………
1 7 4 2 1 3 8 23 14 12

▽三塁打　須藤(一)
▽二塁打　小原(一)煙山、上関(盛)
▽審判　球審＝瀬川　塁審＝八重樫、伊藤、佐藤
▽試合時間　2時間12分

35度近い猛暑で投手陣が制球に苦しむ中、盛岡四が鮮やかな併殺で流れを引き寄せた。二回、0－2とされなお1死二、三塁。一関一の軍司椎那(2年)の強烈なライナーを、この回途中から登板した桜田絢(1年)が好補して三塁へ転送。一瞬でピンチを切り抜けるとその裏、上山七海主将(3年)の左前打を皮切りに中塚晴基(3年)らの5連打を含む7安打を集中させ、大量8点を挙げて一気に逆転した。二回に2点適時打を放った千田快人(3年)は「あの併殺でいい流れになった。今後も今までの練習を信じて頑張りたい」と自信を深めた。

一関一・須藤周太郎(3年)「(二回の)ゲッツーで流れが変わった。相手投手に直球を低めに集められた」

はつらつ連合チーム

岩泉・山田・大槌

1回戦・対花北青雲　初回、先制の左越え本塁打を放ち、ガッツポーズでダイヤモンドを回る前川（岩泉3年）。1点差で敗れたものの、実力校相手に善戦した＝7月11日、盛岡・県営球場

2回戦・対盛岡一　6回表2死一、二塁から4番木村（大野2年）が右前適時打を放ち1点を返す＝7月16日、金ケ崎町・しんきん森山スタジアム

種市・大野・紫波総合

1回戦・対花泉　エース下苧坪（種市3年）を中心に戦い、夏1勝を挙げた洋野・紫波連合＝7月14日、花巻・花巻球場

岩谷堂・水沢農・前沢・北上翔南

1回戦・対遠野緑峰　マウンドに集まる四校連合の内野陣。逆転サヨナラ負けを喫したが、4校12人の選手一丸で戦い抜いた＝7月14日、花巻・花巻球場

盛岡・県営球場

花巻農が第4シード花巻南との同地区対決を制し、3回戦に進出。
一関学院は1年生寺尾が4回1安打と好投した。
春4強の久慈は12安打15点で伊保内を圧倒した。

花巻農打線、終回に爆発

花巻農 7—0 花巻南

花巻農	0	0	2	0	0	0	0	0	5	7
花巻南	0	0	0	0	0	0	0	0	0	0

(農)遠藤、藤原奏—瀬川
(南)桜田、高橋陸—菊池

花巻農打線が最終回に爆発した。相手の４度の満塁機をしのぎ、2—0で迎えた九回。２本の長短打と申告四球で２死満塁とし、４番三浦陽斗(３年)に打順が回った。「少し不安だった」というが「自分らしい打撃でつないでいけ」と仲間から鼓舞されると、甘い直球を力強く左前にはじき返した。この一振りで打線が爆発。さらに連続適時打でこの回一挙に５得点を挙げた。

投手陣が13四死球の乱調で、負けてもおかしくない試合だった。三浦は「最終回の攻撃の流れが次戦につながる。花農劇場を巻き起こしたい」。

【花巻農】		打安点
④	藤原怜	311
⑧	高橋空	510
⑥	高橋悠	410
③	三浦	522
⑦	葛巻力	511
②	瀬川	542
①9	遠藤	400
⑤	佐藤	210
⑨	及川	210
1	藤原奏	100

振球犠盗失併残………
6433119 36126

【花巻南】		打安点
④	名須川	400
⑧	菊地	410
⑥	藤川	410
③	及川	200
⑨	下瀬川	410
⑤	小原大知	200
⑦	沢田	310
②	菊池	400
①	桜田	000
H	堀	000
1	高橋陸	210

振球犠盗失併残………
613210017 2950

▽二塁打　藤原怜、瀬川（農）菊地（南）

▽審判　球審＝阿部　塁審＝下川原、吉田、谷地
▽試合時間　２時間19分

花巻農—花巻南　9回表花巻農2死満塁、三浦の左前適時打で三走佐藤(左)と二走藤原怜(右)が生還し、4—0と突き放す

一関修紅、意地の一振り

一関学院 10—1 一関修紅

一関修紅	0	0	0	0	0	1	0	1
一関学院	3	0	0	2	3	2	×	10

（七回コールド）

(修)小原、佐藤翔、千葉蓮、小原—千葉圭
(学)寺尾、岩鼻、千葉華—杉沢

控えの主将がシード校に「一太刀」を浴びせた。0—8で迎えた一関修紅の六回２死三塁。高橋謙心主将(３年)が代打で打席に立った。

「自分の力が出せた」と５球目の直球を振り抜くと、打球は左前へ。ベンチはこの日一番の盛り上がりを見せた。

七回も壇上慶太(同)のこの日２本目の二塁打を足がかりに１死満塁の好機をつくった。コールドで敗れたはしたが、チームをまとめ最後に結果も出した控えの主将は、すがすがしく球場を去った。

【一関修紅】		打安点
⑥	渡辺	300
④	那須	210
H3	高橋	111
③4	佐藤柊	300
⑧	檀上	320
⑤	田村新	300
⑦	山崎	310
②	千葉圭	200
⑨1	佐藤翔	000
1	千葉蓮	100
9	田村大	000
H	大泉	100
①91	小原	310

振球犠盗失併残………
7201205 2561

一関学院—一関修紅　1年生ながら一関修紅打線を4回被安打1、無失点に抑えた一関学院の先発寺尾

【一関学院】		打安点
⑨7	岩渕	311
⑧	佐藤拓	210
H8	菅野	100
⑦	留場	100
H9	佐々木	100
⑥	奥谷	420
6	佐藤零	000
③	八幡	424
⑤	千葉竜	221
5	高橋	100
②	杉沢	210
①	寺尾	100
H	小松	100
1	岩鼻	200
1	千葉華	000
④	山本	313
4	原田	000

振球犠盗失併残………
5520017 28109

▽二塁打　檀上2、小原（修）奥谷2（学）
▽審判　球審＝釜石　塁審＝川口、湊、岩崎
▽試合時間　１時間40分

伊保内4番、一矢報いる

久慈 15—2 伊保内

伊保内	0	0	0	2	0	2
久慈	4	2	3	6	×	15

（五回コールド）

(伊)森、屋形場、中野—林
(久)沢里、滝谷—荒谷、吉田

伊保内は４番山本瑠輝(３年)の適時打で、久慈に一矢を報いた。９点を追う四回、田岡昌彦監督の息子の武実(同)の右前打と四球で無死一、二塁の好機をつくり、山本が２球目を右前にはじき返した。

先発の主戦・森太久斗主将(同)は一回、投球フォームを審判に指導されて動揺した。自慢の変化球がことごとく外れ、５四死球を与えて９失点。森は「最後まで悪い流れが続いた」と唇をかんだが、「みんなと最後まで楽しく野球ができて良かった」と晴れやかに振り返った。

【伊保内】		打安点
①6	森	200
⑤	田岡	310
④	日向	100
⑧	山本	211
⑨	古舘	100
⑥17	屋形場	200
⑦	七戸	200
1	中野	000
②	林	200
③	佐々木	100

振球犠盗失併残………
3400203 1621

【久慈】		打安点
⑧	高橋琉	330
⑨	宇部	322
9	舘石	000
⑥	野崎	433
③	大村	300
⑦	谷地	212
⑤	佐藤	434
①	沢里	301
H	石井	000
R	中野	000
1	滝谷	000
④	長川	201
②	荒谷	100
2	吉田	000

振球犠盗失併残………
2822018 251213

伊保内—久慈　1回裏久慈1死二塁、野崎が左前適時打を放ち、1—0と先制する

▽三塁打　谷地（久）
▽審判　球審＝小谷地　塁審＝小野、渡、藤原
▽試合時間　１時間31分

花巻・花巻球場

水沢工と盛岡商が完封勝ち。水沢工は先発山本が強打の盛岡三を4安打に抑えた。
盛岡商の佐々木空も被安打4で三塁を踏ませなかった。
久慈東は左腕長倉の力投で水沢に競り勝った。

水沢工・山本、4安打完封

水沢工 4—0 盛岡三

盛岡三	0	0	0	0	0	0	0	0	0	0
水沢工	0	0	0	0	3	1	0	0	×	4

(盛)下谷地、鷹觜—小柳、佐藤
(水)山本—高橋

165センチのエースがマウンドで躍動した。水沢工の主戦山本陸《り》駆《く》(3年)が、緩急自在の107球で盛岡三を4安打に封じた。

直球は120キロ台だがコースを突き、変化球を低めに集め、練習試合では打たれた盛岡三打線を四回までノーヒットに抑えた。鋭い当たりもバックがことごとく好守でしのいだ。八回1死満塁では「いつも笑顔で」と支えてくれる遊撃手の村上天馬主将(同)の姿に安心感を覚えたという山本。最大のピンチを遊飛と二ゴロで切り抜けた。

盛岡三・志和孝祐主将(3年)「後輩は『打ち勝つ野球』で勝ち進んでほしい」

盛岡三—水沢工　盛岡三打線を4安打完封した水沢工の主戦山本

	【盛岡三】	打安点
⑤	志和	310
④	斎藤	320
⑥	佐々木聖	300
③	及川	300
3	北舘	100
⑧	小林	300
8	金	000
H8	内田	100
⑨	斉藤	410
⑦	小野	100
②	小柳	300
2	佐藤	100
①	下谷地	200
1	鷹觜	100

振球犠盗失併残………
4 5 1 0 1 0 8 29 4 0

	【水沢工】	打安点
⑥	村上	422
④	北條	201
③	伊藤	400
⑧	及川海	400
⑤	遠藤	310
⑨	佐々木	300
⑦	吉田	321
②	高橋	200
①	山本	200

振球犠盗失併残………
10 3 3 2 1 2 5 27 5 4

▽二塁打　志和(盛)村上(水)

▽審判　球審＝伊藤　塁審＝宇都宮、菅野、栗和田
▽試合時間　1時間56分

盛岡商2年生が堂々完封

盛岡商 5—0 遠野

遠野	0	0	0	0	0	0	0	0	0	0
盛岡商	2	1	0	0	0	1	1	0	×	5

(遠)神原大、菊池宏—石田
(盛)佐々木空—佐々木悠

盛岡商の先発佐々木空良(2年)が、被安打4で遠野を完封した。走者を背負うと「しっかり百パーセント以上の投球をしたい」と集中し、直球と40キロほどの球速差がある変化球で切り抜けた。9三振を奪い、遠野に三塁を踏ませなかった。

遠野・神原大輝(3年)も「この夏に懸ける思いは誰よりあった」と力投した。右打者の内角に食い込む直球は威力十分で、七回途中で降板するまで9奪三振、被安打3。五回は中軸を3者三振に抑えた。

遠野—盛岡商　1回裏盛岡商1死一、二塁、佐々木悠(中央)が先制の中前適時打を放ち、一塁へ駆け出す。投手神原、二走篠山

	【遠野】	打安点
⑥	菊池楽	300
④	菊池瑛	400
①8	神原大	300
②	石田	300
⑨	伊藤雅	410
⑧7	佐々木仁	410
③	阿部	320
⑦	菊池海	200
1	菊池宏	000
⑤	佐々木秀	300

振球犠盗失併残………
9 4 0 0 4 0 6 29 4 0

	【盛岡商】	打安点
⑧	盛内	300
④	篠山	210
③	阿部	201
②	佐々木悠	511
⑤	須川	412
⑥	広田	410
⑨	桜庭	300
9	吉田勝	000
⑦	佐々木一	200
H	高橋	100
7	藤田	000
①	佐々木空	100

振球犠盗失併残………
10 10 3 0 0 1 11 27 4 4

▽審判　球審＝菅原　塁審＝高橋、熊谷、佐藤
▽試合時間　2時間4分

久慈東・長倉、不屈の完投

久慈東 3—1 水沢

久慈東	0	0	1	1	0	0	1	0	0	3
水沢	0	0	0	0	0	1	0	0	0	1

(久)長倉—釜谷
(水)門脇、伊藤—竹田
▽本塁打　長倉(久)＝七回①

大会屈指の左腕、久慈東の長倉勇気(3年)が水沢投手陣との投げ合いを制した。

身長180センチから繰り出す直球は威力抜群。初回は140キロ台を記録し、五回まで被安打1。1本の長打も許さず、九回は3三振で試合を終わらせた。打っては七回、公式戦初アーチを右翼席にたたき込んだ。右腕に打球を受けながら159球を投げ抜いた長倉は「先発でいって抑えたい」と次戦をにらんだ。

水沢・伊藤裕平(3年)「春は登板できず、投げるのが怖い時もあった。みんなの思いを背負って投げた」(四回途中から登板)

久慈東—水沢　7回表久慈東無死、長倉(右)が右越えにソロ本塁打を放ち、ベンチの仲間とタッチを交わす

	【久慈東】	打安点
⑥	北沢総	410
④	中田	411
⑨	吉田海	410
⑦	吉田大	110
7	原子内	300
③	村上	200
②	釜谷	420
①	長倉	311
⑤	川端	421
⑧	北沢蓮	300

振球犠盗失併残………
4 2 2 0 1 1 6 32 9 3

	【水沢】	打安点
⑧	吉田	400
⑤	菊地	411
⑥	小野寺	410
④	秋山	300
②	竹田	420
⑨	千葉	200
H	小野	100
③	及川	300
⑦	柳久保	300
①	門脇	100
1	伊藤	100

振球犠盗失併残………
6 2 1 1 0 2 5 30 4 1

▽審判　球審＝木村　塁審＝宇都宮、細川、芳賀
▽試合時間　2時間23分

金ケ崎・しんきん森山スタジアム

釜石商工は4—1の九回、小野の満塁本塁打で遠野緑峰を突き放した。盛岡一は本塁打を含む12安打で洋野・紫波連合に快勝した。

釜石商工、歓喜の満塁弾

釜石商工 9—3 遠野緑峰

	1	2	3	4	5	6	7	8	9	計
釜石商工	4	0	0	0	0	0	0	0	5	9
遠野緑峰	0	0	0	0	1	0	0	0	2	3

（釜）佐々木稜、小野—平野裕
（遠）菊池魁、佐々木幹、桜井、菊池航—菊池潤
▽本塁打　小野（釜）＝九回④

釜石商工に満塁弾が飛び出した。九回２死から二つの内野安打と四球で満塁とし、打席は途中出場の小野温人（３年）が初球のスライダーを振り抜いた。左翼席に飛び込む自身初アーチに「気持ちいいです」。

二回以降は追加点が奪えない我慢の展開。それでも主戦佐々木稜太主将（同）が「しっかりと守ってくれる」と味方を信じ、打たせて取る投球に徹した。八回裏は２三振を奪い、味方の猛攻を呼んだ。終盤まで両チーム譲らぬ熱戦。遠野緑峰の菊池優雅主将（同）は「悔いのない試合。楽しくできた」と振り返った。

【釜石商工】		打安点
⑤3	川崎	4 0 0
①5	佐々木稜	5 0 0
⑥	佐々木優	5 2 0
⑧	中村	4 1 0
②	平野裕	1 1 0
③	近藤	3 1 1
31	小野	2 1 4
⑨	古川	5 1 2
④	大沢	1 0 0
H	難波	1 0 0
4	板沢	2 2 0
⑦	平野颯	4 1 0

振球犠盗失併残………
3 6 1 5 3 1 8 37107

【遠野緑峰】		打安点
⑥	菊池優	3 1 0
④59	堀切	3 0 0
⑤15	桜井	4 1 0
①3	菊池魁	4 1 0
⑦14	佐々木幹	4 1 1
③7	佐々木康	3 0 0
⑧	小水内	2 0 1
②	菊池潤	3 0 0
⑨	似田貝翔	1 0 0
H	菊池匠	1 0 0
9	菊池圭	0 0 0
1	菊池航	0 0 0

釜石商工—遠野緑峰　9回表釜石商工2死満塁、途中出場の小野（中央）が満塁本塁打を放ち、歓喜のベンチに迎えられる

振球犠盗失併残………
6 3 3 0 3 0 4 2842

▽二塁打　近藤、古川、平野（釜）
▽審判　球審＝小野寺
塁審＝千葉、千田、泉田
▽試合時間　２時間25分

3校連合「一つになれた」

盛岡一 9—1 種市・大野・紫波総合

	1	2	3	4	5	6	7	計
種市・大野・紫波総合	0	0	0	0	0	1	0	1
盛岡一	2	2	2	1	2	0	×	9

（七回コールド）

（種）上畑、下苧坪—小子内
（盛）菅、佐々木裕—金沢
▽本塁打　川村（盛）＝五回②

意地の１点を奪って、洋野・紫波連合の戦いが終わった。「夏１勝」を挙げて成長を遂げた今大会。下《しも》苧《う》坪《つぼ》颯汰主将（種市３年）は「次はベスト16を狙ってほしい」と下級生に後を託した。

0—9で迎えた六回２死一、二塁。４番木村遙斗（大野２年）は「最低でもコールドは阻止したい」と打席に入り、スライダーを右前にはじき返した。

遊撃手の伊藤拓哉（紫波総合３年）は「失策をしても仲間が励ましてくれるチームだった。一つになれた」と熱い夏を振り返った。

【種市・大野・紫波総合】		打安点
⑤4	高際	2 0 0
⑥	伊藤	3 1 0
②	小子内	3 1 0
③	木村遥	3 1 1
④1	下苧坪	3 1 0
⑧	福島	3 0 0
⑦	馬場	3 1 0
⑨	佐藤	3 0 0
①	上畑	1 0 0
5	木村修	1 0 0

振球犠盗失併残………
8 1 0 1 5 0 4 2551

【盛岡一】		打安点
⑥	川村	4 4 3
①3	菅	3 1 1
⑨	高橋	4 1 0
⑧	井上	3 2 1
③5	平井	4 1 0
②	金沢	2 0 0
⑦	藤平	3 1 1
H	木村	0 0 0
R	工藤	0 0 0
7	佐々木航	0 0 0
⑤1	佐々木裕	3 0 0
④	大川	2 2 2

洋野・紫波—盛岡一　2回裏盛岡一1死二塁、川村が左中間へ適時二塁打を放つ。本塁打を含む4安打3打点と活躍した

振球犠盗失併残………
1 4 2 1 0 1 7 28128

▽二塁打　井上、川村（盛）
▽審判　球審＝小野寺
塁審＝千葉、加藤、佐藤
▽試合時間　１時間37分

盛岡・県営球場

盛岡四が逆転勝ちで3回戦進出。主戦岩渕は二回以降、三塁を踏ませなかった。
第2シード盛岡大付は盛岡工の6投手から14安打を放ち圧勝。
第1シード花巻東も宮沢の満塁弾などで高田にコールド勝ちした。

盛岡四主戦、二回から完璧

盛岡四 3―1 宮古商工

宮古商工	1	0	0	0	0	0	0	0	0	1
盛岡四	2	1	0	0	0	0	0	0	×	3

(宮)川戸、穂高―三田地
(盛)岩渕、桜田―煙山

1回戦サヨナラ勝ちで勢いに乗る宮古商工に先制された盛岡四は直後の一回裏、先頭の菅原千希(3年)が左翼線に二塁打を放ち、簡単に主導権を渡さなかった。

同点とし、さらに1死三塁から主砲酒井想太(同)が勝ち越しの左前打。二回には菅原の犠飛でリードを広げた。

主戦岩渕良祐(同)は二回以降、低めの直球と縦に落ちる変化球を有効に使い、三塁を踏ませない。「1回戦では制球が乱れた。コースに投げ分けられるよう、意識していた」と四球を出しても、丁寧に内外角に投げ分けた。

【宮古商工】 打安点
⑥ 荒川 410
② 三田地 210
⑤1 穂高 310
⑧ 鈴木 401
③ 橋場 310
⑦ 佐々木丈 400
④ 瀬川蓮 410
⑨ 斉藤 300
① 川戸 200
H 佐々木涼 100
5 宇都宮 000
振球犠盗失併残………
0311106 3051

【盛岡四】 打安点
⑤ 菅原 311
⑨ 千田 300
⑦ 上関 301
7 尾崎 100
③ 酒井 321
② 煙山 200
⑧ 中塚 300
④ 角 320
⑥ 上山 300
① 岩渕 210
H 田沼 100
1 桜田 000
振球犠盗失併残………
4030113 2763

▽二塁打 荒川(宮)
菅原、角(盛)
▽審判 球審＝里見 塁審＝倉橋、藤原、佐々木
▽試合時間 1時間52分

宮古商工―盛岡四 7回を5安打1失点に抑えた盛岡四の主戦岩渕

強気の勝負、盛岡工散る

盛岡大付 11―4 盛岡工

盛岡工	0	0	1	3	0	0	0	4
盛岡大付	3	0	1	5	0	0	2x	11

(七回コールド)

(工)工藤、新田、熊谷春、川崎、中村、五日市―熊谷大、藤原大
(付)渡辺、三浦―田屋
▽本塁打 熊谷大(工)＝四回②、金子(付)＝一回②

七回裏、4―10とされ、なお1死満塁。6人目としてマウンドに立つ盛岡工の主戦五日市健永(3年)は帽子を見た。「スタンドには俺がいる」。ベンチ入りできなかった3年生が書いた言葉があった。

少し緊張が解けたという五日市は、盛岡大付の4番打者に直球で勝負。打ち返された打球は右翼手の頭を越え、コールド負けで最後の夏を終えた。「全力で投げることだけを考えていたが、打たれてしまい悔しかった」と唇をかんだ。

【盛岡工】 打安点
③ 高橋皇 400
⑤ 仁佐瀬 200
⑧6 近藤 321
⑨1 五日市 200
⑦ 菊池 310
⑥ 庭 100
1 川崎 000
1 中村 000
9 斎藤 100
④ 高橋建 320
① 工藤 000
H 福沢 100
1 新田 000
1 熊谷春 000
H2 藤原大 200
②8 熊谷大 212
振球犠盗失併残………
5502104 2463

【盛岡大付】 打安点
⑤ 松本 431
⑧7 新井 312
R 大貫 000
④ 南 422
⑨ 小針 421
③ 金子 335
⑥ 佐々木 400
①8 渡辺 300
⑦ 平内 210
1 三浦 100
H 金田 110
R 赤堀 000
② 田屋 310
振球犠盗失併残………
1713021 0321411

▽三塁打 金子、松本(付)
▽二塁打 近藤、高橋建(工)田屋、南(付)
▽審判 球審＝八重樫 塁審＝百鳥、谷地、野中
▽試合時間 2時間29分

盛岡工―盛岡大付 4回裏盛岡大付1死満塁、金子が中前に2点適時打を放ち、9―4と突き放す

花巻東、逆転満塁アーチ

花巻東 11―4 高田

高田	0	2	0	0	0	2	0	0	4
花巻東	1	4	0	0	1	2	1	2x	11

(八回コールド)

(高)金野、平山―熊谷
(花)八木、平井、万谷―田代
▽本塁打 宮沢(花)＝二回④、菱川(花)＝五回①

「大谷(翔平)さんのように強く振ることを意識した」。花巻東の宮沢圭汰(2年)は、海を越え活躍する先輩を手本に、勝利を呼び込む逆転満塁弾を放った。

1―2と逆転された直後の二回裏。連打と四球で1死満塁の好機に、宮沢が右中間への大きな当たり。会場の雰囲気を一変させた。

中学時代は大谷の父・徹さんが監督を務める金ケ崎リトルシニアでプレーした。宮沢はあくまでも「自分の武器はつなぐこと」と強調した。

【高田】 打安点
⑥ 千葉 211
⑨ 大久保 301
② 熊谷 300
③ 大和田 400
⑦ 鳥沢 400
④ 阿部 410
⑧ 伊藤 200
⑤ 村上真 410
① 金野 111
1 平山 321
振球犠盗失併残………
6600208 3064

【花巻東】 打安点
⑥ 宮沢 535
③ 佐々木 511
⑤ 菱川 421
② 田代 533
⑨ 黒沢 310
⑦ 小沢 411
R7 菊池敏 000
⑧ 相野 420
① 八木 000
1 平井 110
1 万谷 200
④ 熊谷 320
振球犠盗失併残………
3221106 361611

▽三塁打 宮沢(花)
▽二塁打 金野、千葉(高)田代、平井、熊谷(花)
▽審判 球審＝高橋 塁審＝三浦、宇都宮崇、宇都宮渉
▽試合時間 2時間22分

高田―花巻東 2回裏花巻東1死満塁、宮沢が右中間へ本塁打を放ち5―2と逆転する

2回戦

7月15日

花巻・花巻球場

黒沢尻北が延長十回サヨナラ勝ちで3回戦進出。盛岡市立は九回に田村の犠飛で追いつく粘りを見せた。
一関一は五回、5安打を集めて7点を挙げ、一関工を突き放した。
盛岡中央は主戦斎藤が10奪三振と力投し、水沢商を退けた。

黒沢尻北、延長サヨナラ

黒沢尻北 3―2 盛岡市立

盛岡市立	0	0	1	0	0	0	0	0	1	0	2
黒沢尻北	0	0	0	2	0	0	0	0	0	1x	3

（延長十回）

（盛）田村、宮野―伊藤
（黒）山田、星―佐藤晃

延長十回。黒沢尻北は途中出場の３年生が勝負を決めた。２死一、二塁で打席は所晃輔。ベンチからの応援を背に「チームの気持ちが伝わってきた。絶対に打たないと」。振り抜いた打球は大きく右翼へ。二走の鎌田壮真（３年）がホームに飛び込むと、幾重もの歓喜の輪ができあがった。

山田捷人主将（同）が九回に同点を許す苦しい展開。それでも救援した星知輝（同）が無失点で十回表を抑え、サヨナラ機への流れを生み出した。

盛岡市立・宮野健太（3年）「（登板する）心の準備はできていた。自分なりに悔いがないプレーができた」（六回から救援）

盛岡市立―黒沢尻北　延長10回裏、サヨナラ勝ちを喜ぶ黒沢尻北の選手たち

【盛岡市立】		打安点
②	伊藤	520
④	三浦	410
⑧	杉下	431
⑤	工藤	300
⑦	鈴木	300
1	宮野	100
⑥	米田	410
③	佐々木泰	200
H	佐藤樹	110
R	上和野	000
3	佐々木啓	000
⑨	小田嶋	300
①7	田村	311

振球犠盗失併残
4 2 5 0 0 1 8 33 9 2

【黒沢尻北】		打安点
⑧	渡辺	410
⑥	滝津	500
⑤	小原	410
⑦	鎌田	420
②	佐藤晃	500
③	高橋寛	410
①	山田	200
1	星	000
⑨	菅野	101
H9	所	321
④	菊地	201
H	飛沢	000
4	高橋朝	000

振球犠盗失併残
9 9 1 1 0 0 1 23 4 7 3

▽二塁打　佐藤樹（盛）
▽審判　球審＝川村　塁審＝高橋、下川原、佐藤
▽試合時間　2時間43分

一関一、五回に打線爆発

一関一 8―3 一関工

一関一	1	0	0	0	7	0	0	0	0	8
一関工	0	0	0	0	0	2	1	0	0	3

（一）須藤、軍司、小原―高橋
（工）菅原―安部

一関一は五回の集中打で同地区対決を制した。橋野義明主将（3年）の２点適時打など５本の単打を集め、打者 12 人が攻めた。「点数を取れるところで取り切った」と橋野主将。初回に先制したものの、追加点を奪えないもどかしい展開。それでも須藤周太郎（同）の力投と無失策で守りからリズムをつくり、五回のビッグイニングを呼び込んだ。須藤は「ストライクの先行は難しかったが、要所で決まった。次もチームの柱として頑張りたい」と闘志をかき立てた。

一関工・菅原駿（2年）「直球の良さ悪さ両方が出た。これからの練習で精度を上げたい」（8失点も 206 球を投げ抜く）

一関一―一関工　5回表一関一1死二、三塁、橋野が中前に2点適時打を放ち、3―0とリードを広げる。捕手安部

【一関一】		打安点
①6	須藤	541
④3	村上	400
⑥15	軍司	312
②	高橋	421
⑨	千葉和	600
⑦	橋野	532
③1	小原	510
⑤	宮崎	100
H	武田	110
R	永沢	000
4	小野寺京	000
⑧	中川	321

振球犠盗失併残………
9 8 5 1 0 0 15 37 14 7

【一関工】		打安点
⑥	小野寺和	430
⑨	石川	310
③	及川	410
④	三浦	300
⑦	山中	421
⑤	佐藤	300
②	安部	400
⑧	熊谷	412
①	菅原	400

振球犠盗失併残………
2 5 2 1 2 0 10 33 8 3

▽二塁打　山中、熊谷、小野寺和（工）
▽審判　球審＝阿部　塁審＝佐藤、千葉、伊藤
▽試合時間　2時間55分

水沢商エース、完全燃焼

盛岡中央 6―2 水沢商

盛岡中央	3	0	0	0	0	1	0	0	2	6
水沢商	2	0	0	0	0	0	0	0	0	2

（盛）斎藤―小笠原颯
（水）遠藤―荒井

いきなり３点を奪われた初回、水沢商は盛岡中央の本格派右腕・斎藤響介（２年）から２点を挙げる意地を見せた。千葉拓人主将（3年）は「負けたことは悔しいが、前半は準備してきたことを出せた」と実感を込めた。

迷いのないスイングで 140 キロ台の速球を捉え、菊地悠羅（同）の技ありセーフティーバントも決まり、相手エースの立ち上がりを突いた。10 三振は喫したが９安打を放ち、最後まで食い下がった。

水沢商・遠藤亮祐（3年）「２人の兄とは違ってセンスはなかったが、今日は自分らしい投球ができた」

盛岡中央―水沢商　1回表盛岡中央1死三塁、岩動が先制の中前適時打を放ち1塁へ向かう

【盛岡中央】		打安点
⑧	藤本	520
⑦	高林	321
⑥	岩動	111
6	佐々木優	400
⑨	小沢	510
③	大沼	421
④	菊池	321
⑤	茅橋	301
②	小笠原颯	510
①	斎藤	310

振球犠盗失併残………
2 4 4 3 2 2 11 36 12 5

【水沢商】		打安点
⑤	阿部	410
⑨	原田琉	110
⑥	千葉	420
③	油井	410
⑧	菊地悠	411
②	荒井	310
⑦	佐々木	410
①	遠藤	310
④	千田	300

振球犠盗失併残………
10 3 3 2 3 1 7 30 9 1

▽二塁打　大沼、藤本（盛）
▽審判　球審＝菅原　塁審＝細川、瀬川、高橋
▽試合時間　2時間6分

金ケ崎・しんきん森山スタジアム

福岡は八回、舘山の右越え二塁打で挙げた1点を守り切り、黒沢尻工に競り勝った。
花北青雲は8盗塁で広げた好機を生かし、大東にコールド勝ちした。

福岡 1—0 黒沢尻工

	1	2	3	4	5	6	7	8	9	計
福岡	0	0	0	0	0	0	0	1	0	1
黒沢尻工	0	0	0	0	0	0	0	0	0	0

(福)松沢—漆原
(黒)藤沢—嘉藤

黒沢尻工、痛恨の同点機

福岡—黒沢尻工　9回裏黒沢尻工1死三塁、打者根本のスクイズは空振りとなり、三走鶴田尚(中央)を挟殺する捕手漆原(左)。三塁手合川

【福岡】		打安点
⑧	和山	4 0 0
③	山市	3 1 0
⑤	合川	4 0 0
④	菅野	4 1 0
⑥	平颯	4 1 0
⑨	舘山	3 1 1
9	平頼	0 0 0
⑦	舘ケ沢	2 0 0
①	松沢	3 0 0
②	漆原	3 0 0
振球犠盗失併残		
4 1 1 0 0 0 4		30 4 1

【黒沢尻工】		打安点
⑧	土屋	1 0 0
④	根本	5 2 0
⑨	熊谷	4 1 0
②	嘉藤	4 1 0
③	柏葉	3 1 0
⑦	小沢	4 0 0
①	藤沢	4 2 0
⑥	舘洞	4 0 0
⑤	鶴田尚	3 2 0
振球犠盗失併残		
3 4 2 0 0 0 11		32 9 0

▽二塁打　山市、舘山(福)藤沢、鶴田尚(黒)
▽審判　球審＝三浦　塁審＝鈴木、長坂、佐々木
▽試合時間　2時間9分

まさかのワンバウンドが、息詰まる投手戦の明暗を分けた。1点を追う九回1死三塁、カウントは2ボール1ストライク。「ストライクを取りに来る」と読んだ黒沢尻工の石橋智監督は、投球と同時に三走が走るギャンブルスタートを指示した。

三走鶴田尚己(2年)は本塁に全力疾走。だが福岡の先発松沢希龍(3年)が投じたスライダーはホームぎりぎりでバウンドし、根本夏珠葵(3年)が地面すれすれに差し出したバットは無情にも空を切った。鶴田尚は三本間で挟殺され、黒沢尻工の命運が尽きた。

この試合が初完投、初完封となった松沢は、石橋監督の読み通り、決め球のスライダーでストライクを取るつもりだった。「視界の端にスタートが見えたが、とっさに外したのか自分でも分からない。とにかく捕手が捕ってくれたことに感謝している。今日は自分の勝ちではなく、守り抜いてくれた福岡の守備の勝利だ」と仲間をたたえた。

35年以上高校球児を指導し、この試合でユニホームを脱ぐ石橋監督は「いちかばちかの作戦だったが、好投した藤沢を勝たせてやりたかった。普通に打たせていたらどうだったか。いずれ『負けに不思議の負けなし』だ」と天を仰いだ。

黒沢尻工の主戦藤沢主樹(3年)「最後に冷静さを欠き、力で抑えにいってしまった」(六回までパーフェクトに抑え、被安打4の力投も実らず)

花北青雲 8—1 大東

	1	2	3	4	5	6	7	計
大東	0	0	0	0	1	0	0	1
花北青雲	2	1	0	2	0	0	3x	8

(七回コールド)

(大)佐藤彗、高橋、滝沢—菊池央
(花)藤原、高橋文、伊藤—高橋翔

花北青雲、勝利呼ぶ8盗塁

【大東】		打安点
④14	高橋	4 1 0
⑥	佐藤塁	4 2 0
⑧91	滝沢	3 0 0
②	菊池央	3 0 1
⑨79	佐山	2 1 0
③43	熊谷	2 1 0
⑤	菊池永	1 0 0
①8	佐藤彗	3 0 0
⑦	飯高	1 0 0
3	小山	0 0 0
7	佐藤颯	2 1 0
振球犠盗失併残………		
3 4 1 0 1 0 8		25 6 1

【花北青雲】		打安点
④	鎌田有	2 1 0
⑧	福山	4 1 1
⑤	高橋大	3 1 1
⑦	中島	3 1 2
②	高橋翔	4 2 3
⑨	小原	3 0 0
③	戸来	1 1 0
①	藤原	2 1 0
1	高橋文	1 0 0
H	冨手	1 0 0
1	伊藤	0 0 0
⑥	佐藤	4 0 0
振球犠盗失併残………		
7 13 0 8 0 0 13		28 8 7

大東　花北青雲　1回裏花北青雲2死二塁、二走福山(右)が三盗を決め、チャンスを広げる。三塁手菊池永

▽三塁打　鎌田有(花)
▽二塁打　高橋翔、中島(花)
▽審判　球審＝水野　塁審＝菅野、金野、及川
▽試合時間　2時間21分

花北青雲が足で流れを引き寄せた。初回、死球で出た福山恭平(3年)が二塁を奪うと、2死から三盗。さらに四球で出塁した中島大喜(3年)も二盗を決め、無安打で2死二、三塁。高橋翔瑛(2年)の右中間二塁打で2点を先制し、勢いに乗った。

打線は大東投手陣のきわどいボールを慎重に見極め、13個の四球を選んだ。決めた盗塁は八つ。機動力で大東を揺さぶり続けた。福山は「自分の足は決して速くないけれど、投手のフォームや捕手、一塁手の肩を見ながら常にチャンスを狙っている」と練習の成果を強調した。

盛岡・県営球場

盛岡一は菅、佐々木裕の継投で釜石を4安打に封じた。
釜石商工は16安打の猛攻で軽米にコールド勝ち。
水沢も金ケ崎を1安打に抑え、2回戦に進出した。

盛岡一、釜石打線封じる

盛岡一 3―0 釜石

釜石	0	0	0	0	0	0	0	0	0	0
盛岡一	0	1	0	0	0	1	1	0	×	3

（釜）中館―佐々木天
（盛）菅、佐々木裕―金沢

盛岡一の左腕菅龍太朗（3年）が七回3安打無失点と力投した。「流れが悪くなる」と先頭打者に集中し、七回まですべての先頭打者を打ち取って主導権を渡さなかった。ただ、自身の評価は50点。二、六回に2死から四球で走者を出したことを振り返り「ストレートの抜け球が多かった」と反省した。

釜石・木下蓮主将（3年）「（七回2死満塁で左飛に終わり）想定よりのびがあった。中学生の時から同じ地区でともに努力してきた仲間と戦い抜いたことに意味があった」

【釜石】		打安点
⑧	木　下	4 0 0
①	中　館	3 0 0
④	前　川	3 0 0
⑥	八　幡	4 0 0
⑤	高清水享	4 2 0
⑦	織　笠	3 1 0
③	武　藤	4 0 0
②	佐々木天	3 1 0
H	臼　沢	1 0 0
⑨	佐々木大	2 0 0

振球犠盗失併残………
8 4 0 0 3 1 8 31 4 0

【盛岡一】		打安点
⑥	川　村	2 1 0
①3	菅	2 0 0
⑨	高　橋	3 0 0
⑧	井　上	4 2 0
③5	平　井	3 2 1
②	金　沢	3 0 0
⑦	藤　平	3 1 0
R 7	佐々木航	0 0 0
⑤1	佐々木裕	4 0 0
④	大　川	3 0 0

振球犠盗失併残………
8 5 3 5 1 1 8 27 6 1

釜石―盛岡一　7回を3安打無失点に抑えた盛岡一の菅

▽三塁打　平井（盛）
▽審判　球審＝伊東　塁審＝阿部、川口、藤原
▽試合時間　2時間12分

釜石商工、16安打の猛攻

釜石商工 15―5 軽米

釜石商工	1	0	0	1	3	4	6	15
軽米	0	0	0	2	0	1	2	5

（七回コールド）

（釜）佐々木稜、小野―平野裕
（軽）井戸渕拓、田代侑、皆川、田代晃―佐々木

釜石商工の主将を務め、主戦を担い、主軸を打つ佐々木稜太（3年）が、投打にわたる活躍でチームを勝利に導いた。

「勝負強さが武器」と、まず打撃で見せた。初回1死三塁の好機で右前に先制適時打を放ち、緊張で固くなっていたベンチを和らげた。大会前は絶不調だったが、ファーストストライクから積極的に振るよう心がけ、この日は5打数4安打の大暴れ。

投げては制球が乱れた場面もあったが要所を締め、6回を3失点。伊藤久起監督は「五、六回のビッグイニングがポイント。終盤をものにしてくれた」とたたえた。

【釜石商工】		打安点
⑤3	川　崎	3 1 0
⑥	佐々木優	3 1 1
①5	佐々木稜	5 4 2
⑧	中　村	2 1 0
②	平野　裕	2 1 3
⑨	古　川	5 3 4
R 9	長　洞	0 0 0
③	近　藤	3 1 1
R	藤　原	0 0 0
1	小　野	0 0 0
⑦	平野　颯	5 3 2
④	板　沢	2 0 0
H 4	大　沢	2 1 1

振球犠盗失併残………
3 1 0 3 5 0 19 32 16 14

【軽米】		打安点
④1	田代　晃	4 2 0
⑥16	田代　侑	4 1 0
②	佐々木	3 1 2
⑤614	皆　川	3 1 0
⑧	井戸渕颯	3 0 0
①5	井戸渕拓	1 1 0
⑨	鶴　飼	4 2 2
③	大　谷	3 0 0
⑦	細谷地	2 0 0

振球犠盗失併残………
6 6 1 0 0 0 8 27 8 4

釜石商工―軽米　5回表1死満塁、平野裕が左前2点適時打を放ち、5―2と突き放す

▽三塁打　古川（釜）
▽二塁打　川崎、佐々木稜2、大沢（釜）井戸渕拓、鶴飼（軽）
▽審判　球審＝渡　塁審＝高橋、岩崎、谷地
▽試合時間　2時間29分

投打かみ合い水沢快勝

水沢 7―0 金ケ崎

金ケ崎	0	0	0	0	0	0	0	0
水沢	1	0	6	0	0	0	×	7

（七回コールド）

（金）海鋒、岩崎、海鋒―伊藤
（水）藤沢、宇部―竹田

投打にかみ合った水沢が七回コールド勝ちした。初回、2四球と秋山友希（3年）の右前打で先制。三回は1死満塁から竹田光騎主将（同）が2点適時打。さらに押し出しや守りの乱れもあって一気に6点を奪い、試合の行方を決定づけた。

先発の藤澤航（同）は5回を投げて被安打1、無失点。三、四、五回は3人で相手の攻撃を断ち、守備からリズムをつくった。藤沢は「自分の持ち味を生かした投球ができた」と納得の表情を浮かべた。

金ケ崎―水沢　3回裏水沢無死満塁、竹田の左前2点適時打で生還した三走菊地（5）を出迎える水沢の選手たち

【金ケ崎】		打安点
②	伊　藤	2 0 0
⑤	秋　山	2 0 0
⑥	堀　江	3 0 0
④14	岩　崎	3 0 0
①41	海　鋒	2 0 0
⑧	後　藤	3 0 0
⑦	今　野	1 1 0
R 7	遠　藤	0 0 0
③	及　川	2 0 0
⑨	千　葉	3 0 0

振球犠盗失併残………
10 6 0 0 2 0 6 21 1 0

【水沢】		打安点
⑧	吉　田	3 0 0
⑤	菊　地	3 1 0
⑥	小野寺	2 0 0
④	秋　山	3 2 1
②	竹　田	4 2 2
⑨	千　葉	1 0 0
⑦1	宇　部	3 0 1
③	及　川	2 1 0
H	江　川	1 0 0
3	小　野	0 0 0
①	藤　沢	2 1 1
7	柳久保	0 0 0

振球犠盗失併残………
4 8 3 1 1 1 10 24 7 5

▽二塁打　菊地（水）
▽審判　球審＝三浦　塁審＝畑川、佐藤、葛西
▽試合時間　1時間46分

花巻・花巻球場

種市・大野・紫波総合の連合チームが花泉を下し、大会初勝利を挙げた。
遠野緑峰は0−2の最終回、堀切の右中間2塁打で逆転サヨナラ勝ち。
遠野は延長戦の末、粘る千厩を振り切った。

種市・大野・紫波総合 5—3 花泉

	1	2	3	4	5	6	7	8	9	計
花泉	0	1	0	0	0	2	0	0	0	3
種市・大野・紫波総合	0	1	3	1	0	0	0	0	×	5

(花)石田、和久、石田—佐藤信
(種)下苧坪—小子内
▽本塁打　和久(花)=二回①、下苧坪(種)=二回①

3校連合、歓喜の夏1勝

最後の打者を打ち取ると、3校のユニホームによる歓喜の輪ができた。主戦下苧坪《しもうつぼ》颯汰(種市3年)の投打にわたる活躍に導かれ、連合チームが初の白星を挙げた。

本塁打を浴びた直後の二回裏、下苧坪が高めの変化球を振り抜いて左翼席に同点のソロ本塁打。投げては130キロ台の直球を主体にコースを突き、計13奪三振で完投した。

打線も三回、1死満塁から小子内海登(種市3年)の中前打などで3点を奪い、エースを援護した。3校の思いを背負って投げ抜いた下苧坪は「1勝を成し遂げられて良かった」。

花泉・真柄睦生主将(3年)「後悔はあるがやりきった。このメンバーで試合ができて良かった」

【花泉】

		打安点
⑧	高浜	510
②	佐藤信	400
⑦	佐藤海	410
③	佐藤祐	431
⑤15	和久	422
⑨	真柄	300
④54	高橋桐	400
①61	石田	400
⑥46	加藤快	310

振球犠盗失併残………
13 3 0 0 1 1 8 35 8 3

【種市・大野・紫波総合】

		打安点
④	高際	310
⑥	伊藤	410
②	小子内	511
③	木村遥	301
①	下苧坪	312
⑧	福島	200
⑦	馬場	200
⑨	佐藤	410
⑤	木村修	320

振球犠盗失併残………
5 8 2 0 3 1 10 29 7 4

▽本塁打　和久(花)　下苧坪(種)
▽審判　球審=下川原　塁審=瀬川、伊藤、菊池
▽試合時間　2時間19分

花泉—洋野・紫波　13奪三振で完投した洋野・紫波の下苧坪

遠野緑峰 3—2 岩谷堂・水沢農 前沢・北上翔南

	1	2	3	4	5	6	7	8	9	計
岩谷堂・水沢農・前沢・北上翔南	0	0	0	0	0	0	1	0	1	2
遠野緑峰	0	0	0	0	0	0	0	0	3x	3

(岩)及川大—坂内
(遠)佐々木康—菊池潤

遠野緑峰、逆転サヨナラ

遠野緑峰が土壇場で試合をひっくり返した。2点を追う九回、1死一、二塁から小水内彪雅(2年)の左中間二塁打で1点。なお1死満塁の場面で、打席は途中出場の堀切滉太(2年)。「こんなチャンスが来るとは思っていなかった。少しでも3年生たちと長く野球がしたかった」と、迷うことなく初球を振った。「右中間方向に飛ばすのがうまい選手」という鈴木裕生監督の起用に応えた一打は鋭く右中間を破り、2人の走者が生還。劇的な幕切れで3年ぶりの夏1勝をつかんだ。

四校連合・及川大葵主将(岩谷堂3年)「八回までゼロ点(で抑えられたのは)は初めて。他校の選手と協力した体験は今後の人生に役立つと思う」(好投も最終回にサヨナラの一打を許す)

四校連合—遠野緑峰　逆転サヨナラ勝ちで喜びを爆発させる遠野緑峰の選手たち

【岩谷堂・水沢農・前沢・北上翔南】

		打安点
⑤	柳村	300
②	坂内	430
⑨	小林	310
①	及川大	400
⑦	葛西	420
⑧	三浦	400
④	菊池	421
③	及川塁	421
⑥	小沢	200
H6	高橋	200

振球犠盗失併残………
3 1 1 0 1 1 7 34 10 2

【遠野緑峰】

		打安点
⑥	菊池優	420
⑨	似田貝翔	300
⑦	佐々木幹	200
③	菊池魁	300
①	佐々木康	410
⑤	桜井	420
⑧	小水内	411
②	菊池潤	310
④	菊池宏	200
4	堀切	212

振球犠盗失併残………
1 5 0 3 0 2 8 31 8 3

▽二塁打　葛西、菊池(連合)小水内、堀切(遠)
▽審判　球審=千葉　塁審=野露、宇都宮、佐藤
▽試合時間　2時間29分

金ケ崎・しんきん森山スタジアム

久慈東は先発長倉が10奪三振の力投。北沢の2点本塁打で大船渡東を突き放した。
盛岡商は佐々木悠の3点本塁打などで西和賀を圧倒した。

久慈東・長倉が3安打完封

久慈東 3—0 大船渡東

大船渡東	0	0	0	0	0	0	0	0	0		0
久慈東	0	0	0	0	1	0	2	0	×		3

(大)熊谷大、仁木—上野
(久)長倉—釜谷
▽本塁打　北沢(久)=七回②

久慈東の主戦左腕長倉勇気(3年)が、伸びのある直球を武器に10奪三振、被安打3で完封した。

初回1死二塁のピンチを味方の好判断でしのいだ後は、付け入るすきをほとんど与えなかった。130キロ台後半の直球で打者の胸元を突き、変化球を低めに集めた。

3点リードの九回には、この日最速の140キロを記録。2死から死球と中前打で一、三塁のピンチを招いたが「点差があったので打者だけに集中した」と最後のバッターを3球三振に取った。

大船渡東—久慈東　力強い速球で10三振を奪い完封した久慈東の主戦長倉

【大船渡東】		打安点
⑧	佐々木蓮	410
⑤	木下	300
⑥1	仁木	300
⑦	金野	420
②	上野	200
H	後藤	100
③	見世	300
⑨	野々村	300
④	近江	200
①	熊谷大	100
6	斉藤	200

振球犠盗失併残………
10 2 2 0 1 1 5 28 3 0

【久慈東】		打安点
⑥	北沢総	322
④	中田	300
⑨	吉田海	411
⑦	吉田大	410
③	村上	420
②	釜谷	310
①	長倉	310
⑤	川端	310
⑧	北沢蓮	200

振球犠盗失併残………
7 2 4 1 0 0 8 29 9 3

▽審判　球審=加倉
塁審=高橋、小野寺、那須野
▽試合時間　1時間42分

盛岡商、鮮やか3点本塁打

盛岡商 11—1 西和賀

西和賀	0	0	0	1	0		1
盛岡商	4	3	0	0	4x		11

(五回コールド)

(西)新田、高橋潤、新田、広沼—加藤
(盛)佐々木空—佐々木悠
▽本塁打　佐々木悠(盛)=二回③

初戦が3日間順延となった一戦は、盛岡商が序盤から圧倒した。

初回は篠山誠司(2年)、阿部恭介(3年)の連続バントで好機をつくり4点を先制。二回は佐々木悠翔(3年)が右越えに3点本塁打を放った。

捕手の佐々木悠は守っても四回、1点を奪われてなお1死満塁の場面で好リード。相手が「変化球狙いなのでは」と感じ、配球を直球主体に変え連続三振に取った。

西和賀・小向飛那太(3年)「後輩がつないだチャンス。絶対に返そうと思った」(四回1死満塁で右前適時打)

西和賀—盛岡商　2回裏盛岡商1死一、三塁、佐々木悠が右越え3点本塁打を放つ

【西和賀】		打安点
③	村上	300
⑧	菊池	310
①714	新田	310
⑦17	高橋潤	200
②	加藤	000
⑨	小向	211
⑥	白鳥	200
④1	広沼	200
⑤	小田島	210

振球犠盗失併残………
3 2 0 0 3 0 5 19 4 1

【盛岡商】		打安点
⑧	盛内	320
④	篠山	210
③	阿部	100
②	佐々木悠	314
⑤	須川	422
⑥	広田	331
⑨	桜庭	210
⑦	佐々木一	200
H	高橋	111
①	佐々木空	310

振球犠盗失併残………
2 8 3 1 0 0 11 24 12 8

▽二塁打　佐々木空(盛)
▽審判　球審=千葉　塁審=小野寺、佐々木、佐久間
▽試合時間　1時間39分

7月14日 花巻・花巻球場

延長十回、遠野逃げ切る

遠野 6—5 千厩

遠野	1	0	0	0	0	0	1	0	0	4		6
千厩	0	1	0	0	1	0	0	0	0	3		5

(延長十回)

(遠)菊池宏、神原大、佐々木秀—石田
(千)千葉、佐々木悠—佐藤真

遠野が今大会初の延長戦を制した。延長十回、7番阿部和斗(2年)が1死二塁から中前適時打で3—2と勝ち越し。さらに2死一、三塁から1番菊池楽《が》空《くう》(3年)の内野安打、2番菊池瑛太(2年)の二塁打で3点を追加、この回4点を奪った。石田将汰主将(3年)は「最後まで諦めず、ロースコアで集中力を切らさず戦えた」と胸を張った。

千厩も意地を見せた。十回裏、併殺で2死走者なしから3者連続四球で2死満塁とし、代打佐野博翔(1年)が走者一掃の右越え二塁打を放ち1点差に迫った。

遠野—千厩　延長10回表遠野1死二塁、阿部の中前適時打で3—2と勝ち越す。捕手佐藤真

【遠野】		打安点
⑥	菊池楽	511
④	菊池瑛	532
⑧18	神原大	421
②	石田	300
⑨	伊藤雅	300
⑦87	佐々木仁	311
③	阿部	411
①	菊池宏	200
7	菊池海	210
5	佐藤	000
⑤1	佐々木秀	510

振球犠盗失併残………
6 8 4 0 4 1 12 36 10 6

【千厩】		打安点
⑥	及川亜	300
⑦	佐藤壮	411
H	村上	000
②	佐藤真	510
③	近江	310
④	小野寺	300
⑤1	佐々木	300
⑨	小山	100
H	伊藤陽	100
9	及川幹	000
H	佐野	113
①	千葉	100
5	佐藤翼	300
H	朝日	110
⑧	新井	310

振球犠盗失併残………
7 10 3 0 1 1 10 32 6 4

▽二塁打　佐々木秀、佐々木仁、菊池瑛(遠)佐野(千)
▽審判　球審=阿部　塁審=菅野、高橋、福士
▽試合時間　2時間50分

金ケ崎・しんきん森山スタジアム

盛岡市立が六回、二つのセーフティースクイズなどで岩手に逆転勝ち。
一関工は葛巻の反撃で5点を失ったものの、リードを守り切った。

盛岡市立 5—2 岩手

	1	2	3	4	5	6	7	8	9	計
岩手	0	0	0	2	0	0	0	0	0	2
盛岡市立	0	0	0	0	0	5	0	0	×	5

(岩)西村—小野晃
(盛)太布、田村—伊藤

岩手・西村、投げきった

「投げられる投手は俺しかいない」。岩手の主戦西村智貴(3年)は、指にけがを負いながらもエンジン全開。高橋拓也監督が「西村が中心のチーム。どんな展開になっても託す」と寄せる絶大な信頼に応え、要所を締める投球で最後までマウンドを守り抜いた。

2点リードの六回は2度のセーフティースクイズなどで逆転を許した。2点を失い、なお1死二、三塁。小野晃捕手(同)はスクイズを仕掛けてくると読み、ボール球を要求。しかし打者は動かず、3球目のストライクをセーフティースクイズされた。

勝負を分けた駆け引きは、紙一重で盛岡市立に軍配が上がった。

西村が副将、小野が主将を務め、二人三脚でチームをまとめてきた。「悔しさは残るが、楽しい野球ができた」と声をそろえ、健闘をたたえ合った。

岩手—盛岡市立　6回裏盛岡市立1死二、三塁、伊藤(左)がセーフティースクイズを決め、小田嶋⑨が生還。3—2と勝ち越す

【岩手】		打安点
⑦	井上	310
⑧	伊藤	300
③	渡	400
⑥	田山	400
①	西村	400
⑨	桜田	420
⑤	阿部	410
②	小野晃	321
④	小野蒼	200
H	野田	100

振球犠盗失併残………
4221107326 1

【盛岡市立】		打安点
②	伊藤	511
④	三浦	410
⑧	杉下	412
⑤	工藤	300
3	佐々木啓	000
⑦	鈴木	410
⑥	米田	320
③5	佐々木泰	410
⑨	小田嶋	321
①	太布	200
1	田村	000

振球犠盗失併残………
452231103294

▽二塁打　桜田(岩)三浦、米田、杉下(盛)
▽審判　球審＝鈴木　塁審＝井上、高橋、千葉
▽試合時間　1時間55分

一関工 7—5 葛巻

	1	2	3	4	5	6	7	8	9	計
葛巻	0	0	0	0	0	2	0	0	3	5
一関工	1	1	3	1	1	0	0	0	×	7

(葛)大上、滝浪—服部
(一)菅原、千葉、菅原—安部

11人葛巻、意地の4連打

部員11人の葛巻が、見事な集中打で一関工から5点を奪う意地を見せた。

0—7と一方的な展開となった六回、「このままでは終われない」と打線が火を噴いた。1番関知諒(3年)が9球粘って二塁打で出塁。辰柳玲斗(2年)の中前打、伊藤友聖(3年)の四球で無死満塁とし、服部河来主将(3年)が「頭が真っ白で何を打ったか覚えていない」という左前打で2点。九回も2死から関、辰柳、伊藤、服部の4連打で3点を返した。

5人いる3年生のうち4人が花巻市、静岡県、千葉県などから入学した山村留学生。ぶつかり合うこともあったというが、雄大な自然の中で育んだチームワークで九回を戦い抜いた。服部主将は「この仲間と野球ができて良かった」と最後の夏をかみしめた。

葛巻—一関工　3回裏一関工2死一、二塁、安部が中越え二塁打を放ち5—0とリードを広げる

【葛巻】		打安点
④	関	530
⑥	辰柳	520
⑨3	伊藤	332
②	服部	523
①9	大上	400
⑧	大川原	400
⑦	四垂	300
③1	滝浪	400
⑤	田北	400

振球犠盗失併残………
1041010103710 5

【一関工】		打安点
⑥	小野寺和	520
⑦	山中	200
17	千葉	220
③	及川	521
④	三浦	422
⑨	石川	420
⑤	佐藤	321
②	安部	413
⑧	熊谷	410
①71	菅原	200

振球犠盗失併残………
224320103514 7

▽三塁打　佐藤(一)
▽二塁打　伊藤2、関(葛)小野寺和、及川、安部、千葉(一)
▽審判　球審＝泉田　塁審＝千田、佐藤、小野寺
▽試合時間　2時間23分(中断8分)

盛岡・県営球場

1回戦

7月12日

一関一は終回に7点を奪い、福岡工との乱打戦を制した。
黒沢尻工は3人の継投で盛岡農を退けた。
花巻南は初回から打線が爆発し、盛岡北にコールド勝ちした。

終回7点、一関一が逆転劇

一関一 17—12 福岡工

一関一	3	1	2	1	1	1	1	0	7	17
福岡工	3	0	2	0	2	0	0	5	0	12

(一)千葉洸、古舘、熊谷翔、小原—高橋
(福)宮沢、高田、山下、奥—古舘琥

両軍合わせて33安打、3時間5分の打撃戦を一関一が制した。八回に5点を奪われ、10－12で迎えた最終回。四球を足掛かりに追い付き、なお1死満塁。小原翼(3年)が初球をしっかりとはじき返し、走者一掃の左越え二塁打で逆転に成功した。

福岡工は2年前、0—28と大敗を喫した相手から16安打。チーム全員で1日千回の素振りに取り組んだといい、八回は立花海翔(3年)から驚異の7連打で一気に5点を奪った。1年生で出場していた田口蓮主将(3年)は「ここまで攻撃が成長できたのはうれしい」。

一関一—福岡工　9回表一関一1死満塁、小原が3点二塁打を放ち、15—12と勝ち越す

【一関一】	打安点
⑥ 須藤	533
④3村上	432
⑤ 軍司	622
② 高橋	511
⑨ 千葉和	310
⑦ 橋野	523
R4菊池	000
③1小原	623
① 千葉洸	100
H 小野寺夏	000
1 古舘	000
1 熊谷翔	200
4 小野寺京	000
H 岩渕	000
R 永沢	000
7 菅原	000
⑧ 中川	630
振球犠盗失併残………	5122 3 3 013431714

【福岡工】	打安点
⑤ 田口	610
⑥14高田	410
③6立花	420
⑨ 高森	642
①3宮沢	410
② 古舘琥	635
④ 工藤	301
1 山下	112
1 奥	000
⑦ 鷹場	411
⑧ 小姓堂	521
振球犠盗失併残………	4 6 2 0 6 212431612

▽三塁打　山下（福）
▽二塁打　橋野、小原（一）古舘琥、立花（福）
▽審判　球審＝谷地　塁審＝藤原、菊池、高橋
▽試合時間　3時間5分

一時は同点、盛岡農粘る

黒沢尻工 3—2 盛岡農

盛岡農	0	0	0	0	0	2	0	0	0	2
黒沢尻工	0	0	2	0	0	1	0	0	×	3

(盛)工藤—大志田広
(黒)藤沢、熊谷、根本—嘉藤

盛岡農はあと1点が届かず、5年ぶりの夏1勝はならなかった。工藤奏太(3年)が「低めに決まった」というスライダーを有効に使い、黒沢尻工打線を手こずらせた。打線は六回、熊谷拓斗主将(同)の犠飛と小野寺慶太(同)の中前打で追い付く粘りを見せた。

9人の3年生には高校から野球を始めた選手もいる。熊谷主将は「なんとしてでもこのチームで校歌を歌いたかった」。

盛岡農—黒沢尻工　6回を投げ7奪三振と力投した黒沢尻工の藤沢

【盛岡農】	打安点
⑥ 遠藤	420
④ 岩崎	300
⑧ 熊谷	301
⑤ 小野寺	411
② 大志田広	410
⑦ 高橋	410
③ 藤原	410
① 工藤	200
⑨ 坂本壮	310
振球犠盗失併残………	9 3 2 0 4 1 73172

【黒沢尻工】	打安点
⑧ 土屋	531
④1根本	410
⑨19熊谷	412
② 嘉藤	310
③ 柏葉	210
⑦ 佐々木佳	400
① 藤沢	200
94小沢	110
⑥ 舘洞	210
⑤ 鶴田尚	200
H 石川	100
5 八重樫	100
振球犠盗失併残………	5 3 3 1 0 1103193

▽三塁打　坂本壮（盛）
▽二塁打　舘洞（黒）
▽審判　球審＝瀬川　塁審＝川口、佐藤、東谷
▽試合時間　2時間18分

初回7点、花巻南が地力

花巻南 11—0 盛岡北

盛岡北	0	0	0	0	0	0
花巻南	7	2	2	0	×	11

（五回コールド）

(盛)伊藤、小野、山本—岩崎
(花)高橋陸、桜田—菊池

春の県大会4強の花巻南が、君ケ洞卓朗前監督が今春赴任した盛岡北を投打で圧倒した。

冬は前監督の下でスイングを強化、春からは酒井典生監督の下で小技など打線のつなぎを磨いた。2人の指導が重なり合い、先頭打者からの4連打など6安打を集めて初回7点。小原大知主将(3年)は「成長を感じてくれたと思う」と満面の笑みを浮かべた。

盛岡北は再三走者を出したものの、走塁ミスもあって本塁を踏めなかった。小野悠平主将(3年)は「後輩たちには9回まで戦って欲しい」と託した。

盛岡北—花巻南　1回裏1死満塁、菊池が走者一掃の左越え三塁打を放って6—0とし、盛り上がる花巻南ベンチ

【盛岡北】	打安点
③ 佐々木楓	220
④ 佐々木永	200
② 岩崎	200
⑧ 小村	200
⑤65田頭	210
①9伊藤	210
⑨51山本	200
⑦ 佐藤航	200
⑥16小野	210
振球犠盗失併残………	6 0 0 0 0 0 31850

【花巻南】	打安点
④ 佐藤	311
⑧ 菊地	221
⑥ 藤川	211
③ 及川	311
1 桜田	000
⑨ 下瀬川	310
⑤ 小原大知	100
⑦ 沢田	111
② 菊池	224
①3高橋陸	102
振球犠盗失併残………	2113 2 1 1 918911

▽三塁打　菊池（花）
▽審判　球審＝吹切　塁審＝宇都宮崇、釜石、宇都宮渉
▽試合時間　1時間24分

花巻・花巻球場

昨秋の県大会4強の花巻農が6犠打を絡めた攻撃で宮古に快勝。黒沢尻北と福岡も集中打で大量点を奪い、コールドで初戦を突破した。

花巻農、きっちり犠打

花巻農 8—1 宮古

	1	2	3	4	5	6	7	8	計
宮古	0	0	0	0	1	0	0	0	1
花巻農	0	1	3	0	1	1	0	2x	8

(八回コールド)

(宮)山根竜、久保田涼—山口
(花)藤原奏、遠藤—瀬川

夏の頂点を狙う花巻農が、犠打を絡めた堅実な攻撃で得点を重ねた。二回、二塁打の葛巻力空(3年)を瀬川龍太主将(同)が犠打で送り、遠藤悠音(同)が右犠飛。わずか5球で先制した。三回も高橋空(同)が確実に送って1死二、三塁とし、三浦陽斗(同)の2点適時打を引き出した。

昨秋は4強入りしたが、飛躍を期した春季大会は2回戦で敗れた。この日は5度決めた送りバントのうち、4度を得点に結びつけた。2度成功させた瀬川主将はそれでも「犠打が一度で決まらないなど日頃のプレーができていない」と気を引き締めていた。

【宮古】		打安点
⑦	井川	300
⑥	小野	400
⑨	菊地	300
③	山根拓	300
⑧	金沢	310
④	若狭	200
⑤	久保田和	210
H5	大洞	100
②	山口	311
①	山根竜	100
1	久保田涼	100

振球犠盗失併残………
5 1 2 0 1 0 4 26 3 1

【花巻農】		打安点
④	藤原怜	430
⑧	高橋空	330
⑥	高橋悠	401
③	三浦	413
3	清水	110
⑦	葛巻力	430
②	瀬川	322
⑨1	遠藤	201
⑤	佐藤	300
①	藤原奏	200
9	及川	100

振球犠盗失併残………
2 5 6 3 2 0 1 13 11 3 7

▽二塁打　葛巻力(花)
▽審判　球審＝長坂　塁審＝菅原敬、菅原英、菅原正
▽試合時間　2時間2分

宮古—花巻農　2回裏花巻農無死二塁、瀬川が犠打を決め1死三塁と好機を広げる

水沢一、11人の戦い貫く

黒沢尻北 12—2 水沢一

	1	2	3	4	5	6	計
黒沢尻北	0	3	2	1	0	6	12
水沢一	0	0	2	0	0	0	2

(六回コールド)

(黒)星、藤原—佐藤晃
(水)及川、新田—高橋颯

選手11人の水沢一はコールドで涙を飲んだ。今春から投手を任された先発及川瑞樹(3年)は130キロを超える直球で押したものの5失点。「力不足だった」と肩を落とした。やはり春からマスクをかぶった捕手の高橋颯雅(2年)も、6四死球5暴投と荒れた投手陣を支えきれなかった。

それでも三回、2安打と相手守備の乱れに乗じて2点を奪った。及川は「できることは全部やった。悔いは無い」と胸を張った。

【黒沢尻北】		打安点
⑧	渡辺	312
⑥5	滝津	311
⑤	小原	421
6	山田	000
⑦	鎌田	200
②	佐藤晃	411
③	高橋寛	432
①	星	300
1	藤原	000
⑨	宮内	210
9	所	000
④	高橋朝	311
4	菊地	000

振球犠盗失併残………
8 6 0 3 1 2 4 28 10 8

【水沢一】		打安点
⑧1	新田	210
⑦	鈴木	200
①6	及川	310
⑤9	高橋凪	300
②	高橋颯	200
③	三浦	210
⑥5	佐藤	200
⑨8	菊池	210
④	菅原	000

振球犠盗失併残………
1 4 1 0 3 0 3 18 4 0

▽三塁打　高橋寛(黒)
▽二塁打　高橋寛、小原、佐藤晃(黒)
▽審判　球審＝菩提野　塁審＝細川、川村、菅原
▽試合時間　1時間44分

黒沢尻北—水沢一　6回表黒沢尻北2死三塁、左中間三塁打を放った高橋寛が、相手守備の乱れで一気に本塁を突いて生還する

江南義塾盛岡、鮮やか先制

福岡 11—1 江南義塾盛岡

	1	2	3	4	5	6	計
福岡	0	0	8	0	2	1	11
江南義塾盛岡	1	0	0	0	0	0	1

(六回コールド)

(福)釜石、荒谷、松沢—漆原
(江)佐藤蒼、太田—鈴木

江南義塾盛岡が古豪相手に鮮やかな先制パンチを見舞った。先頭の作山一真(1年)が中越え二塁打でチャンスをつくると、村上宣樹監督は「打ってつなげ」と選手を信頼しノーサイン。2番出村海羽(3年)の二ゴロで1死三塁とし、太田稜(同)の犠飛で1点を奪った。さらに4番小泉健太朗主将が初球をはじきかえして二塁打。続く鈴木慎一郎(3年)の右前打で小泉が一気に本塁を突いたが、惜しくも2点目は挙げられなかった。

小泉は「自分たちの意思を継ぎ、夏1勝を目指してほしい」と後輩に託した。

【福岡】		打安点
⑧	和山	412
③	山市	310
⑤	合川	421
④	菅野	201
⑥	平颯	322
⑨	舘山	300
⑦	舘ケ沢	410
①	釜石	000
1	荒谷	312
H	立崎	100
1	松沢	000
②	漆原	222

振球犠盗失併残………
3 6 0 5 0 0 6 29 10 10

【江南義塾盛岡】		打安点
③	作山	310
⑦	出村	300
⑧1	太田	201
⑤8	小泉	210
②	鈴木	210
⑨	高屋敷	200
⑥	田沢	210
①5	佐藤蒼	100
④	佐藤優	200

振球犠盗失併残………
2 0 2 0 3 2 2 19 4 1

▽三塁打　合川(福)
▽二塁打　山市(福)作山、小泉(江)
▽審判　球審＝熊谷　塁審＝星川、福士、佐藤
▽試合時間　1時間29分

福岡—江南義塾盛岡　3回表福岡2死満塁、荒谷の左前2点適時打で6—1とリードを広げる

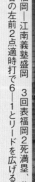

盛岡・県営球場

花北青雲は五回2死満塁から高橋大の左前打などで逆転、岩泉・山田・大槌連合を振り切った。
盛岡工は中盤以降の点の取り合いを制し、2回戦に駒を進めた。

連合チーム、一丸の夏／花北青雲に善戦

花北青雲 5—4 岩泉・山田・大槌

	1	2	3	4	5	6	7	8	9	計
岩泉・山田・大槌	1	2	0	0	1	0	0	0	0	4
花北青雲	0	1	0	1	3	0	0	0	×	5

(岩)植田、阿部、横田、臼沢—塚本
(花)小原、高橋文、伊藤—高橋翔
▽本塁打　前川(岩)＝一回①

岩泉・山田・大槌—花北青雲　四回裏花北青雲無死二、三塁、遊ゴロで一塁封殺の後、二走戸来⑮、三走高橋大（左）を相次いでタッチアウト。三重殺とする。捕手塚本

【岩泉・山田・大槌】		打安点
①4	植田	510
⑥	前川	331
⑦	小国	410
②	塚本	421
⑨	小笠原	310
④1	阿部	200
1	横田	000
1	臼沢	110
⑧	内村	210
⑤	芳賀	400
③	田口	412

振球犠盗失併残………
115211183211 4

【花北青雲】		打安点
④	鎌田有	300
⑧	福山	310
①9	小原	411
⑦	中島	200
②	高橋翔	210
⑤	高橋大	211
③	戸来	311
⑨	宮森	111
H	藤原	100
1	高橋文	100
1	伊藤	100
⑥	佐藤	310

振球犠盗失併残………
6822007267 4

▽二塁打　田口（岩）
▽審判　球審＝葛西　塁審＝釜石、野中、倉橋
▽試合時間　2時間29分

岩泉・山田・大槌連合は１点差で惜敗したものの、相手を上回る 11 安打を放ち、最後まで一丸の戦いを見せた。

前川颯雅(岩泉３年)が初回、先制の左越え本塁打。「チームの頼りになりたい」と全力でバットを振り続けてきた 164センチの一発でチームが勢いづいた。二回は田口大輝(大槌１年)が２点適時打、五回は塚本歩夢(大槌２年)の中前打でさらに１点を加え４－２とした。守りでは四回無死二、三塁から内野陣の好連係で三重殺に仕留めた。五回に逆転されるまで実力校と互角に渡り合った。

昨秋に連合を組んだが、平日の練習は別々。土曜日に合同練習、日曜日は練習試合をこなした。それでも守備やサインプレーの練習が満足にできないうえに、リーダーも絶対的なエースもいない。まとまりを欠いた春季大会は地区予選で敗退した。

３校の主将が掲げた「夏１勝」という目標はあと一歩で達成できなかったが、ばらばらだったチームは最後の夏、やっと一つになった。植田詩季主将(大槌３年)は「最高の仲間と最高の野球ができた」。

盛岡工、終回ピンチしのぐ

盛岡工 9—7 花巻北

	1	2	3	4	5	6	7	8	9	計
盛岡工	0	0	0	1	4	3	0	0	1	9
花巻北	0	0	0	3	0	2	2	0	0	7

(盛)五日市、新田、工藤—藤原大
(花)畠山、中辻、遠藤、袴田—宇津宮

【盛岡工】		打安点
③	高橋皇	521
⑤	仁佐瀬	300
⑧	近藤	300
①9	五日市	431
⑥	庭	210
⑨	菊池	310
1	新田	100
1	工藤	000
②	藤原大	522
⑦	熊谷大	510
④	高橋建	510

振球犠盗失併残………
97222193611 4

【花巻北】		打安点
⑧	菊地	500
④	白藤	420
⑥1	袴田	541
②	宇津宮	310
①3	畠山	412
⑨6	阿部	532
⑤	佐藤大	410
⑦	高橋	400
③1	中辻	200
1	遠藤	000
9	宮内	210

振球犠盗失併残………
62233083813 5

盛岡工—花巻北　9—7で迎えた9回1死満塁から登板し、完璧な投球で後続を断ち切った盛岡工の工藤

▽三塁打　熊谷大（盛）阿部（花）
▽二塁打　袴田2、畠山（花）
▽審判　球審＝佐久間　塁審＝木村、井上、佐藤
▽試合時間　2時間51分

盛岡工は工藤響(３年)の好救援で伝統校対決を制した。9—7 で迎えた最終回１死満塁、新田優翔(同)からマウンドを引き継ぐと、右横手から得意のツーシームとスライダーを内外角ぎりぎりに投げ込み、花巻北の５番畠山海翔(２年)を三振。この日３安打の阿部優人(３年)を遊ゴロに仕留めた。細川幸希監督は「夏の１勝は難しいと、改めて実感した。(工藤は)彼らしい投球術だった」と誇らしげにたたえた。

花巻北、創立90周年飾れず

花巻北は創立 90 周年を勝利で飾れなかった。四回に畠山海翔(２年)の２点二塁打と阿部優人(３年)の左前適時打で３点を奪い逆転に成功。しかし直後の五回表、守りが乱れて再逆転を許した。畠山は「３年生を勝たせてあげられなかった」と悔やんだ。

盛岡三がシード校の専大北上に逆転勝ち。4番及川の同点弾で流れを呼び込んだ。
一関学院は五回、集中打で一気に7点を奪い、大船渡にコールド勝ちした。

専大北上―盛岡三　3回裏盛岡三無死、及川が左中間へ本塁打を放ち、4―4の同点に追いつく

盛岡三、流れ呼ぶ同点弾

盛岡三 6―5 専大北上

専大北上	0	2	2	0	0	0	0	1	0	5
盛岡三	3	0	2	1	0	0	0	0	×	6

(専)梶川、遠藤海、長島―岩波、川上
(盛)鷹觜、下谷地、鷹觜―小柳
▽本塁打　湯浅(専)＝二回②、及川(盛)＝三回①

盛岡三が４番及川陽貴(３年)の同点アーチで流れを引き寄せ、シード専大北上を撃破した。

３―４と逆転された直後の三回裏。先頭打者の及川が真ん中高めの初球をとらえた。「直球狙いで甘いボールを振り抜こう」。打球は左中間スタンドへ。しぼみかけたムードを一変させ、小野滉也(同)の勝ち越し打を呼び込んだ。

序盤４失点の先発鷹觜大陽(同)も冷静さを取り戻し、緩急自在の投球で七回まで無失点。八回に６－５と詰め寄られ、なお２死満塁の場面で再びマウンドに上ると、後続を落ち着いて打ち取った。志和孝祐主将(同)は「苦しい展開が続いたが力投してくれた」と感謝しきりだった。

【専大北上】	打安点
⑥　男　沢	510
⑦8遠藤　魁	400
④　平　野	401
⑨1長　島	421
③　福　島	320
R5若　生	000
⑧3湯　浅	422
⑤　前　川	300
H　泉　山	000
9　高橋　和	000
②　岩　波	200
H　備　前	001
R　和多田	000
2　川　上	000
①　梶　川	110
1　遠藤　海	200
H7高橋　麗	100

振球犠盗失併残………
1420107 3385

【盛岡三】	打安点
⑤　志　和	510
⑧　小　林	200
⑥46佐々木聖	300
③　及　川	442
1　下谷地	000
3　北　舘	000
⑨　斉　藤	410
④34斎　藤	312
⑦　小　野	311
②　小　柳	400
①61鷹　觜	310

振球犠盗失併残………
7420007 3195

▽三塁打　長島（専）
▽審判　球審＝福士　塁審＝谷地、小野寺、芳賀
▽試合時間　2時間19分

専大北上に初戦の壁

専大北上は４大会連続で初戦敗退を喫した。序盤こそ専大北上らしい攻撃が出たが、及川将史監督は「ここぞという場面で相手の執念を感じた」。

３点を追う二回、湯浅青空(３年)が反撃の２点本塁打。三回は２死二塁から長島暖和(同)が右越え三塁打を放ち、一度は逆転に成功した。八回は１点差に詰め寄り、なおも２死満塁。代打の高橋麗温主将(同)が振り抜いた打球は内野ゴロに終わった。高橋主将は「１点の重みを感じた。盛岡三には勝ち続けてもらいたい」とエールを送った。

2回表専大北上1死一塁、湯浅が左中間へ2点本塁打を放ち3―2と追い上げる

一関学院、一気に突き放す

一関学院 9―2 大船渡

一関学院	0	0	1	0	7	0	1	9
大船渡	0	0	1	0	0	1	0	2

(七回コールド)

▽本塁打　高(大)＝三回①

一関学院が集中打で押し切った。１－１で迎えた五回、１死一、二塁から八幡優作(３年)の中前打で勝ち越すと、山本光優(同)ら下位打線の３連打などで３点。さらに２死満塁から佐藤拓己(同)が走者一掃の三塁打を放ち、この回７点。大船渡を一気に突き放した。

序盤は相手主戦の緩急をつけた投球にタイミングを狂わされたが、高めに浮いた直球に狙いを絞り、力強いスイングで畳み掛けた。八幡は「低めは捨て、ファーストストライクからスイングした」と話した。

【一関学院】	打安点
⑦　岩　渕	412
⑧　佐藤　拓	524
⑨　佐々木	300
9　菅　野	000
⑥　奥　谷	410
③　八　幡	421
⑤　千葉　竜	410
②　杉　沢	320
①　千葉　華	100
H　留　場	110
1　鈴　木	111
1　伊　藤	000
④　山　本	321

振球犠盗失併残………
6412108 33139

【大船渡】	打安点
①81　高	411
⑥　村上　和	300
H　岡　沢	100
②　武　田	330
⑦　朴　沢	300
⑨8今　野	300
⑤　梅　沢	200
③　佐々木颯	201
⑧　千葉　凜	100
1　千葉　翔	100
H　新　沼	100
1　佐々木啓	000
9　村上　翔	000
④　斉　藤	310

振球犠盗失併残………
9400108 2752

▽三塁打　佐藤拓（一）武田（大）
▽二塁打　佐藤拓、岩渕（一）
▽審判　球審＝小野　塁審＝菩提野、藤原、平子
▽試合時間　2時間8分

一関学院―大船渡　5回表一関学院1死一、二塁、八幡の中前適時打で二走佐々木が生還、2―1と勝ち越す。捕手武田

一関修紅が序盤から着々と加点し、久慈工にコールド勝ち。
水沢工も粘る住田を長打で突き放し、2回戦に駒を進めた。

久慈工、10人の夏終わる

一関修紅 8—0 久慈工

一関修紅	0	2	2	0	0	2	2	8
久慈工	0	0	0	0	0	0	0	0

（七回コールド）

(一)千葉蓮、小原、佐藤翔—千葉圭
(久)中村、長根、大道—三浦

10人の挑戦が幕を閉じた。久慈工は3人の3年生が安打を放つ意地を見せたがコールド負け。三浦悠吏主将(3年)は「力の全てを出し切れた。悔いは残っていない」と潔かった。

初回に大道康平(同)が二塁打を放ち、三回には三浦、長根伊吹(同)の連打で好機をつくった。ホームは遠かったが、最後の夏に懸ける上位打線の3年生が躍動した。佐久山要監督は「いつも一生懸命だった。学校生活でも成長を感じられた」と目頭を熱くした。

一関修紅—久慈工　3回表一関修紅無死二塁、佐藤柊の適時二塁打で二走那須が生還し3—0とする。次打者壇上(8)

【一関修紅】

		打安点
⑥	渡辺	411
④	那須	310
③	佐藤柊	431
7	田村大	000
⑧	壇上	410
8	佐藤芭	000
⑤	田村新	200
⑦	山崎	330
H3	高橋	000
3	大泉	000
②	千葉圭	410
⑨1	佐藤翔	222
①	千葉蓮	100
H	千葉一	100
19	小原	101

振球犠盗失併残………
0524007 29125

【久慈工】

		打安点
②	三浦	320
③13	長根	310
⑥1	大道	310
⑤35	坂本	300
⑧	小谷地	300
⑨	熊上	200
H	山形	000
⑦	玉川	310
④	北田	300
①56	中村	300

振球犠盗失併残………
9101226 2650

▽二塁打　佐藤柊(一)大道(久)

▽審判　球審＝千葉　塁審＝菅原、菊池、泉田
▽試合時間　1時間44分

住田奮闘、五回まで互角

水沢工 10—0 住田

水沢工	0	0	0	1	0	5	4	10
住田	0	0	0	0	0	0	0	0

（七回コールド）

(水)山本、安倍—高橋
(住)瀬川—村上

今春1年生8人が加わり16人で挑んだ住田。コールド負けを喫したものの、水野翔耶主将(3年)は「感謝しながらプレーした」と思いを口にした。

四回に守備の乱れから1点を失ったが、主戦瀬川龍生(2年)は五回まで被安打1。六、七回に長打を浴びて力尽きたが、吉田一知監督は「相手の力が上だった」と右腕をねぎらった。水野主将は「1、2年生の存在が大きかった」と夏のリベンジを後輩に託した。

水沢工—住田　6回表水沢工1死満塁、吉田が走者一掃の二塁打を放ち6—0と突き放す。捕手村上龍

【水沢工】

		打安点
⑥	村上	200
④	北條	310
③	伊藤	320
⑤	遠藤	310
⑧	及川海	412
⑨	佐々木	300
⑦	吉田	426
②	高橋	421
①	山本	300
H	菊池	100
1	安倍	000

振球犠盗失併残………
1514005 3099

【住田】

		打安点
⑦	佐藤	300
⑥	村上	300
⑤	斉藤	300
⑨	今川	320
⑧	水野	300
③	小松	310
④	菊地	200
H	崎山	100
①	瀬川	210
②	村上	200

振球犠盗失併残………
4000304 2540

▽二塁打　及川海、吉田2(水)今川(住)
▽審判　球審＝宇都宮　塁審＝加藤、熊谷、佐藤
▽試合時間　1時間39分

盛岡・県営球場

宮古商工が最終回に3点を奪い、不来方にサヨナラ勝ち。
盛岡中央は2年生の斎藤響介が3安打13奪三振で平舘を零封。
大東も主戦滝沢優生が一関二を5安打1点に抑えた。

宮古商工、逆転サヨナラ

宮古商工 4—3 不来方

不来方	0	0	0	2	1	0	0	0	0	3
宮古商工	0	0	0	0	1	0	0	0	3x	4

(不)阿部—北舘
(宮)川戸、穂高—瀬川蓮

「高校野球は最後まで何が起きるか分からない」。最終回に３点を奪って逆転サヨナラ勝ちを演じた宮古商工の菊池暁監督は、劇的勝利に沸くナインをたたえた。

２点を追う最終回、連打で無死一、二塁とし菊池監督は「やりたいようにやれ」と荒川快主将（３年）にノーサインで託した。荒川は三塁前へ絶妙なセーフティーバント。悪送球を誘い一気に２人が生還。土壇場で同点に持ち込んだ。さらに申告敬遠で無死満塁とし、打者は４番鈴木鮎斗（同）。「やるしかない」と振り抜いた打球は左翼への犠飛となり、三走荒川がサヨナラのホームを踏んだ。

【不来方】		打安点
⑥	佐々木	400
⑧	田中	421
④	塚本	400
⑤	波岡	400
①	阿部	410
②	北舘	412
③	神山	300
⑨	伊藤	310
⑦	横手	310

振球犠盗失併残………
8211316 3363

【宮古商工】		打安点
⑥	荒川	430
⑨	斉藤	300
④1	穂高	301
⑧	鈴木	321
③	佐々木丈	310
②	瀬川蓮	410
⑤	宇都宮	310
⑦	佐々木涼	310
4	瀬川璃	000
H	橋場	110
R	内藤	000
①	川戸	100
H7	上家	210

振球犠盗失併残………
4465101130112

不来方—宮古商工　サヨナラ勝ちを収め喜びを爆発させる宮古商工の選手たち

▽二塁打　北舘、田中（不）
▽審判　球審＝馬渕　塁審＝阿部、百鳥、八重樫
▽試合時間　２時間18分

平舘、シード校に屈す

盛岡中央 5—0 平舘

平舘	0	0	0	0	0	0	0	0	0	0
盛岡中央	1	0	1	0	0	0	0	3	×	5

(平)瀬川—阿部
(盛)斎藤—小笠原颯

春は県大会に進出し、初勝利を挙げた平舘。２年生エースの瀬川流星が強力打線を相手に投げ抜いたが、シード校の壁に阻まれて初戦で涙をのんだ。

七回までは２点差で食らいついた。六回２死二塁の好機では佐々木英朗（３年）が右前打。２走が一気に本塁を突いたが、相手の好返球で得点を阻まれた。

新チームは８人となり、秋季大会の単独チームでの出場は厳しい状況だ。武藤快成主将（３年）は「下級生は力がある。１人でも部員が入って試合に臨んでほしい」と後輩たちを鼓舞した。

【平舘】		打安点
⑦	佐々木	310
R	高橋優	000
⑤	武藤	300
⑥	藤原	400
①	瀬川	400
②	阿部	310
⑨	高橋匠	300
③	小林	310
④	畠山朔	300
⑧	田村	200

振球犠盗失併残………
1321000 4283 0

【盛岡中央】		打安点
⑧	藤本	310
⑦	高林	321
⑥	岩動	201
⑨	小沢	441
③	大沼	310
④	菊池	410
⑤	茅橋	412
②	小笠原颯	410
①	斎藤	310

振球犠盗失併残………
0141206 30125

平舘—盛岡中央　3安打13奪三振の好投を見せた盛岡中央の主戦斎藤

▽二塁打　藤本、斎藤、小笠原颯（盛）
▽審判　球審＝湊　塁審＝里見、宇都宮、佐々木
▽試合時間　１時間45分

同地区対決、大東が制す

大東 7—1 一関二

大東	2	0	0	0	1	0	1	3	0	7
一関二	0	0	0	1	0	0	0	0	0	1

(大)滝沢—菊池央
(一)及川孔、菅原—及川裕

大東は主戦滝沢優生（３年）の投打にわたる活躍で、一関二との同地区対決を制した。初回２死一、三塁から先制の２点二塁打。チームの重い空気を振り払い、投げては５安打１失点で完投した。

一関二は四回、及川裕大（２年）の右前適時打で１点を返したが、春の地区予選に続いて大東に敗れた。選手宣誓を務めた佐々木丞《じょ》央《お》主将（３年）は後輩に「最後に笑って野球を終えられるように頑張ってほしい」とエールを送った。

【大東】		打安点
④	高橋	411
⑥	佐藤塁	510
②	菊池央	522
⑨	佐山	400
①	滝沢	532
⑤	菊池永	300
⑧	佐藤彗	410
③	熊谷	421
⑦	佐藤颯	320
H	飯高	100
R7	皆川	000

振球犠盗失併残………
5224108 38126

【一関二】		打安点
⑥	田原	410
④	小野寺	300
⑤	佐々木	400
⑦	岩渕	400
③	渡辺	300
②	及川裕	411
①	及川孔	300
1	菅原	000
H	小岩	100
⑨	北沢	310
⑧	金野	320

振球犠盗失併残………
10300517 3251

大東—一関二　1回表大東2死二、三塁、滝沢が右中間二塁打を放ち2—0と先制する

▽二塁打　滝沢、菊池央（大）
▽審判　球審＝昆　塁審＝佐々木、佐久間、宇都宮
▽試合時間　２時間12分

盛岡四は酒井の2ランなど12安打で一戸を圧倒。
昨年の夏季県大会8強の水沢商も11安打でコールド勝ち。
伊保内は一関高専との競り合いを2−1で制した。

12人一戸、戦い抜いた

盛岡四 11―0 一戸

一戸	0	0	0	0	0	0
盛岡四	3	1	0	7	×	11

（五回コールド）

（一）泉久保―大森
（盛）岩渕―煙山
▽本塁打　酒井（盛）＝一回②

選手12人の一戸は投打ともに粘り強く戦ったが、相手の勢いにのみ込まれた。

主戦泉久保由信（3年）は初回に2ランを喫したものの、直球は130キロ台を記録。春の地区予選直前に鎖骨を骨折した影響を感じさせず、12安打を浴びながらも気持ちを切らさず投げ抜いた。4点を追う三回は、2死から満塁まで攻め立てて意地を見せた。

「仲が良く言いたいことを言い合えるチームだった」と泉久保。この日4番で2安打を放った沢村陽大（2年）ら、勝利は6人の下級生に託す。

【一戸】

	選手	打安点
⑥	苗代幅	300
②	大森	210
⑧	中村	200
④	沢村	220
⑦	土屋	200
①	泉久保	200
⑨	山口	200
⑤	鈴木	210
③	堀内	200

振球犠盗失併残………
3 2 0 0 1 0 6 19 4 0

【盛岡四】

	選手	打安点
⑤	菅原	110
⑨	千田	102
⑦	上関	323
7	尾崎	000
③	酒井	312
⑧	中塚	311
②	煙山	330
④	瀬川	322
⑥	上山	320
①	岩渕	200

振球犠盗失併残………
3 4 1 1 0 0 4 22 12 10

一戸―盛岡四　1回裏盛岡四1死一塁、酒井が大会第1号の左越え2点本塁打を放ち3―0とする。捕手大森

▽二塁打　菅原、上関、煙山（盛）
▽審判　球審＝高橋　塁審＝菅原、三浦、紺野
▽試合時間　1時間11分

水沢商がっちり主導権

水沢商 8―1 盛岡南

盛岡南	0	0	0	1	0	0	0	1
水沢商	3	0	2	2	1	0	×	8

（七回コールド）

（盛）吉田―熊谷
（水）遠藤―荒井
▽本塁打　佐々木恒（盛）=四回①

昨夏の代替大会で8強入りの快進撃を見せた水沢商が好発進。11安打は全て単打ながら、そつのない攻撃で盛岡南に快勝した。

初回1死三塁、三ゴロで三走阿部健太朗（3年）が勢いよく突っ込み本塁を陥れる。さらに菊地悠羅（同）のスクイズ、荒井悠士朗（同）の内野安打で3点を奪い、がっちりと主導権を握った。

盛岡南・佐々木恒陽（2年）「3年生ともう野球ができないと思うとすごく悔しい。自分たちの代で県8強を達成したい」（四回、右越えにソロ本塁打）

【盛岡南】

	選手	打安点
⑨	石川	310
⑥	鈴木	310
④	佐々木恒	311
①	吉田	310
②	熊谷	300
⑧	一戸	320
⑦	田山	200
③	藤沢	200
⑤	因幡	300

振球犠盗失併残………
3 2 0 0 2 0 5 25 6 1

【水沢商】

	選手	打安点
⑤	阿部	420
⑨	原田琉	200
⑥	千葉	423
③	油井	331
R	和賀	000
4	羽藤	000
⑧	菊地悠羅	101
②	荒井	412
④	千田	310
H3	紺野	100
⑦	佐々木	310
①	遠藤	311

振球犠盗失併残………
3 2 4 3 0 0 8 28 11 8

盛岡南―水沢商　1回裏水沢商1死三塁、打者千葉の三塁ゴロに三走阿部が本塁に滑り込み、先制点を挙げる。捕手熊谷

▽二塁打　一戸（盛）
▽審判　球審＝水野　塁審＝千葉、鈴木、佐藤
▽試合時間　1時間47分

伊保内、勝利を呼ぶ盗塁

伊保内 2―1 一関高専

一関高専	0	0	0	0	0	1	0	0	0	1
伊保内	0	0	0	0	2	0	0	0	×	2

（一）千葉拓、吉田―八巻
（伊）森―林

選手10人の伊保内が一関高専との競り合いを制し、3年ぶりの夏1勝を同じ相手から挙げた。主戦の森太久斗主将（3年）はサイドスローから130キロ台の直球を投げ込んで1失点。スライダー、カーブ、ツーシームも効果的に織り交ぜ、相手打線に的を絞らせなかった。

森は1番打者として攻撃でも貢献。五回、先制直後の2死走者なしから中前打で出塁し、すかさず二盗。さらに三盗を仕掛け、相手の悪送球で貴重な2点目のホームを踏んだ。

【一関高専】

	選手	打安点
②	八巻	510
⑥	須藤	400
①8	千葉拓	400
⑤	佐々木	320
③	熊谷	400
④	真籠	310
⑦	橋階	421
⑨	内海	300
⑧	高橋璃	200
H	菊地	100
1	吉田	000

振球犠盗失併残………
7 5 0 1 2 0 10 33 6 1

【伊保内】

	選手	打安点
①	森	410
④	日向	400
⑤	田岡	400
⑧	山本	410
⑨	古舘	330
⑥	屋形場	310
⑦	七戸	210
②	林	310
③	佐々木	100

振球犠盗失併残………
4 1 2 3 1 1 5 28 8 0

一関高専―伊保内　サイドスローから威力のある直球で完投した伊保内の主戦森

▽二塁打　佐々木（一）古舘（伊）
▽審判　球審＝岩崎　塁審＝伊藤、長坂、星川
▽試合時間　2時間6分

盛岡・県営球場

昨年の夏季県大会4強の高田が快勝。初回から着実に加点し、主戦平山は盛岡誠桜を1安打に抑えた。

高田打線、初回から勢い

高田―盛岡誠桜　1回表高田1死三塁、熊谷が左前適時打を放ち1―0と先制する

【高田】	打安点
⑥ 千葉	520
④ 阿部	301
② 熊谷	422
③ 大和田	332
⑨ 大久保	300
⑦ 鳥沢	421
⑧ 伊藤	411
⑤ 村上真	420
① 平山	410
振球犠盗失併残………	
52130093 4137	

【盛岡誠桜】	打安点
⑦ 藤村	200
H 高橋南	100
③ 高橋宏	300
① 金森	200
6 昆	100
⑥1 木戸場	200
⑨ 成ケ沢	200
⑤ 菅原	210
⑧ 高橋歩	200
② 川倉	200
④ 岩舘	200
振球犠盗失併残………	
5000300 2110	

▽三塁打　千葉（高）▽二塁打　村上真2、伊藤（高）菅原（盛）▽審判　球審＝千葉　塁審＝阿部、熊谷、畑川▽試合時間　1時間33分

高田 7―0 盛岡誠桜

	1	2	3	4	5	6	7	計
高田	1	0	1	1	1	3	0	7
盛岡誠桜	0	0	0	0	0	0	0	0

（七回コールド）

（高）平山―熊谷
（盛）金森、木戸場―川倉

東日本大震災から10年。「地域を盛り上げたい」と臨んだ高田が開幕試合に快勝した。

攻守でけん引したのが捕手の熊谷春海（3年）。「なんとしてでも流れをつくりたかった」と、初回1死三塁から左前にはじき返して先制点。勢いに乗った打線は13安打を放ち、コールド勝ちに持ち込んだ。

大会前、大船渡高出身の兄と基礎練習したという熊谷。配球などでアドバイスをもらい、強気のリードで打者を攻めた。主戦平山千尋（3年）も威力十分の直球で被安打1に抑えた。

昨年の夏季県大会は好投手・佐藤真尋を軸に4強入り。今年は早くも2回戦で第1シード花巻東とぶつかる。熊谷は「野球の技術、知識のレベルが高い相手。挑戦者として戦う」と闘志を燃やす。平山は「長打に注意して、打たせて取りたい」と冷静に語った。

4回表、高田の三走村上真（右）をタッチアウトにする盛岡誠桜の捕手川倉（中央）。三塁手菅原（5）、投手金森（中央奥）

盛岡誠桜、全力プレー貫く

盛岡誠桜は遊撃手の木戸場洸貴主将（3年）の好判断で得点圏の走者を2度タッチアウトにするなど、力を出し切った。木戸場は「素直に悔しいが、このメンバーで夏を戦えて良かった。雰囲気の良い誠桜カラーは変わらないで欲しい」と後輩に託した。全員で雰囲気を盛り上げ、楽しむ野球を貫いた。赤坂晴之介監督は「素晴らしい姿だった。最後まで頑張ってくれてありがとう」と短い夏を終えた4人の3年生に感謝した。

試合結果

決勝

盛岡大付9－4花巻東

左ブロック

チーム	得点	得点	チーム	備考
高田	7	0	盛岡誠桜	七回コ
花巻東	11	4	高田	八回コ
岩泉・山田・大槌	4	5	花北青雲	
一関二	1	7	大東	
花北青雲	8	1	大東	七回コ
花巻東	15	4	花北青雲	五回コ
一関工	7	5	葛巻	
福岡工	12	17	一関一	
一関工	3	8	一関一	
一戸	0	11	盛岡四	五回コ
不来方	3	4	宮古商工	
盛岡四	3	1	宮古商工	
一関一	4	14	盛岡四	五回コ
花巻東	3	1	盛岡四	
専大北上	5	6	盛岡三	
水沢工	10	0	住田	七回コ
盛岡三	0	4	水沢工	
岩谷堂・水沢農・前沢・北上翔南	2	3	遠野緑峰	
釜石商工	15	5	軽米	七回コ
遠野緑峰	3	9	釜石商工	
水沢工	10	3	釜石商工	七回コ
千厩	5	6	遠野	延長十回
盛岡商	11	1	西和賀	五回コ
遠野	0	5	盛岡商	
花巻農	8	1	宮古	八回コ
盛岡北	0	11	花巻南	五回コ
花巻農	7	0	花巻南	
盛岡商	0	2	花巻農	
水沢工	6	5	花巻農	延長十一回
花巻東	2	0	水沢工	

右ブロック

チーム	得点	得点	チーム	備考
一関高専	1	2	伊保内	
久慈	15	2	伊保内	五回コ
種市・大野・紫波総合	5	3	花泉	
盛岡一	3	0	釜石	
種市・大野・紫波総合	1	9	盛岡一	七回コ
久慈	5	6	盛岡一	延長十一回
久慈東	3	0	大船渡東	
金ケ崎	0	7	水沢	七回コ
久慈東	3	1	水沢	
久慈工	0	8	一関修紅	七回コ
大船渡	2	9	一関学院	七回コ
一関修紅	1	10	一関学院	七回コ
久慈東	0	5	一関学院	
盛岡一	6	13	一関学院	八回コ
盛岡中央	5	0	平舘	
盛岡南	1	8	水沢商	七回コ
盛岡中央	6	2	水沢商	
盛岡農	2	3	黒沢尻工	
江南義塾盛岡	1	11	福岡	六回コ
黒沢尻工	0	1	福岡	
盛岡中央	8	3	福岡	
水沢一	2	12	黒沢尻北	六回コ
岩手	2	5	盛岡市立	
黒沢尻北	3	2	盛岡市立	延長十回
花巻北	7	9	盛岡工	
盛岡工	4	11	盛岡大付	七回コ
黒沢尻北	1	11	盛岡大付	六回コ
盛岡中央	4	7	盛岡大付	
一関学院	4	12	盛岡大付	七回コ

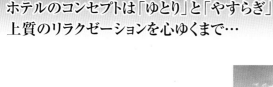

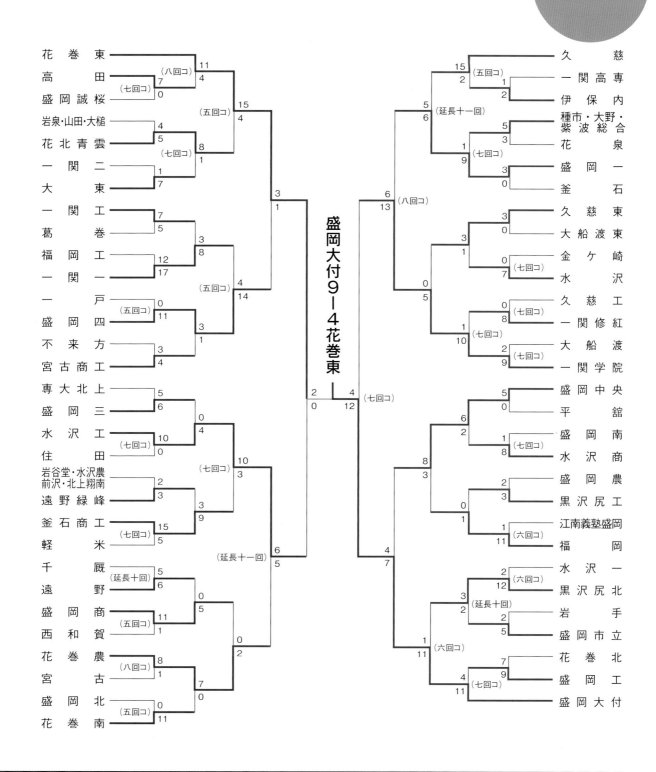

開会式

7月7日

「一球一球に感謝の気持ちを込めて全力でプレーする」と選手宣誓する一関二の佐々木丞央主将

選手宣誓「2年分の思い」

一関二・佐々木主将

「自分に百点をあげたい」。選手宣誓した一関二の佐々木丞《じょ》央《お》主将（3年）は大役を果たし、満面の笑みを見せた。原稿は今春卒業した先輩たちに相談し練り上げた。新型コロナウイルスの影響で失われた甲子園の夢。2年分の思いを込めた。約3分間のメッセージには、米大リーグで活躍する大谷翔平選手の名前を盛り込んだ。「多くの方々に元気と勇気を届けられるよう一球一球に感謝の気持ちを込めて全力でプレーする」と決意を口にした。

翌日の初戦に向け「明るい雰囲気のまま初戦に挑む。8強入りを目指す」と気合を入れた。

〈選手宣誓全文〉

今、こうして宣誓ができること、最高の舞台で野球ができること、最高の仲間たちと夏を迎えられたことに喜びを感じています。苦しい選択を余儀なくされた昨年。何のために野球をするのか、目標を失いかけました。それでも大会が開催されることを信じ続け、今、このグラウンドに立っています。昨年、涙をのんだ先輩方の思いをのせ、熱い熱い夏が始まります。今年で東日本大震災から10年がたちました。復興が進み、良き未来へ歩みを続けています。しかし、コロナ禍で先の見えない日々が続いています。そんな中、大リーグでプレーする大谷翔平選手の活躍に多くの人々が元気づけられています。私たち、岩手の高校球児からも少しでも多くの方々に元気と勇気を届けられるよう一球一球に感謝の気持ちを込めて全力でプレーすることを誓います。

2年ぶりの甲子園切符を目指し、開会式で整列する各校の選手たち＝7月7日、盛岡市三ツ割・県営球場

開会式の司会を務めた梅津比菜さん（右）と三浦向日葵さん

マネジャー2人が大役こなす

開会式の司会は、野球部のマネジャーとして活動する梅津比菜さん（盛岡商3年）と三浦向日葵《ひまり》さん（盛岡四3年）が務めた。はっきりとした声で選手の背中を後押しした。

入場行進では68校61チームを分担して紹介。最初は緊張した様子だったが、式が終わり壇上を降りると2人は表情を緩ませた。

各校の3年生マネジャーの中から大役を射止めた2人。部活動の合間などに練習に打ち込んだ。梅津さんは「緊張したが、練習の成果を発揮できた」、三浦さんは「選手への思いを声に乗せてアナウンスできた」と、大役をやり遂げほっとした様子だった。

★2者連続

- 1988年　菊地、小田島(黒沢尻北)対盛岡三
- 1993年　高橋、小野寺(花巻北)対久慈農林
- 2011年　千葉裕、千葉祐平(前沢)対不来方

(ほか多数)

【安打】

★1試合

- 28本　盛岡南(対岩泉・田野畑)=1995年
- 25本　一関一(対福岡工)=2019年
- 24本　千厩(対釜石商)=1993年
- 23本　大船渡(対岩谷堂農林)=1990年
  盛岡大付(対水沢農)=2014年
- 22本　宮古商(対一関農)=1986年
  専大北上(対大迫)=2001年
  釜石商(対胆沢)=2003年
  盛岡中央(対一関二)=2010年
- 21本　盛岡三(対久慈商)=1985年
  水沢一(対水沢農)=1955年
  福岡(対大船渡工)=1999年
  前沢(対種市)=2001年
  一関学院(対大船渡農)=2006年
  久慈工(対宮古商)=2016年

★1イニング

- 16本　専大北上(対大迫)=2001年
- 15本　大船渡東(対西和賀)=2012年
- 13本　北上翔南(対久慈・山形)=2008年
- 12本　大船渡(対久慈・山形)=1994年
  釜石商(対胆沢)=2003年
- 11本　花巻(対釜石商)=1949年
  大原商(対久慈水産)=1993年
- 10本　大船渡(対遠野緑峰)=1998年
  一関商工(対水沢工)=1998年

★全員

- 1991年　福岡工(対岩手橘)
- 1992年　宮古(対黒沢尻工)藤沢(対紫波)
- 1995年　盛岡南(対岩泉・田野畑)
- 1998年　花巻東(対山田)盛岡中央(対浄法寺)
  大船渡(対遠野緑峰)一関一(対岩泉)
- 2000年　盛岡南(対水沢商)雫石(対宮古商)前沢(対雫石)
  盛岡商(対花巻東)
- 2001年　大船渡(対遠野緑峰)前沢(対種市)大東(対一関一)
- 2002年　沼宮内(対水沢商)盛岡農(対浄法寺)
- 2003年　釜石商(対花巻商)
- 2005年　盛岡四(対前沢)花巻東(対大船渡)宮古工(対花巻北)
  大野(対黒沢尻北)
- 2010年　千厩(対水沢農)一関一(対盛岡四)
- 2012年　水沢(対高田)一関学院(対花泉)久慈(対花北青雲)
  大船渡東(対西和賀)
- 2013年　釜石(対花巻農)
- 2014年　盛岡中央(対水沢工)一関工(対福岡)
  一関修紅(対遠野緑峰)大船渡(対岩泉)久慈工(対花泉)
- 2015年　岩手(対水沢農)一関工(対盛岡三)
  黒沢尻工(対大迫・前沢・沼宮内連合)
- 2016年　平舘(対西和賀)久慈工(対宮古商)
- 2017年　岩手(対北上翔南)

(ほか1990年以前に34校)

【得点】

★1試合

- 盛岡南37—4岩泉・田野畑=1995年
- 金ケ崎33—0久慈・山形=2004年
- 一関32—0杜陵=1949年
- 大船渡32—0岩谷堂農林=1991年
- 北上翔南31—0久慈・山形=2008年
- 盛岡大付30—0水沢農=2014年
- 一関一28—0福岡工=2019年
- 大船渡28—1遠野緑峰=1998年
- 遠野28—3久慈=1955年
- 福岡26—0藤沢=1999年
- 専大北上25—0大迫=2001年
- 盛岡中央24—0浄法寺=1998年
- 一関中23—14黒沢尻工=1946年
- 釜石商24—0胆沢=2003年
- 軽米23—0岩手=2004年

【得四死球】

★1試合

- 21個　盛岡農(対金ケ崎)=1997年
- 20個　金ケ崎(対久慈・山形)=2004年
- 19個　遠野中(対黒沢尻中)=1932年
  盛岡工(対水沢工)=1983年
- 17個　釜石商(対北上農)=1961年
  大船渡農(対大原商)=1991年

試合部門

【延長再試合】

- 18回
  1990年　麻生一関2—2一関商工
  〈再試合〉麻生一関6—3一関商工(延長12回)
- 15回
  1967年　盛岡三2—2岩泉(時間切れ)〈再試合〉盛岡三9—0岩泉
  2012年　花北青雲4—4久慈　〈再試合〉花北青雲6—3久慈
  2013年　水沢2—2盛岡大付　〈再試合〉盛岡大付8—3水沢
  2016年　高田2—2金ケ崎　〈再試合〉高田8—1金ケ崎(七回コールド)

【延長(15回以上)】

- 17回　花巻商5—4一関修紅(1972年)
- 15回　盛岡北5—4大船渡農(1989年)
  高田7—6花巻東(1995年)
  盛岡四7—6一関一(2010年)
  大船渡東3—2花巻北(2010年)
  北上翔南8—7釜石商(2008年)
  大槌6—5盛岡農(2012年)

ほか5試合

【長時間(延長戦)】

- 5時間12分　福岡—専大北上(1987年、延長12回、降雨中断あり)
- 4時間25分　高田—花巻東(1995年、延長15回)
- 4時間12分　花巻商—一関修紅(1972年、延長17回)
- 4時間3分　水沢—盛岡北(1985年、延長14回)
- 4時間2分　盛岡北—大船渡農(1989年、延長15回)
- 3時間56分　紫波総合—一戸(2014年、延長12回)
- 3時間54分　軽米—黒沢尻北(2004年、延長11回、降雨中断あり)
- 3時間53分　金ケ崎—大原商(2001年、延長13回)、
  大槌—盛岡農(2012年、延長15回)
- 3時間44分　盛岡中央—盛岡市立(2019年、延長14回タイブレーク)
- 3時間42分　盛岡中央—一関学院(2006年、延長14回)、
  盛岡四—一関一(2010年、延長15回)
- 3時間36分　一関学院—花巻東(2015年、延長13回)

【長時間(9イニング)】

- 4時間46分　一関学院—専大北上(2004年、降雨中断あり)
- 4時間22分　大船渡工—盛岡中央(2001年、降雨中断あり)
- 4時間8分　盛岡北—前沢(1988年、降雨中断あり)
- 4時間7分　盛岡商—前沢(2010年、降雨中断あり)
- 3時間52分　盛岡一—花泉(1966年、降雨中断あり)
- 3時間49分　盛岡一—久慈(1983年)
- 3時間41分　大船渡工—岩谷堂(2005年、降雨中断あり)、
  一関学院—高田(2007年、降雨中断あり)

岩手大会の記録

県高野連など調べ

投手・守備部門

【完全試合】

- 1962年7月17日　滝浦豊富（紫波）2―0一戸
　（投球数92＝奪三振8、内野ゴロ9、内野飛球5、外野飛球5）

【無安打無得点試合】

- 1962年　及川（黒沢尻北）10―0千厩
- 1966年　根子（山田）4―0東和
　村上（大船渡）4―0福岡工▽千田（花巻北）1―0山田
- 1971年　簗場（盛岡三）4―0岩泉
- 1972年　畠山（専大北上）6―0種市
- 1974年　高橋（一関工）1―0住田
- 1980年　坂本（一関商工）1―0山田
- 1981年　高橋（水沢工）1―0宮古
- 1984年　柳畑（福岡）1―0大迫
- 1988年　谷地（遠野）3―0千厩東
- 2008年　田村（不来方）6―0宮古水産▽鈴木（福岡）3―0軽米

【奪三振】

★大会通算

- 66個　阿部（花巻商）5試合＝久慈農水13、水沢農15、大東15、福岡12、黒沢尻工11＝1964年
- 61個　黒沢（大槌）5試合＝葛巻17、花泉16、岩谷堂8、大船渡工16、盛岡三4＝1973年

第98回大会4回戦　千厩―久慈　延長13回を投げきり、1試合23奪三振の大会記録をマークした千厩の千葉英太＝花巻球場

- 60個　千葉（千厩）4試合＝一関高専13、宮古工11、久慈23（延長13回）、一関工13＝2016年
- 53個　1981年＝佐々木昌（広田水産）4試合＝紫波14、伊保内20、谷村学院10、一関商工9

★1試合

- 23個　千葉（千厩）4―1久慈（延長13回）＝2016年
- 21個　佐々木（大船渡）4―2盛岡四（延長12回）＝2019年
- 20個　佐々木昌（広田水産）4―0伊保内＝1981年
- 19個　藤原拓（花巻東）4―1盛岡四＝2003年
- 18個　藤村（黒沢尻北）1―0釜石北（延長11回）＝1995年
　宮田（一関修紅）1―0岩手（延長12回）＝1978年

打撃部門

【本塁打】

★大会総数

- 36本（1993年、2014年）
- 33本（2000年、2006年）
- 32本（1986年、1994年、1999年）
- 31本（1997年、2004年、2017年）
- 30本（1991年、1995年）

★1試合

- 5本　遠野28―3久慈（遠野4本、久慈1本）＝1955年
　専大北上9―1大原商（専大北上4本、大原商1本）＝1986年

★個人通算

- 6本　畠山和洋（専大北上）＝1998年2本、1999年3本、2000年1本
- 4本　佐々木和（久慈）＝1965年1本、1966年3本
　伊藤泰尚（専大北上）＝1986年2本、1987年2本
　小田島修（黒沢尻北）＝1988年2本、1989年1本、1990年1本
　工藤大吉（盛岡工）＝2000年4本
　佐藤廉（盛岡大付）＝2011年1本、2012年3本
　松本裕樹（盛岡大付）＝2013年2本、2014年2本
　熊谷真人（専大北上）＝2015年2本、16年2本
　植田拓（盛岡大付）＝2017年4本

★満塁

- 1985年　星（黒沢尻工）対竜沢▽佐々木力（水沢工）対盛岡四
- 1986年　田口吉（浄法寺）対盛岡農
- 1988年　堀田（大迫）対久慈・山形

第80回大会4回戦　専大北上―大船渡工1回表　1年生の専大北上・畠山和洋が公式戦第1号となる3点本塁打を放つ＝1998年7月22日、花巻球場

- 1990年　新沼（住田）対金ケ崎
- 1991年　畑中（一戸）対麻生一関▽平山（住田）対盛岡四
- 1993年　皆川（千厩）対釜石商、金野（一関一）対花巻南
- 1994年　金田一（盛岡大付）対専大北上
　下留（宮古北）対花北商、田代（遠野）対大槌
- 1995年　原（盛岡大付）対一関一
　横山（高田）対前沢
　原田（前沢）対釜石南
　関口（盛岡大付）対花巻北
- 1999年　川代（久慈工）対専大北上
- 2000年　工藤（一関一）対一関農
　箱崎（盛岡三）対北上農
　工藤（盛岡工）対一関商工
　佐藤伸（一関商工）対盛岡工
- 2002年　菅静（遠野）対藤沢
　尻石（雫石）対釜石商
- 2004年　千葉裕（一関一）対金ケ崎
　高橋鉄（専大北上）対盛岡商▽熊谷雄（花巻東）対千厩
- 2006年　阿部寿（一関一）対胆沢
- 2007年　山蔭（花巻東）対盛岡大付
- 2011年　玉沢（久慈）対江南義塾盛岡
- 2014年　遠藤（盛岡大付）対一関一
　小井田（盛岡三）対久慈工▽正木（盛岡三）対一関工

（1984年以前に11人）

★サヨナラ

- 1992年　佐々木（一関一）対宮古工
- 1993年　遠藤（盛岡南）対遠野・情報▽泉久保（福岡工）対黒沢尻北
- 1999年　高橋秀（花北商）対麻生一関
- 2000年　横田（盛岡工）対岩手▽箱崎（盛岡三）対北上農
- 2001年　岩間（大槌）対花巻東
- 2003年　土橋（雫石）対花泉
- 2004年　豊間根（宮古工）対宮古商
- 2005年　中村（花巻東）対盛岡四
- 2007年　中井（専大北上）対水沢工
- 2009年　金丸（宮古商）対水沢工
- 2015年　山口（宮古）対一関修紅、熊谷（専大北上）対大東
- 2016年　照井（盛岡四）対久慈工

（1991年以前に6人）

完全再録

懐かしの 岩手日報 記者座談会

かつて岩手日報では、夏の大会を展望する名物企画「記者座談会」が掲載され、甲子園さながらの熱い予想を繰り広げていた。東北最多の89校が参加した１９９４年の第76回大会は、戦前の予想を覆して盛岡四が初優勝。強豪私立と公立勢が互角に渡り合い、今なお記憶に残る大会として語り継がれている。開幕前とベスト8決定後に掲載された座談会を再録し、27年前の熱い夏を振り返る。

開幕前展望

本命は一関一と専大北上

A　いよいよ開幕が迫った。昨年は久慈商が史上3校目の三季連続優勝で甲子園出場を果たしたが、ことしは例年通りの〝戦国岩手〟が大方の見方。その中で有力校はどこだろう。

B　やはり今春を制した一関一と昨秋、今春と準優勝に終わったが、安定した力の専大北上が双へきだろう。

C　いや、ノーシードながら盛岡大付も怖い存在。これに今春ベスト4入りした前沢と大船渡工、盛岡四、遠野なども絡んでくる。

A　組み合わせを見ると第1シード一関一は恵まれた感がある。第2シード専大北上は、盛岡大付をはじめ実力校がひしめき、苦しい展開となりそうだ。一関一、専大北上の強さを分析してみたい。

B　一関一は選手個々の打力が高いレベルにある。特に菅原純、金野の中軸は昨夏も打の主力で本塁打を放っている。下位も三浦康をはじめ振りが鋭い。専大北上は主戦加藤隆が本調子を出すと県内の打者ではなかなか打てない。選手の粒もそろい、守備も主将の八重樫捕手を中心に堅い。

A　両校にすきはないのか。

B　一関一は投手陣がやや不安。主戦佐藤敦は左右の使い方がうまいがやや球威に欠ける。昨秋のエース三浦康が復調していれば文句ないが…。それに宮古北の田鎖に苦戦したように打線が左投手を苦手にしている。専大北上は主戦加藤隆の調子が不安定だ。左横手の植野がどこまで踏ん張れるか。

C　今春の成績で見れば両校が優位だ。しかし、昨秋の県大会を制した盛岡大付は、1回戦で一関一を7―0のコールドで、決勝では専大北上を3―1で破っている。今春は地区予選で苦杯は喫したが、その実力はトップクラスと言えるのではないか。

C　何といっても投手陣が抜群だ。田中は速球とスライダーが切れる。左腕伊藤も安定し、小石沢の最高１４０キロの速球は見ものだ。打線も上、下位の差はない。何川、辻、今村の主軸はパンチ力がある。

D　ただ、盛岡大付も万全ではない。昨秋の東北大会では田中が配球の甘さから打ち込まれた。打線も焦りからか雑になり沈黙。攻守にまとまりを欠いた。あのもろさを沢田真一監督の指導でどう克服したか注目したい。

A　いずれ今大会はこの3校を軸に展開されるのは確実だろう。ほかのシード校はどうか。

C　前沢が良い。主軸をはじめ各打者が振れている。香川博監督も「打撃が中心」と話し打線に自信を持っている。課題は豊富な投手陣の起用法だ。盛岡四は佐藤の出来次第。丁寧な投球とスライダーは威力十分。駒木を中心に打線がつながれば心強い。

B　大船渡工は今春の県大会で好投した左腕鈴木浩、佐藤雅、加藤と投手陣がいい。打線も好機に畳み掛ける集中打がある。黒沢尻工は春は粗削りだったが、守備が安定した。花巻北、宮古北はともに投手陣にかかる。花巻北は阿部が制球を取り戻すことが条件。宮古北は千葉、田鎖両左腕を堅守でもり立てたい。

D　シード校は、春の県大会に出場した21校の中からベスト8に進んだ学校が組み入れられるわけだが、1回戦不戦勝のチームが、1勝しただけでシード校の資格を得るラッキーな面もあり、必ずしも実力校とは

〔1994年7月21日付 岩手日報朝刊〕

いえない。春の大会終了後から約一カ月半の間で選手は大きく伸びる。春の大会の成績はあまり当てにはできない。

A　〝戦国岩手〟と呼ばれるゆえんだ。ではシード食いを期待できるチームはどこだろう。

C　盛岡中央、遠野、黒沢尻北、福岡などが挙げられる。盛岡中央は俊足の左打者が5人。加えてベテラン村松孝彦監督が絶妙な駆け引きを見せる。遠野は左腕新田の速球が良い。内角低めの制球力がつけば手ごわい。

B　黒沢尻北は目立った選手はいないが、総合力は高い。初戦を突破すると今春の県大会で敗れた宮古北と対戦、雪辱に燃えている。福岡は菊地、関の左右の2枚投手を擁する。

A　昨年の上位校の名前が挙がってこないが。

D　甲子園出場の久慈商はメンバーがすっかり入れ替わった。2回戦で一関一との対戦が予想されるが、現在の力では厳しい。盛岡一は投手を含めた守りに昨年ほどの安定感がない。ただ、夏に向けた仕上げはうまい。花北商、住田もスケールが小さくなった。不気味なのが一関商工。春以来ポジションを大幅に入れ替えた。四度甲子園出場の実績があるだけにひと暴れするかもしれない。

全国高校野球岩手大会
89校さあ出陣
あすプレーボール
記者座談会
「甲子園切符」どこに
一関一、専大北上軸の争い
盛岡大附の投打も脅威
前沢、盛岡四、大船渡工…シード勢が安定
出場校数は東北最多
侮れない甲子園経験組
岩手大会組み合わせ
過去10年間の上位校

［1994年7月13日付　岩手日報朝刊］

A　有力校の大まかな戦力分析は分かった。では組み合わせを見て実際ベスト8に残るのはどこだろうか。

B　第1ブロックでは一関一の優位は動かない。すんなり8強に入るだろう。花巻北、盛岡中央のどちらかが対抗馬となる。

D　いや、一関一は良いとして、花巻北、盛岡中央は絶対ではない。不来方、盛岡商は地力がある。昨年旋風を巻き起こした大迫にも注目したい。

C　第2ブロックは大船渡工が残りそうだが、夏に好チームに仕上がる大東に期待したい。さらに黒沢尻工をはじめ花巻東、一関商工、宮古の甲子園経験校がしのぎを削る。

D　盛岡一は、初戦の水沢工に良い内容で勝てば勢いに乗る。大船渡工としては一番嫌な相手だ。一関商工はポジションを入れ替えた沼田尚志監督の策が吉と出るか。

B　第3ブロックは最も激戦。専大北上と盛岡大付が3回戦で対戦するのは確実。勝者が8強に入るのはほぼ間違いない。水沢、一関工などが食い止められるか。盛岡四は遠野が難関。昨年より小粒だが住田も飛躍を狙っている。

C　第4ブロックも混とんとしている。前沢が筆頭といえるが、山田、盛岡三が立ちはだかる。シード宮古北の小ブロックは、黒沢尻北、福岡あたりもチャンスだ。昨夏ベスト4の花北商、藤原幸雄監督に率いられた釜石南も侮りがたい。

A　ところで、今回も昨年と同じ89校が出場する。出場校数は東北最多。それだけ、演じられるドラマも多いと思うが。

高田　1点差守り抜く
投手起用がズバリ的中
不来方　好機に集中打
雫石　攻守のリズム狂う

［1994年7月22日付　岩手日報朝刊］

一関一　粘り　延長サヨナラ
不来方　勝ち越しつかの間
盛岡四　強豪倒し　初の4強
リード守れず沈む
高田　初回に主導権握る
鮮やか一挙逆転

［1994年7月24日付　岩手日報朝刊］

B　伊保内、浄法寺、岩泉・田野畑、釜石北は部員が10人から11人だが、満足な練習ができないハンディを乗り越えての出場に拍手を送りたい。

C　強豪校は1学年だけで30人以上いるところもあり、3年生でもベンチ入りできない選手もいる。晴れの舞台に登場できないが、二年半の努力は誇らしいことだ。仲間の活躍を見守り、しっかり声援してほしい。

D　選手たちには「大勢の人たちの支えで試合ができる」という気持ちでプレーしてほしい。そして今までの集大成として全力を尽くせば、素晴らしいドラマが生まれる。そんな大会を取材したい。

A　甲子園への切符を手にするのはどこか。予想外の健闘を見せるチーム、まさかの敗退を喫する強豪など今年も数多くのドラマの展開が見られるだろう。担当者としては、多くの選手の声を拾い、表情を追って報道の立場から大会を盛り上げていきたい。

（1994年7月13日掲載）

総合力で2強リード

大会終盤展望

（ベスト8は一関一、不来方、高田、盛岡一、専大北上、盛岡四、大船渡、盛岡市立）

A　残る8強のうちシードは3校だけ。やはり春の大会の成績はあてにならないことを証明した。

B　顔ぶれを見ると、第1、2シードの一関一と専大北上、それに盛岡四のシード校。不来方、盛岡市立、盛岡一の盛岡地区勢。気仙地区は高田、大船渡が入りレベルの高さを見せた。

C　一関一は順当な進出だ。試合ぶりにやや力強さが感じられないが、取りこぼしがない。主軸に当たりが出ていないが、主戦佐藤敦がしっかりしている。盛岡四は主戦佐藤の安定度が光る。スライダーが切れている。

B　予想外なのは専大北上の戦いぶり。主戦加藤が不調で3試合とも途中降板。打線の援護と植野の救援で何とかしのぐ展開だが、首をかしげたくなる試合ぶりだ。

D　その通り。3回戦の盛岡大付戦は好勝負を期待したが、両チーム合わせて四球21個はひどい。好投手を擁し、県内一、二の実力校といわれるチームのこの戦いぶりは、納得いかない。それでもなんとか勝ってはいるが…。

A　ほかのチームはどうだろう。

B　盛岡一の勝ちっぷりには驚いた。初戦で、水沢工に打ち勝って勢いに乗った。大船渡は主戦山本がほぼ完ぺきな投球を見せている。高田も試合運びのうまさで強豪に競り勝ってきた。

C　不来方は強打が光る。集中打と野手の間を抜く打球は鋭い。漆原の好投も目立つ。盛岡市立は初戦の軽米を延長で破って良くなった。左腕松岡が調子を取り戻した。

A　ズバリ核心を突くが、この8強の中で優勝するのはどこだろう。

B　やはり一関一だ。力強さには欠けるが、総合的な力では一番だ。ただ、準決勝がヤマ場。昨年コールドで敗れた盛岡一が上がってくるとやりにくいだろうか。

D　いや専大北上も来る。ここまでの試合内容は悪いが、競り合って勝ち上がっている。勝負強さは相変わらずだ。ただ主戦加藤の立ち直りが条件だ。大船渡がいい戦い方をしている。投手が安定しているチームは接戦に強い。

A　他のチームに可能性はないだろうか。

C　盛岡四は主戦佐藤がどこまで頑張るかにかかる。不来方は〝水もの〟といわれる打線が頼りだけにどうか。エース漆原の踏ん張り次第。盛岡一も打線が投手の不出来をカバーしての進撃。沼崎宏は4回戦は好投したが、不安がある。

B　盛岡市立も二番手投手がいない。打線は活気づいているが…。高田は試合巧者だが、切り札に欠ける。強豪を抑えかわした試合展開を、盛岡一でも発揮できるか。

A　いずれ各校とも、いつ先発投手が崩れるか分からない不安要素を抱える。これからの三日間は体力勝負。特に今大会は暑さも大敵。まだひと波乱、ふた波乱がありそうだ。

（1994年7月23日掲載）

歓喜盛岡四　初の甲子園
岩手日報
号外
緊迫の投手戦　一関一を下す
力投佐藤光を援護

【1994年7月25日付　岩手日報号外】

盛岡四　耐えて終盤逆転
全員野球で苦戦しのぐ
バント絡め集中打
大船渡、リード守れず
一関一　強力打線が爆発
地力発揮し13安打
高田、無念のコールド

【1994年7月25日付　岩手日報朝刊】

第76回大会ハイライト

創立30周年の節目に甲子園初出場を決め、喜び合う盛岡四の選手たち＝1994年7月25日、盛岡市・県営球場

東北最多89校が参加。48年ぶり5度目の甲子園を目指す一関一を筆頭に、当時の岩手をリードする専大北上、頭角を現した盛岡大付を中心とした優勝争いとみられていた。

盛岡四は主戦佐藤を軸に難敵を下して勝ち上がった。4回戦は遠野との投手戦を2―1で制し、準々決勝は終盤に粘りを発揮して専大北上を撃破。大船渡との準決勝も終盤八回に3点を挙げて逆転勝ちした。行き詰まる投手戦となった決勝は、左翼手の美技でピンチをしのいだ盛岡四が一関一を押し切り、学校創立30年の節目を優勝で飾った。エース佐藤敦と力強い打線を誇る一関一は順当に勝ち上がったが、わずかな球運の差で優勝を逃した。

1984年のセンバツ甲子園4強メンバーの今野一夫監督が率いる大船渡がベスト4入り。同じく4強の高田は、4回戦で大会初登板の2年生馬場が一関商工を3安打完封した。ベテラン斉藤諒監督の盛岡市立が9年ぶりにベスト8入り。不来方は準々決勝で一関一を最後まで苦しめた。4―1から最終回に追いつかれたものの、延長十回に勝ち越し。しかしその裏、守備の乱れからサヨナラ負けした。前年準優勝の盛岡一も夏に強い古豪らしく、ノーシードから8強入りした。

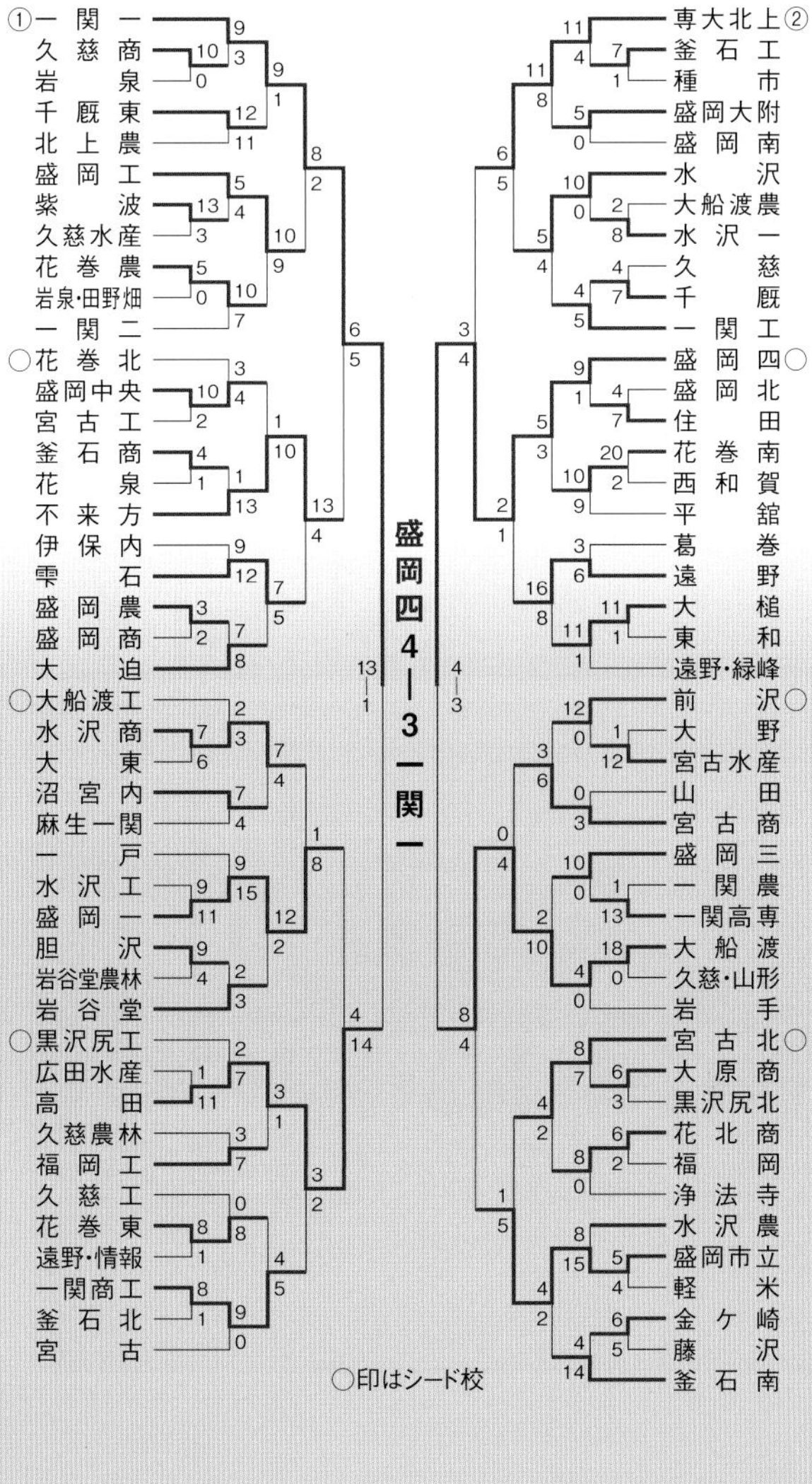

○印はシード校

1994年7月26日付 岩手日報朝刊

第103回全国選手権岩手大会

出場68校　61チーム

全部員名簿

◎＝主将　☆＝マネジャー

盛岡一

●部員／39人　●部長／中野俊一　●監督／川又範明

	氏　名	学年	出身中
	佐々木裕平	3	上田
	金澤　朋也	3	紫波三
	菅　龍太朗	3	浄法寺
	千葉　悠斗	3	平泉
	平井　太耀	3	岩手大附
◎	川村　咲郎	3	仙北
	佐々木航太郎	3	矢巾
	高橋　滉	3	奥中山
	齋藤諒太郎	3	岩手大附
	福井　悠樹	3	滝沢南
	沼山　晃太	3	上田
	戸嶋慎之介	3	紫波一
	日影　拓真	3	城西
	井上　信司	2	仙北
	遠藤　蒼生	2	紫波一
	遠藤　拳	2	上田
	及川　大輝	2	岩手大附
	大柏　一生	2	下小路
	大川　仁和	2	下小路
	木村　快道	2	土淵
	工藤　廉汰	2	夏井
	酒井　勇輝	2	岩手大附
	笹木　集吹	2	黒石野
	柴田　樹輝	2	一戸
	髙橋　祐成	2	上野
	千葉　大翔	2	大宮
	藤平　聖生	2	大宮
	藤原朔太郎	2	雫石
	洞内　莉輝	2	見前南
	太田　恵祥	1	城西
	菅　秀太郎	1	浄法寺
	大高　銀時	1	大船渡
	金野　一星	1	大宮
	佐藤　孝大	1	大宮
	田代　翼	1	一戸
	千葉　穂高	1	松園
	中村　優斗	1	下小路
	畠山　瑞輝	1	城西
	畠山　龍	1	岩手大附

盛岡四

●部員／39人　●部長／伊藤健太　●監督／佐々木偉彦

	氏　名	学年	出身中
	岩渕　良祐	3	厨川
	煙山　伯	3	雫石
	酒井　想太	3	厨川
	菅原　千希	3	一戸
◎	上山　七海	3	城東
	尾崎　睦	3	奥中山
	中塚　晴基	3	大宮
	千田　快人	3	岩手大附
	大山　泰我	3	渋民
	三上　弘陽	3	岩泉
	坂井　覇葵	3	下ノ橋
	角　柊哉	2	見前
	工藤　颯太	2	滝沢南
	大志田大翔	2	仙北
	谷地　貴之	2	紫波三
	髙橋　勇慎	2	西根
	上関　勇駕	2	滝沢二
	瀬川　雄介	2	仙北
	須藤　大地	2	下小路
	田沼　祐樹	2	滝沢南
	杉田　陽都	2	厨川
	藏谷新之助	2	北松園
	尾崎　暖	1	奥中山
	櫻田　絢	1	宮野目
	佐藤　諒士	1	仙北
	阿部　貫汰	1	見前南
	佐々木陸翔	1	黒石野
	藤澤真一郎	1	乙部
	武蔵　天馬	1	大宮
	杉田　楓都	1	厨川
	鳥谷部佑聖	1	城西
	村松　怜央	1	北上
	室野　瑛心	1	渋民
	佐々木慎平	1	上田
	土橋　伊織	1	雫石
☆	原　光梨	3	見前
☆	三浦向日葵	3	岩泉
☆	大森　望生	2	岩手大附
☆	村上かおり	1	大宮

盛岡三

●部員／63人　●部長／小谷地太郎　●監督／千葉勝英

氏　名	学年	出身中
遠藤　豊明	3	西根一
及川　陽貴	3	滝沢南
小野　滉也	3	見前
小林優太郎	3	見前
◎ 小柳　晴哉	3	大宮
斎藤真一郎	3	矢巾
齊藤　千尋	3	仙北
佐々木聖太	3	土淵
佐々木　諒	3	厨川
佐藤　武尊	3	有住
下谷地璃樹	3	軽米
志和　孝祐	3	見前南
鷹嘴　大陽	3	北陵
多田　魁	3	城西
三浦　悠作	3	藤沢
村上　響	3	下小路

氏　名	学年	出身中
山本　健太	3	見前
渡邉　勇介	3	仙北
岩崎　泰誓	2	大槌
内田　塁斗	2	厨川
遠藤　隼人	2	城東
小笠原悠太	2	飯岡
加藤　海	2	下小路
門屋佳一郎	2	西根
北舘　琉雅	2	滝沢南
金　颯太	2	滝沢南
小林　奏大	2	見前
佐々　廉武	2	見前
菅原　英之	2	久慈
武田　陽大	2	下橋
千葉　篤生	2	下小路
千葉　暖斗	2	盛岡・河南

氏　名	学年	出身中
吉田　颯良	2	飯岡
阿部　蒼流	1	滝沢二
小田島知輝	1	下小路
勝田　陸斗	1	滝沢南
菊地　祐輝	1	紫波一
駒井　優樹	1	滝沢南
坂下　真聖	1	下小路
澤田　瑛介	1	釜石
杉澤　直輝	1	雫石
鈴木　暖人	1	大宮
立川目丈翔	1	飯岡
玉川仁乃助	1	福岡
田村　悠人	1	松尾
千葉　央煌	1	土淵
橋本　拓樹	1	安代
平子　雄惺	1	大宮

氏　名	学年	出身中
平澤　巧宇	1	見前
平野　玄青	1	黒石野
福井　颯人	1	滝沢南
藤村　桜成	1	岩大附属
古舘　翼	1	下小路
松田　蓮	1	土淵
村上　颯	1	盛岡・河南
森　淳平	1	矢巾
要永　琉成	1	滝沢南
四役　歩暉	1	滝沢南
渡邉　駿介	1	仙北
☆ 家子　美月	3	江刺東
☆ 高橋　夏実	3	城西
☆ 佐々木雪弥	2	黒石野
☆ 石井　美育	1	土淵

盛岡北

●部員／14人　●部長／君ケ洞卓朗　●監督／高見延也

氏　名	学年	出身中
◎ 小野　悠平	3	上田
岩崎　雄大	3	滝沢二
佐々木楓太	3	厨川
佐々木永遠	3	厨川
山本　唯人	3	安代
田頭　一樹	3	厨川
小村　勇人	3	厨川
伊藤　蓮	3	滝沢南
佐藤　航平	2	城東
山下　裕也	1	黒石野

氏　名	学年	出身中
佐藤　琉	1	上田
佐藤　暉士	1	松園
小澤　悠羽	1	滝沢二
☆ 藤田　音央	2	北陵

盛岡南

●部員／19人　●部長／杉田英一　●監督／小笠原友幸

	氏　名	学年	出身中
◎	熊谷　　颯	3	黒石野
	田山　輝汰	3	乙部
	鈴木　桜佑	3	滝沢南
	一戸　　崇	3	渋民
	藤澤　耕太	3	飯岡
	吉田　李音	2	盛岡・河南
	佐々木恒陽	2	乙部
	因幡　　凌	2	見前南
	田川　　潤	2	乙部
	石川　　樹	2	盛岡・河南
	太田　雄斗	2	乙部
	宍戸　響弥	1	松尾
	阿部　和真	1	矢巾
	佐々木颯人	1	見前南
	福士　硯介	1	紫波二
☆	川村なるみ	3	矢巾
☆	佐々木彩夏	3	乙部
☆	高橋　陽菜	1	矢巾
☆	沼田　　椿	1	矢巾

盛岡農

●部員／24人　●部長／北川潤　●監督／寺長根一真

	氏　名	学年	出身中
	大志田広大	3	奥中山
	遠藤　汰一	3	西根一
	小野寺慶太	3	西根一
	工藤　奏太	3	西根
◎	熊谷　拓斗	3	滝沢
	髙橋　諒太	3	西根
	藤原　羅冴	3	西根
	坂本　壮汰	3	奥中山
	瀧本　雅也	3	川口
	岩﨑　　陸	2	川口
	佐々木雄太	2	滝沢二
	井戸　星空	2	滝沢二
	三浦　快斗	2	田野畑
	大上　大地	1	山形
	大志田健輝	1	奥中山
	釜石　　充	1	奥中山
	釜石　鷹宏	1	奥中山
	片瀬慎之介	1	渋民
	佐々木禮央	1	滝沢二
	坂本　遥人	1	奥中山
☆	久保　沙千	1	川口
☆	熊谷梨理香	1	滝沢
☆	髙村　　杏	1	滝沢
☆	佐々木萌夏	1	川口

盛岡商

●部員／39人　●部長／正木孝宗　●監督／兼田智

	氏　名	学年	出身中
	櫻庭　悠空	3	巻堀
	佐々木悠翔	3	巻堀
	阿部　恭介	3	紫波一
	吉田　悠人	3	見前南
◎	廣田　健真	3	大宮
	吉田　勝瑛	3	矢巾北
	小山田唯人	3	松尾
	髙橋　航大	3	紫波一
	須川　旺亮	2	盛岡・河南
	藤田　遥人	2	北陵
	盛内　柊吾	2	松尾
	佐々木空良	2	東水沢
	佐々木一真	2	矢巾
	田山　　詠	2	乙部
	田中　大翔	2	城東
	門間　蒼生	2	厨川
	篠山　誠司	2	花巻
	髙橋　慧祐	2	巻堀
	渡辺　孝介	2	滝沢二
	小柳　直樹	2	大宮
	黄川田瑠羽	2	見前南
	高橋　一旗	2	仙北
	田端　征司	2	盛岡・河南
	藤村　瑞綺	2	下橋
	石橋　聖悟	2	矢巾
	浦田春太郎	2	紫波三
	石﨑　寛人	1	滝沢
	大塚　晋平	1	見前
	主濱　瑛留	1	大宮
	竹村　陽人	1	城東
	高橋　　海	1	乙部
	清水　颯太	1	見前
	齊藤　蒼馬	1	厨川
☆	梅津　比菜	3	仙北
☆	橋本日香里	3	大宮
☆	坂本里璃菜	2	北上
☆	長崎　めい	1	黒石野
☆	増澤　香乃	1	黒石野
☆	佐々木愛菜	1	矢巾

盛岡市立

●部員／57人　●部長／小原敬　●監督／米田和靖

	氏名	学年	出身中
	宮野　健太	3	大宮
	佐々木泰雅	3	大宮
◎	三浦　裕生	3	大宮
	工藤　奏人	3	黒石野
	田村　拓夢	3	仙北
	杉下　生眞	3	雫石
	小田嶋　嵩	3	北陵
	佐藤　樹	3	上田
	三上　翔夢	3	飯岡
	寺田比呂輝	3	黒石野
	山本　心海	3	滝沢南
	上和野大翔	3	土淵
	髙橋　颯太	3	沢内
	前川　孝冴	3	北松園
	吉田　旭陽	3	雫石
	竹内　凌大	3	土淵
	稲葉　康平	3	城西
	斉藤　唱太	3	厨川
	澤村　大平	3	奥中山
	佐藤　佑樹	3	盛岡・河南
	佐藤　凜空	3	北陵
	中川　祥	3	滝沢南
	伊藤　奨悟	2	北陵
	米田　藍斗	2	雫石
	大久保志優	2	仙北
	工藤　航	2	紫波三
	工藤　遥斗	2	厨川
	佐藤慎之佑	2	土淵
	千葉　大輝	2	厨川
	太布　兵吾	2	滝沢二
	川又　拓磨	2	安代
	佐々木啓太	2	土淵
	鈴木　太陽	2	滝沢二
	三上　来翔	2	厨川
	下平　紘星	2	沼宮内
	中川　光汰	2	飯岡
	古舘　晴	2	滝沢南
	田上　晴喜	1	厨川
	大山　依吹	1	渋民
	中野　瑠那	1	雫石
	中村　皇太	1	雫石
	三上　瑛大	1	北陵
	髙橋　杏宇	1	松尾
	槙　将太郎	1	城西
	菅原　陽仁	1	乙部
	吉田　廉	1	北陵
	野田　康介	1	滝沢南
	藤村　大陸	1	乙部
	細野　清哉	1	北陵
	若狭　昊明	1	城西
	川上　智央	1	奥中山
	田村　拓暉	1	仙北
	横欠　崚大	1	雫石
	天瀬　颯太	1	雫石
	菅原　有麻	1	上田
☆	関　愛裕里	3	下小路
☆	浦田　侑奈	2	岩手大附

江南義塾盛岡

●部員／16人　●部長／菊池登志也　●監督／村上宣樹

	氏名	学年	出身中
	佐藤　蒼斗	3	厨川
	鈴木慎一郎	3	城東
◎	小泉健太朗	3	紫波一
	太田　稜	3	見前
	出村　海羽	3	下小路
	佐藤　優斗	2	松園
	高屋敷　翼	2	滝沢二
	三浦　礼夢	2	乙部
	松下　昌永	2	城東
	佐々木　翔	2	大宮
	作山　一真	1	見前南
	田澤　孝丸	1	黒石野
	亀澤　広翔	1	見前南
	神林　俐玖	1	滝沢南
☆	村田　颯姫	2	一本木
☆	氏家　心愛	2	滝沢二

盛岡工

●部員／50人　●部長／畠山善史　●監督／細川幸希

	氏名	学年	出身中
	五日市健永	3	矢巾北
	髙橋　皇世	3	矢巾北
	髙橋　建成	3	紫波一
	仁佐瀬諒雅	3	北陵
	近藤　慶悟	3	仙北
◎	熊谷　大翔	3	飯岡
	菊池　豪太	3	滝沢南
	新田　優翔	3	見前南
	中村　孔明	3	小川
	熊谷　春樹	3	渋民
	工藤　　響	3	滝沢南
	加藤　弘大	3	厨川
	高山　弘心	3	北陵
	福澤　真白	3	厨川
	藤原　昂輔	3	滝沢二
	山崎　颯太	3	大宮
	熊谷　涼太	3	滝沢二
	藤原　大将	2	土淵
	庭　　駿介	2	滝沢南
	阿部　充希	2	滝沢南
	川崎　翔大	2	黒石野
	髙野優理輝	2	紫波三
	山崎　柊陽	2	滝沢
	熊谷　大飛	2	飯岡
	堤　　悠翔	2	川口
	小笠原　弦	2	盛岡・河南
	越戸　凱生	2	飯岡
	昆　　　伯	2	矢巾北
	斎藤進大郎	2	西南
	吉田　賢汰	2	盛岡・河南
	工藤　獅優	2	滝沢二
	滝本　大稀	2	川口
	松岡　治門	2	紫波一
	山田　太陽	1	雫石
	魚谷　洸成	1	厨川
	川原　秀斗	1	矢巾
	坂本　俊太	1	渋民
	櫻小路颯斗	1	滝沢南
	高島　大地	1	見前南
	朝賀　隆二	1	滝沢
	外久保　薫	1	一本木
	舘山　隼介	1	一戸
	平賀　　太	1	滝沢二
	天瀬　優太	1	矢巾北
	石倉　来輝	1	矢巾北
	武藤　一晟	1	見前南
☆	阿久津花音	2	飯岡
☆	冨榮　彩乃	2	大宮
☆	新村くらら	1	矢巾北
☆	畠山　　麗	1	矢巾北

岩手

●部員／23人　●部長／米田耕市　●監督／髙橋拓也

	氏名	学年	出身中
	西村　智貴	3	仙北
◎	小野　　晃	3	土淵
	渡　　尚大	3	沼宮内
	野田　和輝	2	上田
	阿部真乃介	2	仙北
	田山　大智	3	乙部
	井上　硫翔	3	下橋
	伊藤　蒼礼	2	下橋
	櫻田　勇人	3	滝沢二
	奥貫　日和	2	滝沢南
	小野　蒼依	2	盛岡・河南
	上森合真聖	2	滝沢二
	工藤　一翔	2	盛岡・河南
	小林　　総	2	上田
	千葉　誠也	1	下橋
	泉山　陽音	1	厨川
	井畑　雄太	1	雫石
	釜崎　航大	1	大宮
	藤原　　駿	1	滝沢南
	小原　想人	1	巻堀
	栃沢　佑磨	1	松園
	吉田　　豊	1	仙北
	廣田　快斗	1	矢巾

盛岡大附

●部員／106人　●部長／松崎克哉　●監督／関口清治

	氏名	学年	出身中
	渡邊　翔真	3	埼玉・狭山台
◎	田屋　瑛人	3	見前
	金子　京介	3	東京・和田
	南　早羽己	3	大阪・大正西
	松本　龍哉	3	福島・大東
	佐々木一晃	3	滝沢二
	平内　純兵	3	青森・三沢二
	新井　流星	3	埼玉・大東西
	小針　遼梧	3	福島・矢吹
	青木　愛大	3	宮城・栗原西
	赤堀　凪	3	岐阜・岐阜中央
	阿部遼大朗	3	松尾
	阿部　凜叶	3	宮城・歌津
	新舟　浩騎	3	埼玉・妻沼東
	井口　敦	3	神奈川・瀬谷
	蝦名　叶多	3	青森・車力
	遠藤　凪	3	磐井
	及川　愛斗	3	江刺南
	大貫　鉄生	3	宮城・秋保
	大平　一真	3	福島・勿来一
	小野　橘平	3	北海道・相内
	金田　塁	3	埼玉・本庄市西
	久保田龍七	3	長野・広徳
	駒田　隼大	3	兵庫・大社
	近藤　愛翼	3	北海道・留辺菜
	柴山　颯汰	3	見前
	下舘　冬弥	3	大野
	庄司　光汰	3	宮城・住吉台

氏名	学年	出身中
杉原　大師	3	栃木・大田原
関口　爽汰	3	大宮
髙野隆之介	3	神奈川・南加瀬
髙橋　柊弥	3	松尾
田代　颯	3	宮古一
田村　聡成	3	松尾
丹治　完太	3	群馬・太田市立東
千葉　大輝	3	北海道・北見市立南
千葉　雄介	3	御返地
中尾　幸人	3	大阪・市岡
中村　鴻太	3	上田
中村　優太	3	埼玉・富岡
平内　純兵	3	青森・三沢二
三浦　宗大	3	宮城・佐沼
山口　恒矢	3	滝沢二
吉岡　世凪	3	大阪・本庄
柏木　春翔	2	久慈
中下　誇天	2	夏井
藤井　大稀	2	川口
大里　侑平	2	滝沢
菅原春優斗	2	滝沢南
中屋敷奏太	2	雫石
立花　慎	2	飯岡
高橋　亜健	2	西南
川中　翔斗	2	宮古・花輪
瀬戸　大空	2	釜石東
小野寺琉希也	2	花泉
三森　藍斗	2	一関

氏名	学年	出身中
齋藤慎之助	2	秋田・城東
武石　圭哉	2	秋田・森吉
森田　翔	2	秋田・横手南
髙橋　佳大	2	宮城・古川南
鈴木　統太	2	宮城・金成
菅野　善友	2	福島・白沢
佐藤　洋輔	2	福島・湯本三
杉山誉志郎	2	茨城・かわち学園
新井　勇起	2	栃木・大谷
柴田　由庵	2	埼玉・上山口
中沢　舟汰	2	埼玉・美里
佐藤　操	2	山梨・上野原
酒井　宗紀	2	長野・裾花
今野　悟	2	神奈川・希望ヶ丘
吉田　耀	2	神奈川・玉川
藤原　勇斗	2	神奈川・大津
今村　澪朋	2	兵庫・成良
高木　朝陽	2	兵庫・原田
船生　裕斗	2	大阪・今宮
伊藤　新太	1	久慈
須藤　大和	1	埼玉・松山
厚海　倖哉	1	福島・西田学園
飯島　卓実	1	茨城・牛久三
石井　凌久	1	茨城・伊那東
上野　桔平	1	松園
小林　陸斗	1	群馬・塚沢
小林　優大	1	千葉・市川三
小島　泰盛	1	東京・深川三

	氏名	学年	出身中
	栗田　弦	1	福井・万葉
	粕谷　秋偉	1	茨城・三浦
	笹山　翔太	1	神奈川・上白根
	末廣　陽向	1	大阪・城東
	鈴木丈一郎	1	栃木・陽東
	諏訪　大成	1	栃木・野木二
	谷哉　磨斗	1	栃木・栃木西
	竹ケ原瑛太	1	宮城・志波姫
	滝沢　空	1	東京・御成門
	高橋　亮太	1	千葉・花園
	外山　鴻志	1	石鳥谷
	タパ・ローサン	1	東京・西新宿
	玉沢　煌成	1	中野
	中田　義斗	1	矢巾北
	永野源一郎	1	兵庫・鳴尾
	根本　千尋	1	福島・中島
	橋本旺大郎	1	神奈川・高津
	長谷川智基	1	栃木・栃木西
	山田　悠介	1	大阪・松原
	吉田　賢人	1	東京・深川六
☆	下河原千愛	3	北陵
☆	四日市　雅	2	川口

不来方

●部員／17人　●部長／須貝翔　●監督／菊池康弘

	氏名	学年	出身中
	佐々木玲緒	3	見前
	北舘　夢大	3	乙部
	岩浅　康也	2	見前
	塚本　璃空	3	盛岡・河南
◎	神山　薫平	3	花巻
	浪岡　優杜	3	盛岡・河南
	伊藤　颯汰	3	見前南
	田中　朝陽	3	見前南
	阿部　颯太	3	紫波一
	遠藤　伶夢	3	西根一

	氏名	学年	出身中
	立花　拓巳	3	矢巾
	澤田　和哉	2	見前南
	千葉　朝陽	2	雫石
	横手　龍太	2	滝沢南
	大泉　輝流	1	矢巾
☆	畠山　一葉	3	安代
☆	箱石　真奈	1	黒石野

盛岡中央

●部員／63人　●部長／本間崇朗　●監督／奥玉真大

氏名	学年	出身中
大鐘　雄斗	3	北陵
菊地　浩希	3	見前
小林　悠剛	3	仙北
◎ 岩動　　諒	3	岩手大附
髙林　賢汰	3	滝沢南
橋本　雄心	3	野田
小澤　雄帆	3	仙北
大沼　夕士	3	下小路
星野　直生	3	久慈
茅橋　歩夢	3	雫石
熊谷　侑真	3	城東
佐々木祥太	3	北陵
澤口　涼大	3	土淵
中川　青空	3	紫波一
藤本　陸翔	3	滝沢南
二又　広興	3	滝沢南
菊池　　快	2	遠野西
熊谷　大琉	2	宮城・大谷
佐藤　悠希	2	宮城・大谷
佐々木優吾	2	土淵
萩生田煌大	2	仙北
小笠原颯汰	2	滝沢南
齋藤　響介	2	滝沢
塚本　　航	2	北陵
小笠原　彩	2	雫石
高橋　頼矢	2	上野
佐々木大和	2	上田
髙橋　優児	2	西南
千葉　　有	2	仙北
三上　拓夢	2	滝沢
北田　裕哉	2	紫波二
佐々木亮輔	2	盛岡・河南
十二林右京	2	雫石
髙橋　俐玖	2	川口
藤田　寛大	2	西根
福田　　翼	2	松園
中橋　健生	2	厨川
藤原　昊生	1	黒石野
松田　刹那	1	遠野西
磯野　夏月	1	北陵
小笠原愛輝	1	雫石
小野寺　諒	1	滝沢二
川村　優人	1	滝沢二
小松　広大	1	矢巾
佐々木優太	1	厨川
澤口　航汰	1	下小路
花坂　悠斗	1	北陵
宮野　康平	1	大宮
京野　輝良	1	見前南
佐々木元翔	1	岩泉
髙橋　鉄毅	1	和賀西
立花　一星	1	小川
千葉　　輝	1	花泉
中澤　聖蓮	1	滝沢南
山村　颯真	1	三重・文岡
上舘　弘武	1	黒石野
木村　壮太	1	滝沢南
倉橋　悠斗	1	雫石
大坊　飛翔	1	上田
髙橋　遼平	1	城西
千田　哲巳	1	遠野西
☆ 高橋　莉子	2	下小路
☆ 勝又　歩星	1	北上

平舘

●部員／17人　●部長／金子学　●監督／小林哲雄

氏名	学年	出身中
阿部龍之介	3	西根
◎ 武藤　快成	3	西根
佐々木英朗	3	松尾
田村　　廉	3	西根一
遠藤　悠波	3	西根一
髙橋　優月	3	松尾
瀬川　流星	2	川口
畠山　　朔	2	西根
藤原　　蓮	2	西根一
齋藤　大河	2	西根一
小林　蓮大	1	安代
髙橋　　匠	1	西根
畠山　結樹	1	安代
滝川　唯斗	1	西根
☆ 遠藤　一花	2	西根一
☆ 佐々木美葉音	2	西根一
☆ 佐々木莉良	2	松尾

盛岡誠桜

●部員／30人　●部長／髙橋洋　●監督／赤坂晴之介

	氏　名	学年	出身中
	髙橋　　南	3	松尾
	岩舘　　凜	3	渋民
◎	木戸場洸貴	3	紫波一
	成ケ澤維吹	3	見前
	金森　壮大	2	北陵
	小林　優人	2	城東
	菅原　将麻	2	米内
	藤村　大鷲	2	滝沢南
	髙橋　歩起	2	松尾
	髙橋　宏太	2	松尾
	菊地　正廣	2	東水沢
	村上　蒼天	2	下小路
	八重樫陽人	2	北陵
	昆　　広成	2	飯岡
	小田島大晴	2	下橋
	平船　優月	1	大野
	高橋　　脩	1	巻堀
	守田　瑛斗	1	仙北
	田中　幸希	1	北陵
	昆　　弘貴	1	滝沢
	川倉　大州	1	巻堀
	川村　佑太	1	松園
	藤本　佳汰	1	滝沢
	佐々木海音	1	盛岡・河南
	平澤　悟士	1	北陵
	成ヶ澤　興	1	見前
☆	小川明日佳	3	盛岡・河南
☆	出村　華音	2	下小路
☆	小林　美羽	1	城東
☆	吉田　成美	1	厨川

花巻北

●部員／29人　●部長／笠原雅史　●監督／藤枝覚

	氏　名	学年	出身中
	中辻壮一郎	3	花巻
	宇津宮正汰	3	花巻
	根澤　拓志	3	花巻
	白藤　登真	2	花巻
	佐藤　大聖	3	花巻
◎	袴田　寛人	3	南城
	宮内　裕都	3	東陵
	菊地　凌平	2	花巻
	阿部　優人	3	大迫
	畠山　海翔	2	花巻
	晴山　青空	3	石鳥谷
	高橋　幸聖	3	大迫
	宍戸　結哉	2	花巻
	遠藤　輝人	2	南城
	伊藤　勢我	2	南城
	菊池　風軌	2	矢沢
	佐藤　蒼汰	2	宮野目
	宮野　　紘	1	南城
	根子　雄成	1	西南
	小原　諒大	1	西南
	川原　友真	1	花巻
	小原　慶人	1	花巻
	高橋　皓太	1	南城
	細川　　琉	1	紫波三
	柳田　爽良	1	花巻
☆	佐々木花厘	2	遠野西
☆	佐藤　心南	2	石鳥谷
☆	佐藤　葵衣	1	南城
☆	佐藤　美優	1	花巻

花巻農

●部員／27人　●部長／田巻晃　●監督／佐々木貴大

	氏　名	学年	出身中
	藤原　怜偉	3	大迫
	髙橋　　空	3	湯口
	髙橋　悠仁	3	西南
	三浦　陽斗	3	東和
	遠藤　悠音	3	宮野目
◎	瀬川　龍太	3	宮野目
	葛巻　力空	3	宮野目
	佐藤　　厚	3	花巻北
	藤原　奏良	3	宮野目
	菅原　新太	3	宮野目
	千葉　瑠貴	3	遠野西
	鎌田　吏貴	3	西南
	葛巻　雄大	3	宮野目
	古川　雄大	3	花巻
	阿部　奏汰	3	矢沢
	清水　太一	2	西南
	及川　健太	2	宮野目
	牛﨑　佑斗	2	宮野目
	阿部　　悠	2	宮野目
	畠山　煌汰	2	宮野目
	菊池　　湊	2	花巻北
	阿部　　翔	2	花巻
	村田　大空	2	湯本
	伊藤　玲音	1	紫波二
	菅原　颯太	1	東和
☆	小林　璃音	3	宮野目
☆	菊地　彩那	2	花巻

花北青雲

●部員／36人　●部長／南舘秀昭　●監督／松浦友輔

	氏名	学年	出身中
	小原　佑太	3	石鳥谷
	冨手　理希	3	花巻北
◎	鎌田　有仁	3	石鳥谷
	佐藤　　賢	3	花巻北
	中島　大喜	3	南城
	福山　恭平	3	石鳥谷
	宮森　陸真	3	西南
	菅原　礼司	3	南城
	藤原　大晟	3	石鳥谷
	齋藤　　遥	3	湯本
	夏井　結羽	3	石鳥谷
	山口　朝陽	3	飯豊
	藤原　克考	3	石鳥谷
	髙橋　翔瑛	2	石鳥谷
	髙橋　大智	2	南城
	戸来　和生	2	西南
	鎌田　直人	2	石鳥谷
	伊藤　賢汰	2	大迫
	糠森　博斗	2	東和
	五内川莉玖	2	宮野目
	板橋　広大	2	矢沢
	高橋　文康	2	紫波三
	小菅　崇峰	2	東和
	三浦　武竜	2	矢沢
	佐藤　琉生	1	南城
	髙橋　　暖	1	宮野目
	武田　　旭	1	紫波三
	葛巻　匠生	1	宮野目
	藤原　侑世	1	紫波一
	安部　和真	1	南城
	佐藤　良吹	1	紫波一
	山田　航大	1	花巻
	杉山　翔生	1	矢沢
☆	大賀　三緒	3	花巻
☆	渡邊　華帆	2	湯本
☆	晴山　琉憂	2	花巻

花巻南

●部員／44人　●部長／細川栄孝　●監督／酒井典生

	氏名	学年	出身中
	高橋　　陸	3	乙部
	平野　　了	3	北上
	及川虎雲介	3	江釣子
	佐藤　滉太	3	花巻北
◎	小原　大知	3	石鳥谷
	名須川亮太郎	3	江釣子
	菊地　亮翔	3	北上北
	下瀬川優雅	3	江釣子
	櫻田　太暉	3	北上南
	多田　　柊	3	花巻
	堀　　　楓	3	北上南
	安保　瑠粋	3	安代
	小田島　翔	3	南城
	昆野　拓夢	3	江刺東
	澤田　航太	2	北上北
	藤川　　学	2	遠野西
	柿澤　佑多	2	北上南
	菊池　琉聖	2	和賀東
	藤井　大翔	2	東和
	小原　大樹	2	北上
	千葉　　颯	2	花巻北
	三田　陽輝	2	上野
	八重樫星矢	2	東陵
	梅木凜太郎	2	湯口
	小澤　　晃	2	江刺南
	佐々木心悟	2	北上北
	高橋　遼宇	2	矢沢
	伊藤　晴輝	1	花巻
	菊池　　晴	1	東陵
	鈴木　嵩生	1	西南
	平賀　晃成	1	湯口
	阿部　泰和	1	花巻
	伊藤　秀喜	1	紫波一
	佐々木清尊	1	花巻北
	佐々木瀧惟	1	紫波一
	林﨑　周生	1	和賀西
	原田　青空	1	紫波一
	平畑　愉楽	1	石鳥谷
	松川　颯太	1	福岡
	吉田　神威	1	紫波二
☆	鎌田　聖奈	3	南城
☆	新淵　泉美	2	西南
☆	菅原　春菜	1	北上
☆	八木美咲希	1	花巻北

遠野

●部員／27人　●部長／軽石智幸　●監督／佐藤紘大

	氏名	学年	出身中
◎	石田　将汰	3	遠野東
	菊池　楽空	3	遠野東
	佐々木　仁	3	遠野西
	神原　大輝	3	遠野
	菊池　海星	3	遠野東
	川久保粋人	3	遠野東
	菊池　宏之	2	遠野
	阿部　和斗	2	遠野東
	菊池　瑛太	2	遠野
	佐々木秀太	2	遠野東
	伊藤　雅也	2	遠野西
	佐藤　　迅	2	遠野東
	菊池　皐了	2	遠野東
	佐々木脩希	1	遠野東
	伊藤　楓真	1	遠野
	末崎　翔也	1	遠野
	藤川　　仁	1	遠野西
	菊池　海響	1	遠野東
	山口　颯太	1	遠野
	菊池　駿斗	1	遠野
	佐々木裕希	1	遠野東
	畑山　優磨	1	遠野
	太田　遥稀	1	遠野
	山口　晴大	1	遠野
	神原　秀晟	1	遠野
☆	佐藤　　凪	3	遠野東
☆	石橋　美咲	2	遠野東

花巻東

●部員／103人　●部長／流石裕之　●監督／佐々木洋

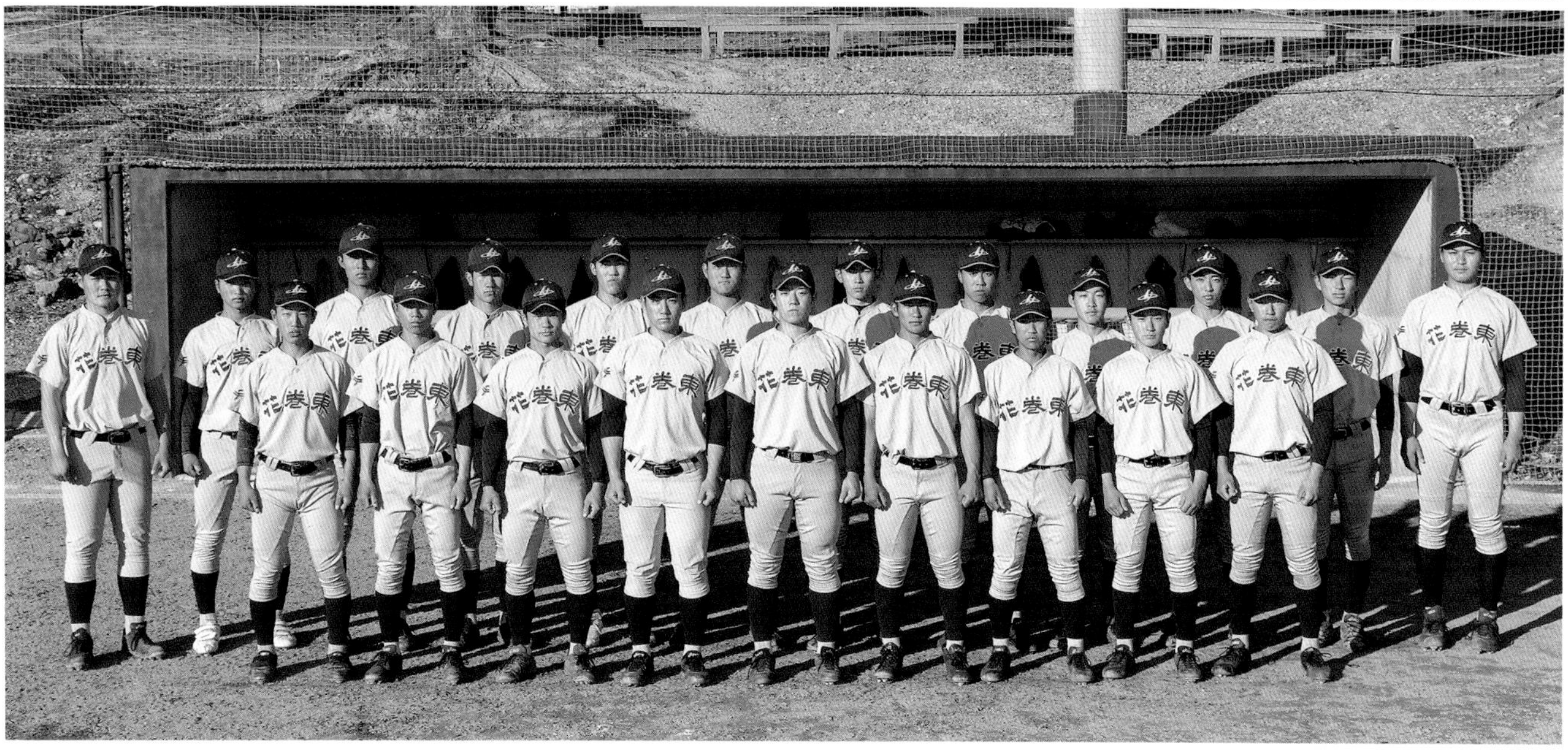

	氏　名	学年	出身中
	菱川　一輝	3	花巻北
	佐々木麟太郎	3	江釣子
	菊池　開斗	3	遠野
	黒澤　健太	3	見前南
◎	相野　七音	3	種市
	佐藤　史弥	3	矢沢
	伊藤　幸大	3	重茂
	岡田　大輝	3	金ケ崎
	加倉　海成	3	田老一
	坂本凌太郎	3	重茂
	佐々　大河	3	釜石東
	佐々木美貴	3	北陵
	下斗米雄大	3	久慈
	髙橋　泰生	3	北上北
	千田　優希	3	胆沢
	遠野　凜成	3	釜石東
	中居　颯真	3	江刈
	中野　　凜	3	千厩
	中山　　剣	3	北上
	平井　　柊	3	紫波一
	本多　優祐	3	矢巾
	南　　慧太	3	九戸
	村上　　翼	3	高田東
	田代　　旭	2	遠野東
	熊谷　　陸	2	和賀西
	宮澤　圭汰	2	遠野東
	猪尾　琉磨	2	上野
	植野　叶泰	2	雫石
	大川原光流	2	上田
	小笠原大燿	2	渋民
	小澤　　修	2	前沢
	小原　大和	2	滝沢二
	金澤　彩斗	2	種市
	金澤　秀弥	2	山田
	金子　優斗	2	北上
	菊池　興洋	2	遠野西
	菊池　敏生	2	和賀西
	金　　拓門	2	城東
	工藤　翔大	2	久慈
	工藤　優我	2	土淵
	熊谷宗二郎	2	田野畑
	大道　星也	2	中野
	髙倉　悠矢	2	九戸
	髙橋　　佳	2	興田
	髙橋　拓夢	2	城西
	髙橋　秀羽	2	和賀西
	高橋　優太	2	紫波一
	田中　優力	2	松園
	田﨑　快俊	2	城東
	千葉　奏音	2	飯豊
	野口　義貴	2	大船渡一
	畠山　星輝	2	北上・南
	播摩　智也	2	津軽石
	平澤　徹也	2	世田米
	福地　　祥	2	北上北
	萬谷　大輝	2	下小路
	森下真凪人	2	綾里
	八木駿太朗	2	盛岡・河南
	吉田　幸永	2	矢巾
	若松　聡大	2	遠野東
	渡辺　　陸	2	見前
	吉田　昌春	2	湯本
	阿部　颯太	1	滝沢
	岩崎　和史	1	川口
	及川　諒也	1	江刺南
	柏崎　　駿	1	北松園
	北林　優歩	1	北上・南
	久慈　颯大	1	久慈
	工藤　優輝	1	神奈川・西中原
	工藤　愛翔	1	土淵
	小暮　太一	1	下小路
	五嶋　真生	1	胆沢
	小林　　然	1	上田
	小林　琉煌	1	紫波一
	今野　憲伸	1	盛岡・河南
	齋藤　翔輝	1	滝沢南
	坂本　　麗	1	釜石
	佐々木一歩	1	世田米
	佐々木航陽	1	滝沢二
	佐々木唯天	1	水沢
	佐々木幸樹	1	下小路
	佐藤　龍太	1	秋田・下川沿
	佐山　　蓮	1	栃木・大谷
	菅原　陽彦	1	秋田・生保内
	菅原　康生	1	花泉
	寿時　東弥	1	磐井
	高橋　紗也	1	西南
	高橋　　丈	1	前沢
	谷空　　澄	1	平泉
	千葉　柚樹	1	水沢南
	戸田　累斗	1	福岡
	刀根　征良	1	江刺一
	中嶋　禅京	1	花巻北
	中屋敷祐介	1	長内
	箱石　理樹	1	岩泉
	晴山　太陽	1	久慈
	藤澤　　翼	1	小川
	北條　慎治	1	大船渡一
	堀川　琉空	1	秋田・生保内
	廣内　駿汰	1	見前
	村上　翔飛	1	紫波一
☆	齊藤みこと	3	有住
☆	白根　彩圭	3	宮古西

遠野緑峰

●部員／17人　●部長／小山健人　●監督／鈴木裕生

	氏　名	学年	出身中
	佐々木康成	3	遠野
	菊池　　魁	3	遠野
◎	菊池　優雅	3	遠野
	菊池　匠翔	3	遠野
	菊池　圭祐	3	花巻北
	佐々木幹太	3	遠野東
	高砂子俊裕	3	遠野東
	菊池　　潤	2	遠野東
	菊池　宏弥	2	遠野
	櫻井　颯哉	2	遠野東
	小水内彪雅	2	遠野東
	堀切　滉太	2	遠野東
	菊池　健翔	2	遠野
	似田貝　翔	2	遠野東
	菊池　優希	2	遠野
	菊池　航希	2	遠野
	似田貝　龍	1	遠野東

専大北上

●部員／78人　●部長／松戸裕和　●監督／及川将史

	氏名	学年	出身中
	長島　暖和	3	兵庫・西落合
	川上　隼人	3	上野
	福島　陸仁	3	大野
	前川　陸	3	釜石東
	遠藤　魁人	3	宮城・七郷
	湯淺　青空	3	宮城・郡山
	泉山　心海	3	滝沢南
	額田　剛聡	3	神奈川・笹下
	菊池　大雅	3	遠野
	内澤　航誠	3	和賀西
	佐藤悠寿希	3	一関
	髙橋　歩	3	埼玉・飯能西
	奈良　瑛晃	3	青森・市浦
	福士　佑太	3	宮古西
	藤坂　怜央	3	北上
	櫻井　達也	3	東京・青梅三
	田崎　涼介	3	神奈川・浜岳
	中崎　太雅	3	矢巾北
	中嶋　翔	3	宮城・矢本一
	藤原　悠吏	3	見前
	和多田　凱	3	一戸
	大石　遥音	3	前沢
	木村　光汰	3	一本木
	熊谷　洋祐	3	高田一
	越場　弘稀	3	神奈川・春日野
◎	髙橋　麗温	3	神奈川・愛川中原
	瀧澤　智行	3	水沢
	高橋　和摩	3	水沢
	吉田　春翔	3	北上南
	備前　匠生	3	宮城・八乙女
	平野　翔太	2	北上北
	男澤　凱生	2	宮城・河南東
	桑原幸太郎	2	神奈川・北の台
	三浦　和希	2	前沢
	遠藤　海陸	2	宮城・石巻北上
	増田裕太朗	2	宮城・郡山
	梶川　塁	2	宮城・高砂
	若生　哉依	2	宮城・六郷
	岩波龍之介	2	宮城・八木山
	奥山　翔也	2	宮城・高森
	鎌田翔太郎	2	北上
	伊藤　蓮	2	北上
	髙橋　主	2	北上
	舘本　優太	2	花巻北
	岩脇　彪志	2	田老一
	齋藤　琉摩	2	宮城・成田
	鈴木　蓮	2	東京・青梅一
	菊池　優斗	2	和賀西
	荻野　成輝	2	遠野東
	菊池　路偉	2	飯豊
	向澤　伶惟	2	綾里
	髙橋　優太	1	大迫
	松下　流星	1	兵庫・布引
	小保内壮太	1	長野・清水
	川﨑　海璃	1	神奈川・神田
	杉山　優空	1	宮城・山下
	杉山　優風	1	宮城・山下
	中澤　昊哉	1	青森・相馬
	山上広太郎	1	宮城・南中山
	伊藤　響	1	湯本
	佐々木勇人	1	飯豊
	近藤　大雅	1	兵庫・上野
	板垣　翼	1	宮城・小野田
	中島琉之介	1	釜石東
	江川　優伍	1	紫波三
	千田　愛琉	1	胆沢
	市村　胤	1	東陵
	小原　慧汰	1	花巻北
	齊藤　蒼波	1	北上北
	坂本賢士朗	1	神奈川・春日野
	白取　伯琉	1	青森・金木
	小俣　柊賀	1	東京・荻窪
	辻野　翔空	1	東京・第五
	齋藤凛太郎	1	飯豊
	鈴木　護央	1	釜石
	伊藤　一裟	1	南城
	山崎　秀規	1	江刺南
	新田　怜生	1	沢内

黒沢尻北

●部員／47人　●部長／佐藤亙　●監督／佐藤牧人

	氏名	学年	出身中
	星　知輝	3	北上
	佐藤晃太郎	3	北上
	髙橋　寛大	3	北上
	髙橋　朝飛	3	江釣子
	小原　想	3	西南
	瀧津　創太	3	宮城・みどり台
	鎌田　壮真	3	宮野目
	渡邉　公平	3	江釣子
	宮内　博吉	3	東陵
	所　晃輔	3	北上
	藤原　市也	3	花巻
	菊地　彗流	3	上野
◎	山田　捷人	3	北上
	髙橋　颯汰	3	江釣子
	飛澤　利旺	3	上野
	佐々木駿大	3	北上
	髙橋　颯	3	和賀西
	松本　壮哉	2	上野
	菅野　翔夢	2	北上
	佐藤　心星	2	北上南
	冨岡　大暉	2	北上
	佐々木颯矢	2	北上
	小原　悠希	2	江釣子
	藤島　凜太	2	湯田
	鎌田　悠汰	1	北上
	髙橋　蓮翔	1	北上
	及川　斗蒼	1	江釣子
	加瀬谷力輝	1	北上
	佐々木結太郎	1	北上南
	髙橋　史暉	1	江釣子
	中村　匠汰	1	北上
	藤原　航	1	飯豊
	髙橋　蒼	1	和賀西
	大御堂　旭	1	江釣子
	佐々木　望	1	江釣子
	松岡　直幸	1	江釣子
	江本　海聖	1	江釣子
	加藤　剣翔	1	江釣子
	城守　颯太	1	上野
	髙橋　昊生	1	和賀東
	高橋　優希	1	北上
☆	髙橋　蒼空	3	和賀西
☆	髙橋　大翔	2	飯豊
☆	森谷ひかり	3	北上
☆	久道麗々紗	3	北上南
☆	佐藤　花帆	2	北上
☆	加藤　萌子	2	北上

黒沢尻工

●部員／57人　●部長／高橋透　●監督／石橋智

氏　名	学年	出身中
藤澤　主樹	3	金ケ崎
鶴田　隼己	3	遠野
根本夏珠葵	3	青森・荒川
◎ 柏葉　大夢	3	北上・南
舘洞　優駿	3	上野
佐々木佳南	3	和賀西
土屋　大良	3	和賀西
熊谷　　航	3	和賀西
佐藤　柊斗	3	和賀西
石川　亮哉	3	南城
福士　翔太	3	紫波二
八重樫渉太	3	上野
征矢　翔希	3	北上
佐々木海拓	3	紫波二
佐藤日向太	3	矢沢
佐藤琉々弥	3	前沢
千葉　蛍汰	3	金ケ崎
菊池　悠斗	3	和賀西
照井　琉斗	3	和賀西
遠藤　蒼大	3	北上・南
藤原　清人	3	大迫
小原　太陽	3	東和
櫻田　瑛大	3	宮野目
嘉藤　　誠	2	北上・南
小澤　永志	2	金ケ崎
髙橋　優斗	2	和賀東
近藤　大介	2	北上・南
瀬川　蓮斗	2	和賀東
三浦　樺月	2	前沢
小原　琉空	2	和賀東
柏山　琉聖	2	前沢
菊池　　蓮	2	遠野
斉藤　皓祐	2	和賀東
高橋　瑠聖	2	和賀東
藤齊　天希	2	遠野
石川　花瑛	2	北上・南
佐藤　　龍	2	北上・南
板倉　白真	2	上野
佐々木将太	2	北上
鶴田　尚己	2	遠野
八重樫　蓮	2	和賀東
大槌　元稀	1	宮古・河南
佐藤　大樹	1	水沢
佐藤　暸太	1	江刺南
早川　翔舞	1	飯豊
佐藤　柊葵	1	胆沢
山田　架琉	1	江刺南
小野　翔矢	1	青森・三沢一
菅原　太一	1	江刺一
菊池　　錬	1	遠野
須田　涼大	1	和賀西
中山　　心	1	北上
伊藤　綾佑	1	江刺一
佐藤　勇誠	1	江刺南
立石　智紀	1	花巻北
菊池　絢翔	1	江釣子
菊池　奏翔	1	南城

金ケ崎

●部員／12人　●部長／千葉和馬　●監督／芦口大

氏　名	学年	出身中
海鋒　青哉	3	江刺一
◎ 岩崎　圭吾	3	水沢南
秋山　太一	3	水沢南
堀江　大智	3	水沢南
今野　宏斗	3	前沢
遠藤　巧麻	3	東水沢
千葉　彩冬	3	水沢南
伊藤　健太	2	東水沢
及川　　慶	1	水沢南
後藤　太陽	1	水沢南
北條　真大	1	水沢南
☆ 菅原　沙矢	2	水沢

西和賀

●部員／17人　●部長／泉悟　●監督／伊藤貴樹

	氏　名	学年	出身中
	小原　光顕	3	和賀西
	小向飛那太	3	和賀西
◎	白鳥　智哉	3	東陵
	村上裕次郎	3	上野
	菅原　永遠	3	北上南
	髙橋　泰都	2	湯田
	新田　　輝	2	沢内
	廣沼　大河	2	和賀西
	加藤　睦規	2	湯田
	菊池　　颯	2	北上南
	小田島萩也	1	湯田
	髙橋　潤也	1	湯田
	中里　　誉	1	沢内
	藤原　颯太	1	沢内
☆	川上　梨花	3	北上北
☆	東　加芽理	1	沢内
☆	切田　りの	1	北上南

水沢商

●部員／25人　●部長／及川優樹　●監督／小山智之

	氏　名	学年	出身中
	阿部健太朗	3	東水沢
	荒井悠士朗	3	江刺一
	遠藤　亮祐	3	江刺一
	紺野　丈流	3	水沢
	佐々木龍世	3	前沢
	菊地　悠羅	3	前沢
◎	千葉　拓人	3	前沢
	羽藤　雅泰	3	胆沢
	原田　　琉	3	前沢
	稲田　龍平	2	江刺南
	千田　光琉	2	前沢
	三田　拓斗	2	前沢
	油井　伸悟	2	江刺一
	吉田　悠真	2	胆沢
	和賀　啓太	2	江刺一
	伊藤　龍斗	1	江刺一
	及川　陸斗	1	江刺一
	菊地　悠稀	1	前沢
	五嶋　将平	1	胆沢
	佐々木歩夢	1	胆沢
	沼倉　崇智	1	前沢
	原田　　璃	1	前沢
☆	千葉　愛加	3	胆沢
☆	小野寺柚子	2	水沢南
☆	細川　美釉	2	前沢

水沢工

●部員／32人　●部長／鈴木明宏　●監督／千葉渉太

	氏　名	学年	出身中
	山本　陸駆	3	水沢南
	高橋　　来	3	金ケ崎
	伊藤　諒比	3	江刺東
	北條　誠人	3	東水沢
	遠藤　海翔	2	金ケ崎
◎	村上　天馬	3	水沢
	吉田　朋生	3	東水沢
	及川　海大	3	水沢南
	佐々木大地	2	東水沢
	菊池　航平	3	水沢
	佐藤　温士	3	水沢南
	小野寺秋斗	3	前沢
	及川　直人	3	東水沢
	小原　幸大	3	水沢
	千葉　一輝	3	水沢
	阿部　一心	3	東水沢
	阿部晴瑠翔	2	江刺一
	松戸　佑晟	2	胆沢
	山形　直伊	2	東水沢
	石川　潤晟	2	水沢
	安倍　友基	2	水沢南
	阿部　静輝	2	江刺一
	菊池　涼馬	1	江刺東
	鈴木　重光	1	前沢
	三澤　柊羽	1	胆沢
	稲葉　航史	1	水沢南
	齋藤　大気	1	水沢南
	鈴木　　塁	1	水沢南
	蔦　　和斗	1	金ケ崎
	森岡　琉依	1	水沢南
	今松　紘也	1	江刺一
	橋階　優雅	1	平泉

水沢

●部員／58人　●部長／遠藤利治　●監督／佐々木明志

	氏名	学年	出身中
	伊藤　裕平	3	水沢
◎	竹田　光騎	3	江刺一
	秋山　友希	3	江刺一
	菊地　　樹	3	胆沢
	及川　真優	3	水沢
	小野寺陽紀	3	水沢
	吉田　未来	3	水沢
	千葉　英二	3	胆沢
	藤澤　　航	3	金ケ崎
	菊池　　悠	3	江刺東
	小柳　颯斗	3	江刺一
	浅利　篤人	3	水沢南
	江川　　遙	3	江刺東
	藤澤　裕芽	3	水沢南
	宗形　　知	3	水沢
	及川　真人	3	江刺一
	羽藤　義将	3	胆沢
	前田　翔平	3	前沢
	柳久保　翔	2	水沢
	鈴木　優人	2	水沢南
	宇部　琉生	2	金ケ崎
	門脇　恭介	2	前沢
	千田　理生	2	水沢南
	高橋　彩人	2	東水沢
	佐藤　和真	2	水沢南
	及川　太一	2	水沢
	加藤　凜久	2	胆沢
	金今　陽輝	2	川崎
	髙橋　征也	2	水沢
	小野寺健人	2	水沢
	佐藤　陽斗	2	前沢
	佐藤　優成	2	前沢
	橋本　和瑛	2	金ケ崎
	加藤　晴翔	2	前沢
	小野　雄大	2	水沢
	久保田陽翔	2	東水沢
	伊藤　　元	1	江刺一
	佐々木洸聖	1	前沢
	千葉　陽都	1	水沢南
	遠藤　太一	1	江刺一
	小野寺雄大	1	胆沢
	千葉　柊優	1	水沢南
	浦川　優侑	1	衣川
	荒井　大希	1	水沢南
	桑島　涼介	1	金ケ崎
	澤田　直英	1	磐井
	菊地　　碧	1	胆沢
	佐々木汰知	1	江刺一
	佐藤　裕太	1	衣川
	藤澤　　朔	1	金ケ崎
	松本　貫太	1	金ケ崎
☆	千葉　颯太	3	衣川
☆	三浦　なつ	3	東水沢
☆	宇那田彩巳	3	東水沢
☆	千葉　瑞希	2	胆沢
☆	吉田　真彩	2	胆沢
☆	阿部こころ	1	胆沢
☆	吉田　愛莉	1	水沢南

水沢一

●部員／14人　●部長／上斗米宏昌　●監督／伊藤善親

	氏名	学年	出身中
	新田　　滉	3	江刺一
◎	及川　瑞樹	3	江刺南
	鈴木　誠人	3	金ケ崎
	高橋　颯雅	2	水沢
	菊池　聖成	2	江刺一
	高橋　　凪	1	水沢
	千葉　大想	1	水沢
	佐藤　　航	1	衣川
	三浦　悠太	1	前沢
	菅原　柊二	1	磐井
	小野寺　隆	1	前沢
☆	菅原　結衣	3	磐井
☆	高橋　果蓮	1	東水沢
☆	及川　明夏	1	江刺一

岩谷堂・水沢農・前沢・北上翔南

〈連合チーム　部長／小出隆介　監督／田村宏光〉

岩谷堂　●部員／10人　●部長／小出隆介　●監督／田村宏光

氏名	学年	出身中
◎ 及川　大葵	3	水沢南
及川　塁輝	3	江刺南
菊池　大斗	3	水沢南
太田　葵	2	江刺東
小澤　拓芽	2	江刺東
高橋　柊斗	2	江刺南
☆ 菅野　百永	3	江刺一
☆ 佐々木向日葵	3	東水沢
☆ 宮舘　花音	2	金ケ崎
☆ 宮舘　凛	2	金ケ崎

水沢農　●部員／1人　●部長／菅原正幸　●監督／髙橋康博

氏名	学年	出身中
◎ 葛西　頼輝	3	飯豊

前沢　●部員／4人　●部長／佐藤薫並　●監督／藤井千春

氏名	学年	出身中
◎ 三浦　琢	3	平泉
坂内　海斗	3	前沢
千葉　燈太	1	平泉
☆ 宗形　奈央	1	水沢

北上翔南　●部員／4人　●部長／山田英之

氏名	学年	出身中
◎ 小林　海都	2	北上
柳村　瑛斗	2	北上
☆ 葛西　舞優	2	飯豊
☆ 山田　倫	2	北上

一関一

●部員／35人　●部長／稲田翔吾　●監督／伊藤崇

氏名	学年	出身中
須藤周太郎	3	一関一附
高橋　紬	3	桜町
小原　翼	3	桜町
菊池　飛翔	3	桜町
村上　直也	3	東山
◎ 橋野　義明	3	一関一附
千葉　和	3	川崎
小野寺夏唯	3	東山
熊谷　翔斗	3	一関
軍司　椎那	2	一関
菅原　晴羅	2	前沢
武田　智也	2	興田
千葉　洸輔	2	藤沢
三条　一都	2	一関一附
中川　大基	1	一関
小野寺京介	1	一関一附
宮崎　嗣規	1	一関
岩渕　隼翔	1	一関一附
古舘　秋陽	1	一関一附
永澤　快斗	1	磐井
熊谷　倖一	1	千厩
佐々木丈陽	1	東山
小野寺健心	1	大原
伊東　諒真	1	水沢南
斉藤　忠相	1	一関
佐々木日向	1	磐井
小野寺毅途	1	一関一附
長坂　大成	1	東山
小野寺利輝	1	東山
菅原　春紀	1	厳美
岩渕　倖大	1	大東
向平　陽輝	1	青森・青森南
後藤　祥太	1	千厩
☆ 菊池菜々子	2	東山
☆ 千葉　彩未	1	藤沢

一関二

●部員／28人　●部長／小川賢作　●監督／渡邉悠行

氏名	学年	出身中
小野寺琉人	3	磐井
◎ 佐々木丞央	3	花泉
渡邊　進	3	花泉
北澤　将吾	3	一関
岩渕　翔吾	3	磐井
金野　漱太	3	大東
田原　孔大	2	桜町
及川　孔明	2	磐井
及川　裕大	2	磐井
氏家　琉偉	2	舞川
白澤　大成	2	東山
阿部　碩斗	2	厳美
菅原　悠斗	2	花泉
米倉　瑛二	2	川崎
鈴木　陽翔	2	桜町
阿部　徠冬	1	厳美
吉田　新太	1	磐井
小岩倫太郎	1	厳美
三浦　大人	1	桜町
佐藤真之将	1	厳美
佐藤　駿太	1	藤沢
齋藤　奏風	1	舞川
山田　優雅	1	桜町
勝部　塁	1	桜町
☆ 岩渕　萌恵	3	一関東
☆ 小野寺みやび	3	花泉
☆ 阿部　妃宝	2	磐井
☆ 松田　和花	1	川崎

一関工

●部員／37人　●部長／畠山剛　●監督／山崎久登

	氏　名	学年	出身中
	及川　義人	3	花泉
◎	安部　洸人	3	花泉
	熊谷　恒大	3	花泉
	佐々木日陽	3	桜町
	石川　波輝	2	花泉
	髙橋　栄見	2	一関
	三浦　豪翔	2	平泉
	小野寺和輝	2	東山
	千葉　星空	2	一関
	菅原　駿	2	花泉
	阿部　翔悟	2	一関
	小野寺柊太	2	平泉
	佐藤　陽	2	一関東
	菅原　空	2	平泉
	菅原　直大	2	萩荘
	髙橋　晴瑠	2	花泉
	吉田　龍成	2	舞川
	石川　翔葵	2	平泉
	小野寺陽矢	2	花泉
	熊谷　優雅	2	花泉
	武田　輝	2	花泉
	留目　蒼	2	川崎
	橋本　龍神	2	萩荘
	山田　岳昂	2	桜町
	山中　優弥	2	一関東
	立石　彩人	1	厳美
	千葉　卓	1	花泉
	山平　大成	1	平泉
	小原　優斗	1	一関
	髙橋　凌央	1	厳美
	大森　蓮	1	磐井
	小林　志縁	1	花泉
	佐々木　瞬	1	厳美
	佐々木瑞貴	1	一関東
	石川　愛癒	3	萩荘
☆	遠藤真奈美	3	花泉
☆	和賀真里亜	2	東山

花泉

●部員／21人　●部長／橋本恭宏　●監督／新岡秀一郎

	氏　名	学年	出身中
	石田　仁	3	花泉
	佐藤　信	3	花泉
	髙濵　翔真	3	花泉
◎	真柄　睦生	3	花泉
	加藤　優翔	3	花泉
	佐藤　祐	2	花泉
	髙橋　桐也	2	花泉
	和久　智哉	2	宮城・若柳
	佐藤　海斗	2	花泉
	佐藤　夢拳	2	萩荘
	加藤　快人	1	宮城・若柳
	山畑　晄成	1	宮城・金成
	佐々木蹴斗	1	花泉
	髙橋　京佑	1	宮城・若柳
	高橋　陸斗	1	花泉
	千葉　幸平	1	花泉
	中村　拓斗	1	花泉
☆	菅原　碧海	3	花泉
☆	阿部　梓	2	花泉
☆	阿部　華凜	1	花泉
☆	菅原　愛	1	宮城・栗駒

千厩

●部員／21人　●部長／佐藤生矢　●監督／佐藤泰

	氏　名	学年	出身中
	近江　駿	3	藤沢
	新井　友紀	3	東山
	松田　凌	3	大東
	村上　亮汰	3	藤沢
	伊藤　陽琉	2	川崎
◎	佐藤　真	2	川崎
	及川亜輝斗	2	興田
	佐藤　翼	2	興田
	小山　翔也	2	興田
	秋尾　貫太	2	千厩
	朝日　陽平	2	藤沢
	伊藤　諒	2	藤沢
	及川　幹太	2	藤沢
	千葉　大飛	2	千厩
	小野寺颯太	1	川崎
	佐々木悠大	1	千厩
	佐藤　壮太	1	東山
	佐野　博翔	1	千厩
☆	佐々木心海	3	室根
☆	佐々木麗羅	1	花泉
☆	畠山　友那	1	室根

一関学院

●部員／88人　●部長／立花孝之　●監督／髙橋滋

氏名	学年	出身中
伊藤　龍紀	3	新潟・早通
岩渕　将馬	3	花巻
氏田　遼汰	3	新潟・両川
工藤　涼真	3	巻堀
佐々木聖海	3	北上
鈴木　壮浩	3	一関
丹野　心喜	3	赤崎
船砥　大	3	高田一
◎ 奥谷　奏翔	3	宮城・中田
角田亜依夢	3	福岡
佐藤　広陸	3	花泉
佐藤　零士	3	磐井
杉澤　龍星	3	浄法寺
留場　洸成	3	遠野東
新沼　琉良	3	大船渡一
皆野川直央	3	宮古一
山﨑　大歩	3	大槌学園
岩鼻　祐人	3	宮古二
佐々木巧実	3	城東
佐藤　拓己	3	宮城・若柳
鈴木　幹大	3	東山
髙橋　研伍	3	北上南
千葉　華生	3	水沢南
千葉　竜斗	3	大船渡
八幡　優作	3	大槌学園
山本　光優	3	崎山
阿部　達也	2	宮城・門脇
伊藤　駿介	2	湯口
梅木　心栄	2	北上北
及川　圭吾	2	滝沢南
及川良偉人	2	水沢
川崎　隼	2	藤沢
菅野　獅那	2	江刺東
菊池　直翔	2	花巻
北浦　海璃	2	宮城・向陽台
木下　瑠碧	2	吉里吉里
工藤　緑	2	西根
小杉　晟	2	秋田・本荘東
後藤　叶翔	2	高田一
小松　大樹	2	花泉
齋藤　晴	2	宮城・七北田
千田　白琥	2	和賀東
千葉　周永	2	宮城・西山
千葉　拓真	2	衣川
坪野　慎吾	2	埼玉・吹上北
信田　優誠	2	広島・瀬戸田
本田　優翔	2	千厩
松坂　岬樹	2	下小路
森田　叶聖	2	普代
山崎　大樹	2	宮古第二
吉田　将人	2	矢巾
青木　大知	1	平泉
五十嵐響基	1	飯豊
梅原　聖真	1	福島・岩代
江原　悠真	1	埼玉・鴻巣北
大瀬　開途	1	大平
大橋　直渡	1	宮城・中田
小澤　稜太	1	宮城・柳生
小野　唯斗	1	宮城・多賀城二
小野　涼介	1	宮城・南小泉
小野寺琉生	1	胆沢
小原　翔吾	1	宮城・宮城野
加藤福大郎	1	宮城・行田西
菅野　千陽	1	宮城・郡山
小竹　愛翔	1	江刺南
小田嶋心潤	1	矢沢
佐藤　新	1	花泉
佐藤　好輝	1	宮城・東華
佐藤　駿	1	宮城・高崎
佐藤　大訓	1	水沢南
渋澤　風和	1	胆沢
鈴木　慶利	1	宮城・矢本二
鈴木　陸	1	一関
髙橋　恭平	1	平泉
髙橋　佑輔	1	南城
寺尾　皇汰	1	一関
新田　悠	1	東山
二本松　柚	1	釜石東
芳賀　星空	1	宮城・寺岡
芳賀　友斗	1	宮城・船岡
畠山　琢磨	1	高田一
原田　大和	1	川崎
晴山　彰太	1	花巻北
三浦　賢成	1	大船渡
村上　海斗	1	神奈川・南林間
谷苗　真拓	1	福島・湖南
渡辺　幸成	1	宮城・村田二
志田　響	1	磐井

一関修紅

●部員／29人　●部長／佐藤稔　●監督／松好祐二

氏名	学年	出身中
小原　成聖	3	磐井
千葉　圭悟	3	水沢
佐藤　柊也	3	東山
那須　叶夢	3	東山
山崎　颯太	3	見前
檀上　慶太	3	一関
佐藤　翔太	3	一関
◎ 高橋　謙心	3	松尾
千葉　蓮	3	厳美
千葉　一稀	3	一関
大泉　光広	3	磐井
田村　新夏	2	山田
渡辺　大和	2	千葉・船橋
首藤　陽翔	2	舞川
小野寺優人	2	厳美
小田　楓真	1	久慈
千葉　匠	1	厳美
田村　大喜	1	山田
君成田　楓	1	田野畑
佐藤　芭玖	1	水沢南
菊地　凌平	1	桜町
佐々木快晟	1	山田
橋本　柊	1	東山
三浦　琥珀	1	宮城・歌津
三浦　浩	1	舞川
大山　夏楓	1	宮城・古川東
☆ 土佐　伊織	3	一関
☆ 永澤　晶	2	東山
☆ 佐藤　未夢	1	上野

大東

●部員／19人　●部長／森谷尚志　●監督／小山泰伸

	氏　名	学年	出身中
	瀧澤　優生	3	川崎
◎	菊池　央人	3	大原
	熊谷　　空	3	大東
	佐藤　塁斗	3	興田
	佐山　琉也	3	大東
	佐藤　彗斗	3	大東
	高橋　　涼	3	大東
	佐藤　颯哉	3	大東
	菅原　　蓮	3	大原
	及川　柊翔	3	興田
	小山　和馬	2	興田
	菊池　永真	2	興田
	皆川　元希	2	藤沢
	飯髙　陽太	2	大原
	伊藤　拓真	1	大東
	小島　　悠	1	大原
	中曽根将大	1	大東
☆	佐藤　煌璃	1	大東
☆	佐藤　遙風	1	大東

一関高専

●部員／19人　●部長／中嶋剛　●監督／滝渡幸治

	氏　名	学年	出身中
	千葉　拓海	3	前沢
	八巻　陽人	3	湯口
	熊谷　　碧	3	宮城･面瀬
	眞籠　陸斗	3	衣川
◎	佐々木寛太	3	水沢南
	須藤　頼星	3	大東
	橋階　啓人	3	平泉
	内海　諒成	3	宮城･面瀬
	吉田　智貴	3	平泉
	髙橋　亮太	3	東陵
	及川　莉久	1	江刺南
	菅原　奏来	1	衣川
	鈴木　佑大	1	江刺一
	田中　惇弥	1	釜石東
	千葉駿汰郎	1	東山
	菊地　爽真	1	水沢南
	髙橋　璃久	1	衣川
	阿部　光希	1	宮野目
	佐藤　将伍	1	花泉

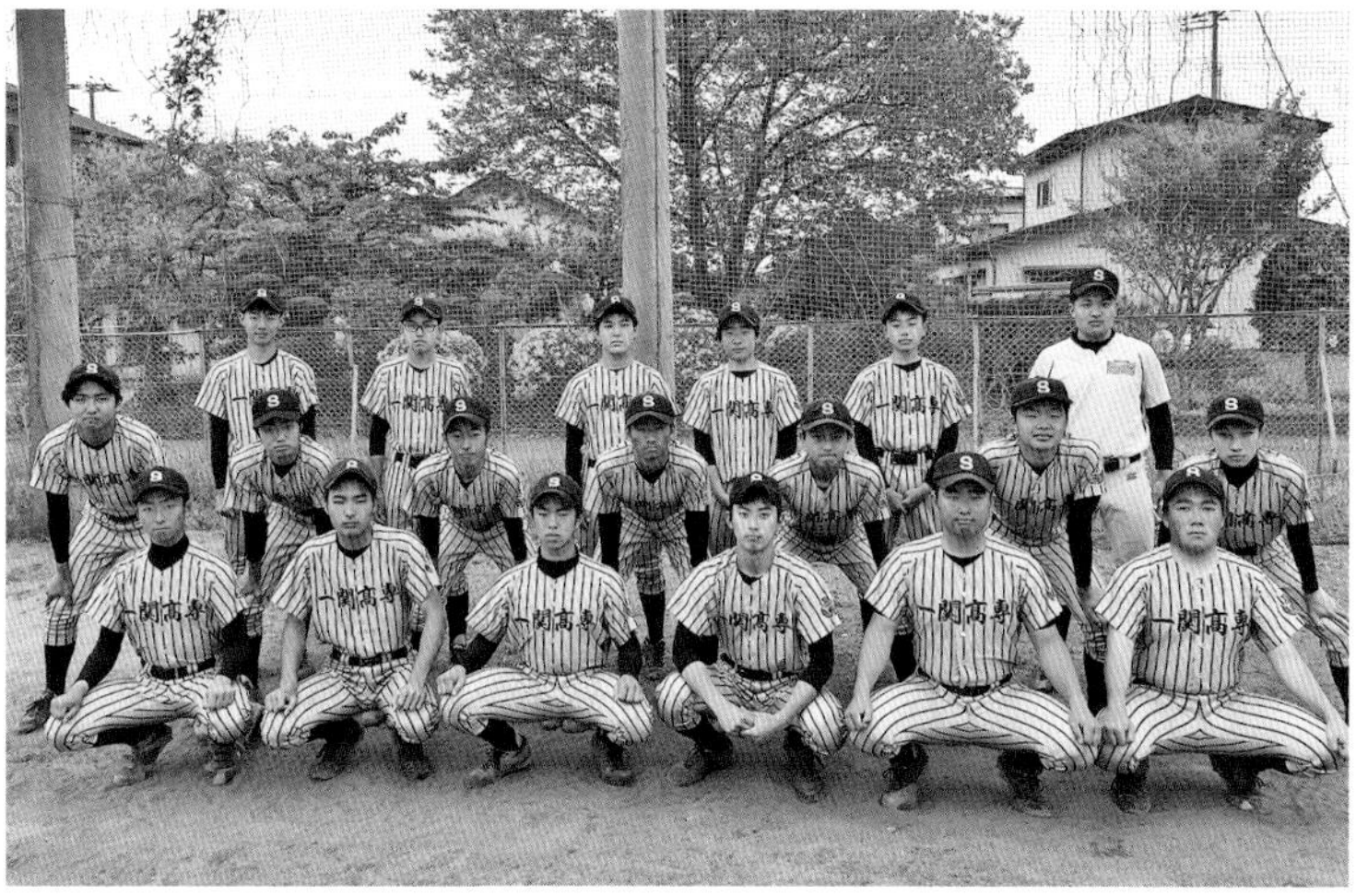

大船渡東

●部員／24人　●部長／久保田晋太郎　●監督／眞下徹

	氏　名	学年	出身中
	仁木　崇斗	3	末崎
◎	野々村　大	3	大船渡
	見世　碩哉	3	大船渡一
	木下　朝喜	3	大船渡一
	齊藤　愛貴	3	有住
	後藤龍一郎	3	綾里
	熊谷　大和	3	大船渡
	近江　康生	3	日頃市
	新沼　拓斗	3	日頃市
	熊谷　侑馬	2	赤崎
	佐々木　鷹	2	大船渡一
	千葉　湧弥	2	高田一
	金野　涼介	2	赤崎
	山口　柚季	2	大船渡
	川上　智也	2	綾里
	佐々木　蓮	2	綾里
	佐々木大輔	2	日頃市
	平野　隼吾	2	大船渡一
	熊谷　　翔	2	末崎
	上野　碧空	1	赤崎
	多田　　仁	1	大船渡一
	千葉　拓斗	1	綾里
☆	菅野　南実	2	末崎
☆	小松　愛里	2	大船渡一

大船渡

●部員／49人 ●部長／新沼悠太 ●監督／國保陽平

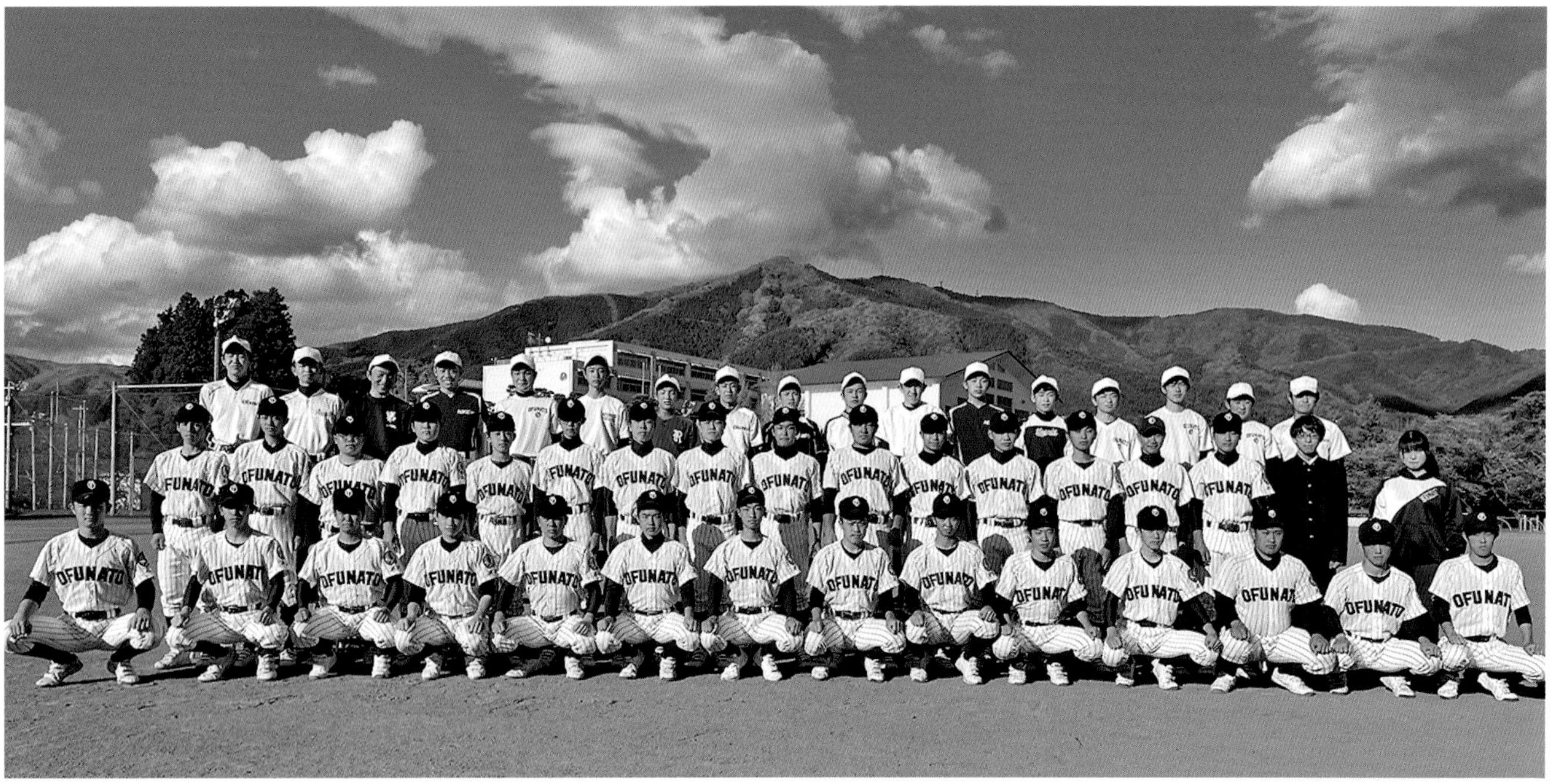

	氏　名	学年	出身中
	髙　凌太朗	3	大船渡一
◎	武田慎之介	3	末崎
	佐々木颯真	3	世田米
	大村　悠月	3	大船渡
	梅澤慎之介	3	大船渡一
	村上　和宇	3	綾里
	朴澤　一徹	3	大船渡一
	今野　一宏	3	大船渡一
	村上　翔人	3	末崎
	葉内　誠也	3	大船渡一
	鈴木佳太郎	3	高田一
	小澤　　旭	3	大船渡一
	岡澤　陸杜	3	大船渡一
	新沼　　充	3	大船渡
	久保田凱智	2	大船渡
	中澤　寛澄	2	大船渡
	齊藤　祥平	2	赤崎
	千葉　翔暉	2	大船渡一
	佐々木啓介	2	綾里
	千葉凛之介	2	綾里
	山田　一輝	2	高田東
	岡澤　暁史	2	大船渡一
	荒木　昌仁	2	高田一
	菊池　聡太	2	世田米
	小松　怜史	2	世田米
	紺野　優生	2	大船渡一
	佐々木　玄	2	大船渡一
	佐藤　　快	2	大船渡
	長根　秀範	2	高田一
	三田地哉斗	2	大船渡
	山本　健世	1	大船渡一
	三条　優介	1	大船渡
	熊谷　滉太	1	高田東
	志田　隆祥	1	赤崎
	上野　　樹	1	大船渡一
	及川　　駿	1	高田一
	臼井　　哲	1	末崎
	今野秀太朗	1	大船渡一
	熊谷　成海	1	綾里
	佐々木怜希	1	大船渡一
	熊谷　大我	1	大船渡
	吉田　有我	1	高田一
	長瀬　一真	1	大船渡
	梅澤凜太朗	1	大船渡一
	芳賀　一惺	1	大船渡一
	須藤　銀河	1	大船渡一
	金野　陸人	1	大船渡一
☆	石橋　彩花	2	赤崎
☆	大坂　元太	2	高田一

高田

●部員／32人 ●部長／佐々木康寿 ●監督／佐々木雄洋

	氏　名	学年	出身中
	平山　千尋	3	高田一
	熊谷　春海	3	高田東
	大和田琉汰	3	高田東
	鳥澤　天妙	3	大船渡
	伊藤　康介	3	高田一
	大久保星音	3	遠野東
◎	金野　颯汰	3	赤崎
	阿部　創太	2	高田一
	村上　真梧	2	高田東
	千葉　爽汰	2	高田一
	村上　英翼	2	高田一
	鈴木　　樹	2	高田東
	吉田　一成	2	高田一
	三川　　燿	2	綾里
	丹野　　悠	2	高田一
	松木　孝貴	2	唐丹
	太田　　廉	2	高田一
	横澤　智大	1	世田米
	菅野　竜輝	1	高田一
	佐藤　温人	1	高田一
	齋藤　大惺	1	大船渡一
	伊藤　俊瑛	1	高田一
	大和田海雅	1	世田米
	熊谷　駿希	1	世田米
	及川　裕生	1	大船渡一
	菊池　陽介	1	世田米
	熊谷　大地	1	高田東
	佐藤　優真	1	大船渡一
	大和田駿汰	1	高田東
	戸刺　夢希	1	高田一
☆	千葉　愛花	2	世田米
☆	大和田小夏	2	高田一

住田

●部員／18人　●部長／菊地均　●監督／吉田一知

	氏　名	学年	出身中
	村上龍之介	3	高田東
	小松　勇聖	3	高田東
	村上　颯祐	3	高田東
◎	水野　翔耶	3	有住
	瀬川　龍生	2	遠野東
	佐藤　太生	2	有住
	崎山　勝博	2	赤崎
	戸羽　　爽	2	高田東
	菊地　匠巳	1	大船渡一
	齊藤　桜汰	1	有住
	今川　楓紀	1	大船渡一
	上野　琉惺	1	大船渡一
	菊池　獅道	1	世田米
	紺野　大道	1	大船渡一
	金野　直人	1	大船渡一
	及川　拓磨	1	高田一
☆	佐藤　愛華	2	有住
☆	栗山　　萌	1	赤崎

釜石

●部員／20人　●部長／坂本涼太　●監督／平野建

	氏　名	学年	出身中
	中館　大気	3	釜石
	武藤　有生	3	甲子
	前川　快刀	3	釜石東
	高清水亨妥	3	釜石東
	八幡　大夢	3	釜石東
◎	木下　　蓮	3	吉里吉里
	臼澤　怜旺	3	大槌学園
	高清水洸征	3	大槌学園
	佐々木天聖	2	甲子
	織笠　康生	2	甲子
	佐々木大地	2	釜石東
	奥寺　創太	2	遠野東
	菊池　　翼	2	遠野東
	藤原　　拓	2	釜石
	阿部　煌大	1	甲子
	阿部　　幹	1	甲子
	千葉　栄輝	1	甲子
	小林　航大	1	大槌学園
☆	土手　愛菜	3	吉里吉里
☆	川崎　祐奈	3	釜石東

釜石商工

●部員／23人　●部長／鎌田秀哉　●監督／伊藤久起

	氏　名	学年	出身中
	小野　温人	3	大平
◎	佐々木稜太	3	大平
	平野　裕太	3	大平
	古川　舜也	3	釜石東
	長洞　和馬	3	大平
	中村　匠汰	3	甲子
	近藤　秀哉	3	吉里吉里
	板澤　恒汰	3	大平
	阿部　真優	3	釜石
	佐々木優成	2	釜石東
	川崎　　秦	2	甲子
	大澤　蓮夢	2	甲子
	太田　亘祐	2	釜石
	平野　颯輝	2	大平
	藤原　歩夢	2	釜石
	小笠原瑠逢	2	釜石東
	佐々木海人	2	唐丹
	福士　　蓮	2	釜石
	難波　愛斗	2	大平
	鳥居　睦樹	1	大平
	佐々木陽聖	1	釜石東
☆	松田　愛夢	3	遠野
☆	尾形　　愛	1	唐丹

宮古

●部員／30人　●部長／浅水翔　●監督／沢田靖永

	氏名	学年	出身中
	山根　竜馬	3	宮古・河南
	山口　智也	3	宮古西
	久保田　涼	3	花輪
	若狭　成吾	3	宮古二
	山根　拓真	3	山田
	小野　優太	2	花輪
	井川　昂己	3	宮古西
	金澤　良唯	3	宮古二
	菊地　輝	3	宮古西
◎	大洞竜太郎	3	花輪
	久保田和也	2	津軽石
	田澤　優大	2	宮古二
	福士　尚幸	2	山田
	沼﨑　倖成	2	山田
	中村　海翔	2	田野畑
	澤田　洋人	2	花輪
	田中　佑樹	2	宮古二
	赤間　結斗	1	津軽石
	折祖　希	1	新里
	中里　優斗	1	崎山
	由濱　颯	1	宮古西
	盛合　真綺	1	宮古・河南
	柏谷　友貴	1	山田
	山根　恵太	1	田野畑
	有谷　拓翔	1	田野畑
	堀内　塁生	1	宮古西
☆	中谷　杏朱	3	宮古一
☆	伊藤あすみ	3	山田
☆	柾家　寧皇	2	重茂
☆	小笠原　舞	1	宮古西

宮古商工

●部員／45人　●部長／小野寺健太　●監督／菊池暁

	氏名	学年	出身中
	穂高　広海	3	宮古二
	橋場　辰徳	3	宮古・河南
	瀬川　蓮汰	3	豊間根
	宇都宮　駿	3	宮古・河南
◎	荒川　快	3	山田
	佐々木丈壱	3	豊間根
	鈴木　鮎斗	3	崎山
	齊藤　亮汰	3	豊間根
	佐々木　涼	3	宮古・河南
	川戸　一輝	3	宮古一
	上家　尭斗	3	新里
	内藤　生吹	3	新里
	千葉　竜治	3	小本
	中谷　海斗	3	宮古西
	藤田　晴輝	3	宮古一
	猪又　舜矢	3	津軽石
	三田地健太	2	宮古二
	瀬川　璃久	2	豊間根
	仲田駿太郎	2	宮古西
	伊藤　碧	2	重茂
	遠洞　翔矢	2	新里
	藤澤　真春	2	新里
	野場　渉太	2	宮古二
	石崎　志温	2	新里
	川戸　真翔	2	宮古二
	鳥居　咲良	2	山田
	中里　凌	2	宮古二
	山内　一誠	2	花輪
	大久保哲平	1	宮古一
	瀬川　龍	1	山田
	下山　鷹	1	田老一
	古舘　興清	1	山田
	小林　慎弥	1	宮古二
	佐々木真斗	1	宮古・河南
	佐々木蓮生	1	崎山
	田代　季	1	宮古二
	田中　悠大	1	花輪
	永洞　寛大	1	花輪
	中谷　迅斗	1	宮古西
	福士　颯	1	山田
☆	大久保藍唯	3	花輪
☆	佐々木美桃	3	花輪
☆	工藤　瑚雪	3	宮古二
☆	及川　莉子	2	宮古西
☆	齊藤　彩乃	2	豊間根

岩泉・山田・大槌

〈連合チーム　部長／板屋信良　監督／五日市純哉〉

岩泉　●部員／8人
●部長／板屋信良
●監督／五日市純哉

	氏名	学年	出身中
◎	前川　颯雅	3	岩泉
	三田地尽礼	3	岩泉
	内村　飛龍	3	岩泉
	畠山　裕暢	2	岩泉
	阿部　開	2	岩泉
	横田　晃祐	2	田野畑
☆	褏野　和奏	3	岩泉
☆	箱石　麗菜	1	小本

山田　●部員／3人
●部長／近谷雄一郎
●監督／佐藤誠也

	氏名	学年	出身中
◎	芳賀　亮海	3	豊間根
	菊地　琉雅	2	山田
	佐藤　暖斗	1	山田

大槌　●部員／6人
●部長／岩間凌太
●監督／菊池竜太

	氏名	学年	出身中
◎	植田　詩季	3	釜石東
	小國　元気	3	大槌
	臼沢　湊	2	大槌
	塚本　歩夢	2	吉里吉里
	小笠原忠大	2	大槌
	田口　大輝	1	大槌

久慈東

●部員／52人　●部長／久保田達也　●監督／中村健

氏　名	学年	出身中
長倉　勇気	3	大野
釜谷　真生	3	久慈
大西　翔也	3	侍浜
◎ 中田　龍弥	3	大野
吉田　海斗	3	夏井
吉田　大晟	3	久慈
原子内来夢	3	宿戸
大内田颯太	3	夏井
加美　来希	3	夏井
北澤　総星	3	種市
日影　龍光	3	夏井
北澤　　蓮	3	種市
清水　泰成	3	久慈
加美　来夢	3	夏井
西野　　響	3	久慈
吉田　　信	3	野田

氏　名	学年	出身中
川端　海輝	2	宿戸
畑　　優羽	2	大野
山形　海渡	2	野田
浅水　琉夢	2	侍浜
谷地中凜生	2	種市
村上　琉紀	2	夏井
谷地瑠輝也	2	山形
大久保遥翔	2	侍浜
長川　紘人	2	大野
膳棚　志翔	2	宇部
谷崎　佑晟	2	侍浜
乱場　瑛仁	2	久慈
笠嶋　勇登	2	宿戸
越廻　梗樹	2	久慈
吉田　大雅	2	侍浜
岩脇　海惺	2	夏井

氏　名	学年	出身中
高橋　桜介	2	久慈
南川　結希	2	野田
坂本　勇人	1	三崎
舘石　潤綾	1	久慈
長内　大地	1	久慈
髙木　　耀	1	長内
黒坂　　陽	1	種市
原子内来希	1	種市
桑田　優汰	1	侍浜
小向　星汰	1	久慈
沢里　琉晟	1	宇部
長谷　蓮太	1	普代
小向　淩雅	1	久慈
下舘　桜河	1	長内
玉沢　聖也	1	種市
林崎　隼汰	1	侍浜

氏　名	学年	出身中
廣崎　朱浬	1	野田
☆ 塩倉　瑠華	3	大野
☆ 中屋敷美春	3	大野
☆ 高山　七楓	1	久慈

久慈

●部員／46人　●部長／菊池達朗　●監督／柴田護

氏　名	学年	出身中
松川　緋祥	3	久慈
吉田　　翔	3	久慈
大村　　蓮	3	普代
野崎　陸斗	3	三崎
谷地　飛良	3	野田
高橋　　琉	3	久慈
伊藤　大凱	3	久慈
澤里　大志	3	侍浜
播磨　颯和	3	長内
滝谷　柊太	3	種市
高橋　楓大	3	久慈
関　　大翔	3	久慈
◎ 宇部　天翔	3	久慈
石井　愛星	3	野田
宇部　智也	3	三崎
舘石　翔真	3	久慈
浅石　　快	3	長内
宇名澤日向	3	夏井
中野　胡琉	3	大野
野崎　颯太	3	野田
北野澤奎一郎	3	種市
野場　拓海	3	野田
長川　晃己	2	大野
佐藤　汰星	2	大野
荒谷　陽己	2	福岡
小向　陸斗	2	久慈

氏　名	学年	出身中
川端　祥太	2	久慈
小川　天士	2	久慈
外舘　将吾	2	久慈
古舘　温人	2	軽米
板垣　泰河	2	久慈
清水　朔良	2	久慈
宮澤　尚生	2	久慈
岩井　央侑	2	久慈
高橋　音翔	2	久慈
垂柳　　蒼	2	久慈
中村　大海	2	中野
橋上　怜矢	2	久慈
對馬　尚生	2	久慈
林崎　俊介	1	野田
米田　奏翔	1	野田
西野　　匡	1	久慈
播磨　心和	1	長内
佐々木奨真	1	久慈
下曽根悠誠	1	久慈
遠藤　　碧	1	久慈

久慈工

●部員／10人　●部長／川尻永規　●監督／佐久山要

氏名	学年	出身中
長根　伊吹	3	野田
◎ 三浦　悠吏	3	小本
大道　康平	3	三崎
坂本　優斗	2	長内
北田　乙紗	2	野田
玉川　裕貴	2	野田
山形　一真	2	野田
小谷地翔大	2	野田
熊上　拓斗	2	野田
中村　透吾	1	久慈

福岡

●部員／34人　●部長／山本敬一　●監督／田中純一

氏名	学年	出身中
釜石　虎晟	3	福岡
漆原　空蒼	3	福岡
山市　大河	3	青森・田子
菅野　秀都	3	福岡
合川　拓真	3	一戸
◎ 平　颯太	3	福岡
舘ヶ沢　颯	3	福岡
和山　智秋	3	福岡
舘山　翔真	3	福岡
竹田　悠人	3	福岡
松澤　希龍	3	九戸
荒谷　寧央	3	福岡
立崎　優太	3	一戸
村田　帆	3	葛巻
七戸　悠人	3	九戸
安ケ平滉至	3	福岡
茶家　功大	2	福岡
茶家　正大	2	福岡
日影舘温人	2	一戸
恵津森大貴	1	江刈
片野　佑太	1	一戸
七戸　和人	1	九戸
平　頼汰	1	福岡
立崎　翔太	1	一戸
高田　結	1	福岡
田村　尚大	1	福岡
田頭　愛大	1	一戸
平泉　紅葉	1	福岡
宮崎　秀都	1	福岡
向川原　煌	1	葛巻
村川　脩	1	福岡
柳林　駿	1	福岡
☆ 中村　莉来	1	福岡
☆ 畑山　優衣	1	福岡

福岡工

●部員／18人　●部長／吉田小百合　●監督／中澤駿也

氏名	学年	出身中
宮澤　憲正	3	浄法寺
高田　悠利	3	福岡
◎ 田口　蓮	3	金田一
立花　海翔	3	福岡
鷹場　洋介	3	金田一
奥　享平	2	金田一
高森　悠吾	2	浄法寺
髙橋　雄飛	2	福岡
古舘琥太朗	1	福岡
小姓堂　刃	1	一戸
山下　颯也	1	九戸
安堵城優豪	1	九戸
小笠原魁吾	1	福岡
工藤　利哉	1	金田一
古舘　渓介	1	福岡
米田　侑矢	1	福岡
米田　博貴	1	一戸
古市　翔悟	1	福岡

一戸

●部員／14人　●部長／野村雅敏　●監督／川村洋平

	氏　名	学年	出身中
	泉久保由信	3	一戸
	堀内　涼斗	3	一戸
	苗代幅光琉	3	一戸
	鈴木　新大	3	一戸
◎	土屋　健太	3	一戸
	中村　　諒	3	一戸
	大森　惠達	2	浄法寺
	白坂　莉久	2	浄法寺
	澤村　陽大	2	奥中山
	山口　　澪	2	浄法寺
	三部　琢磨	2	浄法寺
	上平　　仁	1	一戸
☆	柏葉　美咲	3	一戸
☆	村里　和香	2	一戸

軽米

●部員／13人　●部長／菊地良弘　●監督／赤坂健太郎

	氏　名	学年	出身中
◎	皆川　椋太	3	軽米
	井戸渕拓巳	3	軽米
	井戸渕颯真	3	軽米
	佐々木正太	2	軽米
	田代　晃一	2	軽米
	鶴飼　将也	2	軽米
	大谷　哲仁	1	軽米
	田代　侑司	1	軽米
	細谷地心哉	1	軽米
	古里　玲椋	1	軽米
	寺地　就哉	1	軽米
☆	古舘美沙姫	2	軽米
☆	安保　七海	1	軽米

葛巻

●部員／9人　●部長／菊池雄高　●監督／藤野康太

	氏　名	学年	出身中
	伊藤　友聖	3	南城
	大川原陽斗	3	江刈
	大上　北都	3	山形
	関　　知諒	3	南城
◎	服部　河来	3	葛巻
	四垂　哉汰	2	黒石野
	滝浪　　暁	2	静岡・高洲
	辰柳　玲斗	2	江刈
☆	上平　奈和	3	葛巻

伊保内

●部員／10人　●部長／小田島哲男　●監督／田岡昌彦

氏　名	学年	出身中
◎ 森　太久斗	3	九戸
林　竜太郎	2	九戸
佐々木悠琉	3	九戸
田岡　武実	3	福岡
屋形場愛司	2	九戸
日向　碧	3	九戸
七戸　駿輔	2	九戸
山本　瑠輝	3	九戸
古舘　智也	3	九戸
中野　感大	2	九戸

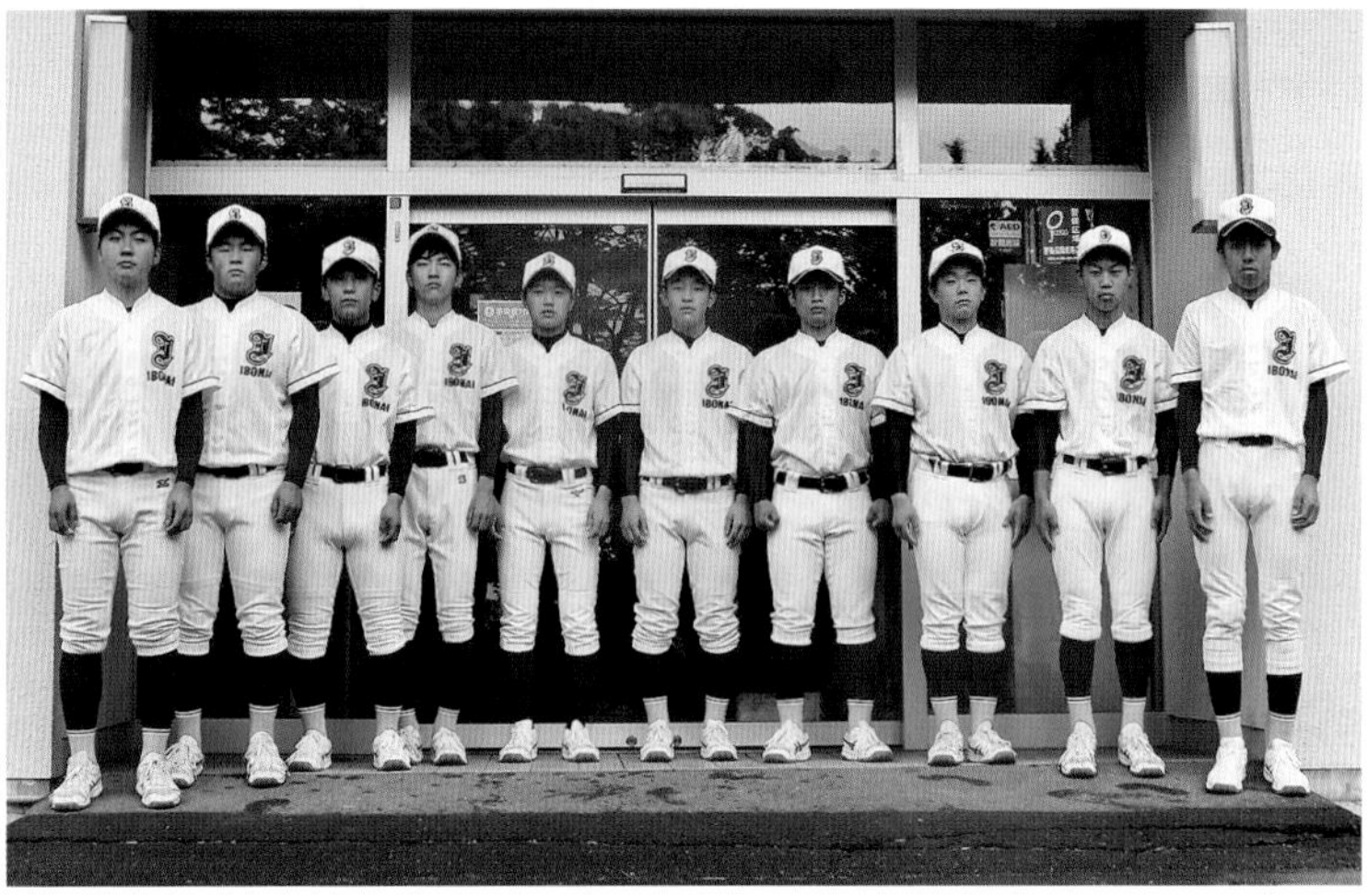

種市・大野・紫波総合

〈連合チーム　部長／露木京　監督／及川学〉

種市　●部員／4人
●部長／野田亜悠子
●監督／及川学

氏　名	学年	出身中
◎ 下苧坪颯汰	3	宿戸
小子内海登	3	宿戸
馬場　斗一	3	宿戸
上畑　彪真	3	宿戸

紫波総合　●部員／7人
●部長／小林佳子
●監督／露木京

氏　名	学年	出身中
伊藤　拓哉	3	花巻北
◎ 佐藤　寧央	3	矢巾北
木村　修耶	3	紫波一
佐々木槙吾	2	紫波二
☆ 今野　寧々	3	紫波一
☆ 冨山　蘭	3	紫波一
☆ 古館　侑花	3	紫波一

大野　●部員／6人
●部長／伊藤誠章
●監督／畠山拓矢

氏　名	学年	出身中
木村　遙斗	2	大野
◎ 高際　将大	2	大野
福島　光希	2	大野
細越　以真	1	大野
池田　紫月	1	大野
☆ 舘又　桜	1	大野

マスク越しの応援熱く

スタンドに2年ぶり一般客

マスク姿でスタンドから選手を励ます高田高の応援団＝7月7日、盛岡市三ツ割・県営球場

新型コロナウイルス感染症の終息が見えない中、ことしの夏は人数制限があるもののスタンドに観客の姿が戻った。学校の応援団派遣は制限される形となったが、マスク姿の保護者や野球ファンがスタンドから惜しみない拍手を送った。

コロナ対策として、観客数は県営3千人、花巻2千人、しんきん森山は千人（父母らを含む）を目安に制限。入場時に検温や連絡先の記入などを求めた。

開幕戦の高田―盛岡誠桜戦。両校の控え選手や保護者は、声を出さずに大太鼓やメガホンをたたき応援した。好プレーには跳び上がって喜んだり、「やった」と小さく声を上げる姿も。勝利した高田の選手が間隔を空けて並び校歌を歌うと、温かな拍手が送られた。

昨年はベンチ入りメンバー1人につき保護者2人まで。ことしは入場制限がなくなり、高田高の選手の父親は「昨年より大勢で応援に来られてよかった。声は出せないが、選手の励みになればいい」と見守った。

一般客が会場に入れるのは2年ぶり。約20年前から夏の県大会が始まると毎日のように球場に足を運ぶという80代男性は「やっぱり生で見る野球はいい。夏が来たなと感じる」とうれしげにグラウンドを見つめた。

県勢戦績

平成・令和

※丸数字は①1回戦、②2回戦、③3回戦

年次・回数		出場校	全国大会の戦績			
【平成】						
1989年（元年）	71	**盛岡三**	①	●	0—10	福井商（福井）
1990年（2年）	72	**花巻東**	①	●	5—7	済々黌（熊本）
1991年（3年）	73	**専大北上**	①	○	3—2	村野工（兵庫）
			②	●	3—10	柳川（福岡）
1992年（4年）	74	**一関商工**	①	○	5—1	山口鴻城（山口）
			②	●	4—11	神港学園（兵庫）
1993年（5年）	75	**久慈商**	①	●	7—8	徳島商（徳島）
1994年（6年）	76	**盛岡四**	①	○	6—3	山陽（広島）
			②	●	0—1	水戸商（茨城）
1995年（7年）	77	**盛岡大付**	①	●	5—7	高知商（高知）
1996年（8年）	78	**盛岡大付**	①	●	0—2	東筑（福岡）
1997年（9年）	79	**専大北上**	②	○	2—1	履正社（大阪）
			③	●	0—11	敦賀気比（福井）
1998年（10年）	80	**専大北上**	①	△	6—6	如水館（広島）
				（降雨七回コールド、引き分け再試合）		
			①	●	5—10	如水館（広島）
1999年（11年）	81	**盛岡中央**	①	●	2—6	福知山商（京都）
2000年（12年）	82	**専大北上**	①	●	0—3	明徳義塾（高知）
2001年（13年）	83	**盛岡大付**	②	●	1—4	近江（滋賀）
2002年（14年）	84	**一関学院**	①	○	1—0	樟南（鹿児島）
			②	●	3—5	鳴門工（徳島）
2003年（15年）	85	**盛岡大付**	①	●	6—8	福井商（福井）
				（延長十回）		
2004年（16年）	86	**盛岡大付**	①	●	2—15	明徳義塾（高知）
2005年（17年）	87	**花巻東**	②	●	4—13	樟南（鹿児島）
2006年（18年）	88	**専大北上**	②	●	0—4	福岡工大城東（福岡）
2007年（19年）	89	**花巻東**	①	●	0—1	新潟明訓（新潟）
2008年（20年）	90	**盛岡大付**	②	●	3—8	駒大岩見沢（北北海道）
2009年（21年）	91	**花巻東**	①	○	8—5	長崎日大（長崎）
			②	○	4—1	横浜隼人（神奈川）
			③	○	4—1	東北（宮城）
			準々	○	7—6	明豊（大分）
				（延長十回）		
			準	●	1—11	中京大中京（愛知）
2010年（22年）	92	**一関学院**	①	●	0—11	遊学館（石川）
2011年（23年）	93	**花巻東**	①	●	7—8	帝京（東東京）
2012年（24年）	94	**盛岡大付**	①	●	4—5	立正大淞南（島根）
				（延長十二回）		
2013年（25年）	95	**花巻東**	②	○	9—5	彦根東（滋賀）
			③	○	7—6	済美（愛媛）
				（延長十回）		
			準々	○	5—4	鳴門（徳島）
			準	●	0—2	延岡学園（宮崎）
2014年（26年）	96	**盛岡大付**	②	○	4—3	東海大相模（神奈川）
			③	●	1—16	敦賀気比（福井）
2015年（27年）	97	**花巻東**	①	○	4—2	専大松戸（千葉）
			②	○	8—3	敦賀気比（福井）
			③	●	3—4	仙台育英（宮城）
2016年（28年）	98	**盛岡大付**	①	○	8—6	九州国際大付（福岡）
			②	○	11—8	創志学園（岡山）
			③	●	9—11	鳴門（徳島）
2017年（29年）	99	**盛岡大付**	①	○	4—1	作新学院（栃木）
			②	○	6—3	松商学園（長野）
			③	○	12—7	済美（愛媛）
				（延長十回）		
			準々	●	1—10	花咲徳栄（埼玉）
2018年（30年）	100	**花巻東**	①	●	2—4	下関国際（山口）
				（延長十回）		
【令和】						
2019年（元年）	101	**花巻東**	①	●	4—10	鳴門（徳島）

09年 花巻東がベスト4

17年 盛岡大付3発8強

盛岡大付ー済美　5回表盛岡大付2死満塁、小林由伸（3年）が左中間へ満塁本塁打を放ち、6—2と勝ち越す。盛岡大付はこの試合、県勢最多となる19安打3アーチを放った＝2017年8月19日

県勢の通算成績　39勝1分け77敗

夏の甲子園

大正・昭和

※丸数字は①1回戦、②2回戦、③3回戦

68年 盛岡一が8強入り

73年 盛岡三「旋風」16強

年次・回数		出場校	全国大会の戦績			
【大正】						
1916年(5年)	2	**一関中**	①	○	3—2	京都二中(京都)
			準々	●	0—8	市岡中(大阪)
1917年(6年)	3	**盛岡中**	①	○	5—1	香川商(四国)
			準々	○	2—1	慶応普通部(関東)
			準	●	0—1	関西学院中(兵庫)
1918年(7年)	4	**一関中**	※米騒動で全国大会中止			
1919年(8年)	5	**盛岡中**	①	○	4—3	同志社中(京都)
			準々	○	1—0	松山商(四国)
			準	●	0—8	神戸一中(兵庫)
1920年(9年)	6	**一関中**	①	●	2—6	明星商(大阪)
1921年(10年)	7	**盛岡中**	②	○	5—4	市岡中(大阪)
			準々	●	2—5	豊国中(九州)
1926年(15年)	12	**盛岡中**	②	●	1—4	鳥取一中(山陰)
【昭和】						
1927年(2年)	13	**福岡中**	②	○	4—1	桐生中(北関東)
			準々	●	0—1	高松商(四国)
1928年(3年)	14	**福岡中**	①	○	9—4	神奈川商工(神静)
			②	●	2—4	平安中(京津)
1929年(4年)	15	**福岡中**	①	●	5—12	佐賀中(北九州)
1931年(6年)	17	**福岡中**	②	●	0—2	桐生中(北関東)
1932年(7年)	18	**遠野中**	①	○	4—2	平壌中(朝鮮)
			②	●	0—6	長野商(信越)
1933年(8年)	19	**盛岡中**	①	●	3—12	浪華商(大阪)
1936年(11年)	22	**盛岡商**	①	●	0—18	岐阜商(東海)
1940年(15年)	26	**福岡中**	②	●	0—6	高崎商(北関東)
1946年(21年)	28	**一関中**	①	●	4—11	鹿児島商(南九州)
1947年(22年)	29	**福岡中**	①	○	8—7	谷村工商(山静)
			②	●	8—9	高岡商(北陸)
1949年(24年)	31	**盛岡**	①	●	7—18	平安(京都)
1950年(25年)	32	**盛岡**	②	●	2—3	米子東(東中国)
1952年(27年)	34	**盛岡商**	②	●	0—6	八尾(大阪)
1955年(30年)	37	**岩手**	①	○	3—0	法政二(神奈川)
			②	●	1—3	坂出商(北四国)
1957年(32年)	39	**黒沢尻工**	①	●	1—3	寝屋川(大阪)
1958年(33年)	40	**福岡**	①	●	1—14	海南(和歌山)
1959年(34年)	41	**宮古**	①	●	0—6	静岡商(静岡)
1961年(36年)	43	**福岡**	②	○	7—6	釧路江南(北北海道)
			準々	●	0—5	桐蔭(紀和)
1963年(38年)	45	**花巻北**	②	●	0—3	広陵(広島)
1964年(39年)	46	**花巻商**	①	○	3—0	玉竜(鹿児島)
			②	●	2—3	高知(南四国)
1966年(41年)	48	**花巻北**	①	●	0—9	平安(京滋)
1968年(43年)	50	**盛岡一**	②	○	4—2	鴨島商(徳島)
			③	○	9—2	津久見(大分)
			準々	●	4—10	興南(沖縄)
1971年(46年)	53	**花巻北**	①	●	0—12	玉竜(鹿児島)
1972年(47年)	54	**宮古水産**	①	●	0—5	苫小牧工(南北海道)
1973年(48年)	55	**盛岡三**	①	○	1—0	八代東(熊本)
			②	○	1—0	藤沢商(神奈川)
			③	●	1—2	高知商(高知)
1974年(49年)	56	**一関商工**	①	●	1—9	平安(京都)
1975年(50年)	57	**盛岡商**	②	●	0—11	広島商(広島)
1976年(51年)	58	**花北商**	②	●	1—3	柳ケ浦(大分)
1977年(52年)	59	**黒沢尻工**	②	○	3—1	鹿児島商工(鹿児島)
			③	●	0—8	東邦(愛知)
1978年(53年)	60	**盛岡一**	①	●	0—7	報徳学園(兵庫)
1979年(54年)	61	**久慈**	①	●	3—12	浜田(島根)
1980年(55年)	62	**福岡**	①	●	2—4	大分商(大分)
1981年(56年)	63	**盛岡工**	①	●	0—9	報徳学園(兵庫)
1982年(57年)	64	**盛岡工**	①	●	2—4	福井(福井)
1983年(58年)	65	**黒沢尻工**	①	●	0—2	佐世保工(長崎)
1984年(59年)	66	**大船渡**	①	●	3—4	長浜(滋賀)
1985年(60年)	67	**福岡**	①	●	4—6	佐賀商(佐賀)
1986年(61年)	68	**一関商工**	①	●	1—4	岩国商(山口)
1987年(62年)	69	**一関商工**	②	○	3—0	宇和島東(愛媛)
			③	●	2—4	関西(岡山)
1988年(63年)	70	**高田**	①	●	3—9	滝川二(兵庫)

盛岡三—藤沢商　九回表藤沢商1死一、二塁、盛岡三は三ゴロ併殺で切り抜けてベスト16入り。主戦小綿は2試合連続の完封だった。この日の第3試合では、江川卓を擁する作新学院が0—1で銚子商に敗退した＝1973年8月16日

第68回春季東北地区高校野球県大会

花巻東、猛打の春

新型コロナウイルスの影響で2年ぶりに開催された第68回春季東北地区高校野球県大会は、花巻東が3大会連続9度目の優勝を遂げた。3大会ぶりの春の覇者を狙う盛岡大付と決勝で対戦し、佐々木麟太郎（1年）の先制本塁打を皮切りに着々と加点。18安打15点で盛岡大付を圧倒した。3位決定戦は、久慈と春の大会初のベスト4入りを果たした花巻南が対戦し、久慈が7―4で制した。秋田県で開催予定だった東北大会は中止となった。

花巻東―盛岡大付　1回表花巻東1死、佐々木が右翼へ先制本塁打を放つ

F I N A L

決勝

5月25日

■一関市・一関運動公園球場

花巻東

2	0	0	1	5	0	5	1	1	15
0	0	0	0	0	0	0	0	0	0

盛岡大付

(花)中居―田代
(盛)小野寺、三浦、柴田―田屋
【本】佐々木(花)
【三】佐藤(花)
【二】菱川2、田代、佐々木2、佐藤2、相野、菊池(花)

花巻東は初回、佐々木の本塁打などで2点を先制。五回には6連打で5点を追加するなど、18安打15点で圧倒した。投げては中居が、相手を6安打に抑え完封した。

盛岡大付は二回に無死一、二塁の好機をつくったが、走塁ミスで生かせず投手陣も踏ん張り切れなかった。

【花巻東】		打安点振球
⑥	宮沢	50021
③	佐々木	63310
3	黒沢	00000
⑤	菱川	52101
②	田代	63100
⑨	佐藤	43301
⑦	相野	32201
④	菊池	41010
4	熊谷	00000
①	中居	43510
⑧	渡辺	41001
犠盗失併残		
30028		4118155 5

【盛岡大付】		打安点振球
⑤	松本	30001
⑧	渡辺	32001
③	金子	40000
④	新井	40000
⑨	小針	32011
R	大貫	00000
⑦	平内	30001
②	田屋	30001
⑥	佐々木	41010
①	小野寺	10000
H	中沢	11000
1	三浦	00000
H	千葉大	10000
1	柴田	00000
犠盗失併残		
00208		306025

▽妨害出塁　菊池(花)(田屋)
▽暴投　柴田(盛)1＝九回
▽審判　球審＝高橋　塁審＝鈴木、千田、小野寺
▽試合時間　2時間11分

投手	回	打安振球失
中居	9	356250
小野寺	5	2812228
三浦	2	124225
柴田	2	102112

4回表1死一、三塁のピンチでマウンドに集まる盛岡大付の選手たち

花巻東 15―0 盛岡大付

「出来過ぎた攻撃だった」。花巻東の佐々木洋監督は18安打15得点の猛攻を見せた選手をたたえ、春の県大会3連覇をかみしめた。

全ては佐々木麟太郎(1年)から始まった。初回「チームの流れをつくりたかった」と高めに浮いたスライダーを完壁にとらえ、今大会4本目となる右翼への先制本塁打。決勝の舞台でも物おじしない強心臓ぶりを見せた。

打線は1年生に引っ張られるかのように爆発する。五回、佐々木の左中間二塁打と四球で1死一、二塁の好機をつくると、ここから驚異の6連打。一気に5点を奪った。七回にも菱川一輝(3年)の適時二塁打などでダメ押しの5点を加えた。

ライバルのお株を奪う猛攻18安打

今大会の花巻東は長打攻勢が光る。決勝も18安打のうち11本が長打。下位打線もスイングが鋭く、広角に飛距離のある打球を放つ。

変則左腕の中居颯真(同)は、力みのないフォームから内外角に丁寧に投げ分け、盛岡大付打線を6安打に抑えた。「球速が遅い分、低め低め」と意識付けした投球はことごとく相手打者のバランスを崩した。

佐々木監督は「夏はこう簡単にはいかない」と一言。花巻東は夏の頂を見据え、まだまだ先へ進む。

盛岡大付、投打に完敗

盛岡大付は相手の横手投げ左腕を最後まで攻略できなかった。投手陣も失点を重ね、3大会ぶりの優勝はならなかった。

初回に2点を奪われ、いきなり相手を追い掛ける試合展開。二回に3四球で三塁に走者が進んだが、あと1本が出なかった。関口清治監督は「これまでにも先制されて元気なく終わってしまうことがあった」と振り返る。

五、八回の好機も生かせず、高校通算60本塁打をマークする松本龍哉(3年)は「ボールが見えすぎて打ち急いでしまった」と悔しさをにじませた。「これが今の実力」と関口監督。春の屈辱は夏に晴らすつもりだ。

久慈、継投で3位つかむ

久慈 7―4 花巻南

「夏につながる試合」と臨んだ久慈が、投打がかみ合い快勝した。

先発に起用されたのは、技巧派左腕の沢里大志(3年)。期待に応えるように4回を無四球無失点。内外角を丁寧に攻め、相手打線に的を絞らせなかった。ただ、好投を続けながら「気持ちが続かない」と五回以降の投球を辞退。沢里は「夏は心の準備をする」と誓った。

打線は初回に3点を挙げ、四回には主砲大村蓮(同)が「良い角度で上がった」とチームを勢いづけるソロ本塁打。大村は六回にもこの試合3安打目となる強烈な適時二塁打を放ち、4番の役割をしっかり果たした。

6点リードの九回は投手陣が踏ん張りきれず3失点。課題も残した。柴田護監督は、第3シード獲得をたたえた上で「夏はさらに難しい試合になる。気を緩めず決めきらなければならない」と選手を鼓舞した。

花巻南・小原大知主将(3年) プラス思考がチームの武器。最後まで攻める姿勢を貫いたが序盤の失点が響いた。春の県大会初の4強を自信に夏は粘り勝つ野球をする。

久慈―花巻南　初先発ながら4回を無四球無失点と好投した久慈の沢里

THIRD PLACE PLAYOFF

3位決定戦

5月25日

■一関市・一関運動公園球場

	1	2	3	4	5	6	7	8	9	計
花巻南	0	0	0	0	0	0	1	0	3	4
久慈	3	0	1	0	2	1	0	0	×	7

(花)高橋、桜田―平野
(久)沢里、松川、播磨―荒谷、吉田
【本】大村(久)
【二】名須川(花)伊藤、大村(久)

久慈は初回、四球をきっかけに3盗塁と足を絡め、3点を先制した。三回に大村のソロ本塁打、五回に伊藤の2点二塁打などで加点。3投手による継投で逃げ切った。

花巻南は最終回に4安打を集中させ3点差に迫ったが、反撃が遅かった。

【花巻南】		打安点振球
④	佐藤	30112
⑧	菊地	50000
⑥	藤川	52100
③	及川	51010
⑨	下瀬川	40000
⑤	小原大知	31011
⑦	沢田	21002
①	高橋	20000
H	堀	10010
1	桜田	00000
H	名須川	11000
②	平野	21000
H2	菊池	11101
犠盗失併残		
00209		348346

【久慈】		打安点振球
⑧	高橋琉	21012
⑥	野崎	40020
⑦	谷地	30011
③	大村	53200
①	沢里	20100
1	松川	10000
1	播磨	00000
⑤	佐藤	31011
④	長川	41010
⑨	伊藤	42200
②	荒谷	30010
H	宇部	11000
2	吉田	00000
犠盗失併残		
44119		329574

▽捕逸　平野(花)2＝三回、五回
▽暴投　高橋(花)2＝一回
▽審判　球審＝細川　塁審＝菅原、長坂、川口
▽試合時間　1時間58分

投手	回	打安振球失
高橋	6	328637
桜田	2	81110
沢里	4	153200
松川	4⅓	203253
播磨	⅔	52011

■第68回春季東北地区高校野球県大会　試合結果

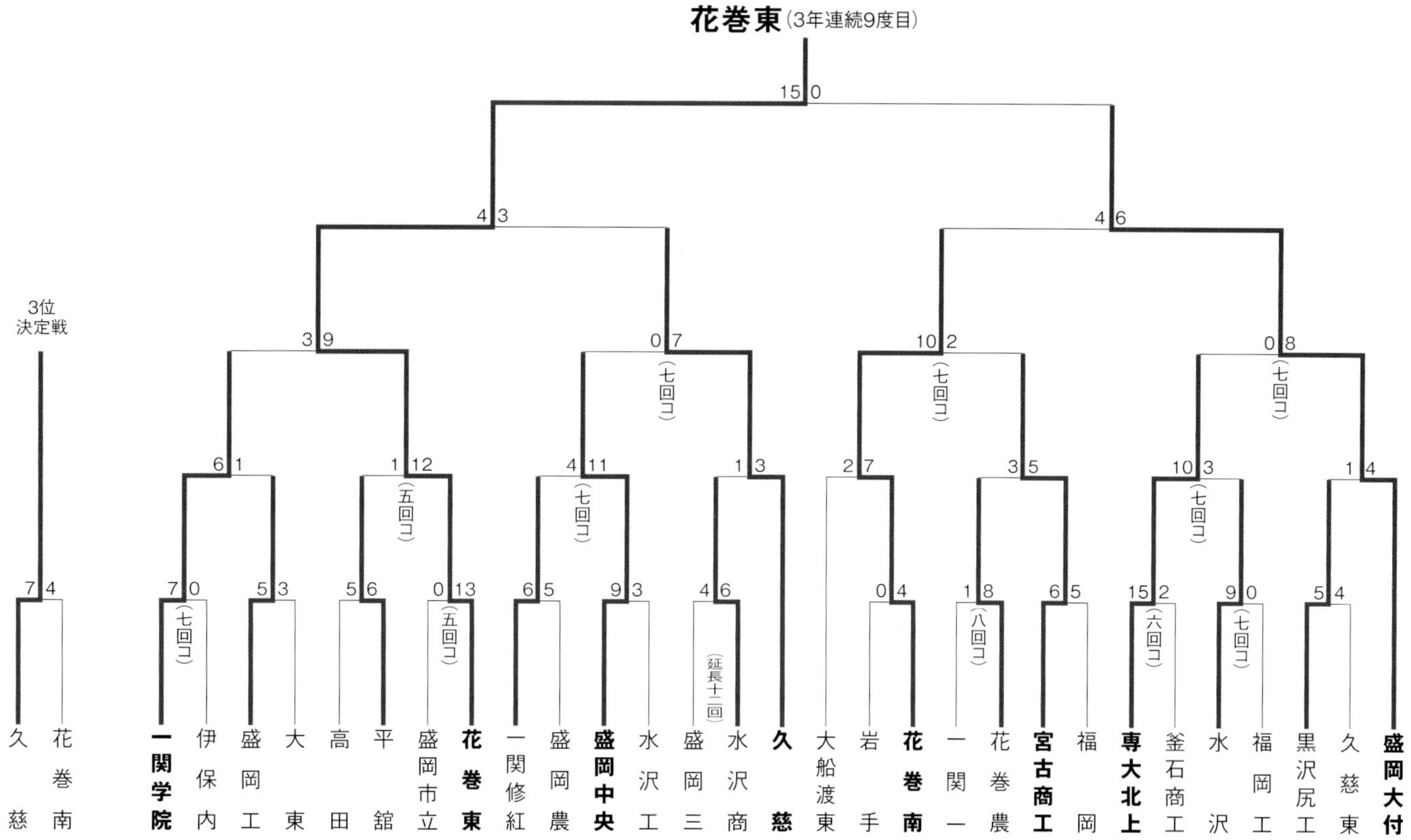

久慈—花巻東　12回裏花巻東2死二塁、佐藤がサヨナラの中越え二塁打を放つ。捕手吉田

花巻東が延長サヨナラ

SEMIFINAL

準決勝

5月24日

■一関市・一関運動公園球場

	1	2	3	4	5	6	7	8	9	10	11	12	計
久慈	0	1	0	1	0	0	0	0	1	0	0	0	3
花巻東	0	1	0	0	0	2	0	0	0	0	0	1x	4

（延長十二回）

（久）播磨、松川—荒谷、吉田
（花）万谷、菱川—田代
【三】黒沢（花）
【二】大村2（久）佐藤（花）

花巻東は1—2の六回、黒沢の右越え三塁打と菊池の左前打で2点を挙げ逆転。九回に追いつかれたが、延長十二回に佐藤の中越え二塁打でサヨナラ勝ちした。

久慈は九回、松川、宇部の連打で延長戦に持ち込んだ。相手を上回る11安打を放ち、最後まで花巻東を苦しめた。

【久慈】		打安点振球
⑥	野　崎	50020
⑧	高橋　琉	51010
⑦	谷　地	51011
③	大　村	53010
⑨	沢　里	10000
H9	伊　藤	30000
⑤	佐　藤	41111
④	長　川	41111
①	播　磨	30000
H1	松　川	22000
②	荒　谷	31010
H	宇　部	11100
2	吉　田	10010
犠盗失併残		
31119		4211393

【花巻東】		打安点振球
⑥	宮　沢	41002
③	佐々木	31011
8	渡　辺	10000
⑤1	菱　川	50021
②	田　代	51011
⑧7	相　野	50001
⑨	佐　藤	51101
⑦3	黒　沢	32101
④	小　原	11000
4	広　内	20011
①	万　谷	10010
H5	菊　池	41100
犠盗失併残		
340212		398369

▽審判　球審＝千葉　塁審＝千田、菊地、那須野
▽試合時間　2時間52分（中断4分）

投手	回	打安振球失
播　磨	8	365373
松　川	3⅔	153321
万　谷	4	175202
菱　川	8	316731

花巻東 4—3 久慈

花巻東が息詰まる投手戦を延長十二回サヨナラで制し、3連覇を懸けた決勝に駒を進めた。2死二塁から佐藤史弥（3年）が中越えに運んで2時間52分の熱戦に終止符を打った。

五回から継投した右腕菱川一輝（3年）が、主戦の責任を果たす気迫の投球で久慈に傾きかけた試合の流れを引き戻した。菱川は3週間ほど前、試合中のスライディングで右の中指を負傷。まだ本調子ではなかったが、1球ごとに「よっしゃー」と雄たけびを上げて自らを鼓舞し、威力のある直球を低めに投げ込んだ。九回、相手下位打線に連打を許して同点に追いつかれたが、延長戦は隙を見せずに投げ切った。

菱川は「けがから復帰したばかりなのに背番号1を任され、仲間にも温かい声をもらった。『粘り強く投げねば』と頑張ったが九回に投げ急いでしまった。自分の甘さを克服し、3連覇を果たしたい」と気合を入れた。

丁寧な投球で花巻東の左打者を翻弄した久慈の先発播磨

久慈投手陣が持ち味発揮

久慈の投手陣が、左の強打者が連なる花巻東打線を苦しめた。先発の左腕播磨颯和（3年）は、内角を丁寧に突く投球で詰まらせ、八回まで3失点。九回からリリーフした主戦の右腕松川緋祥《ひさき》（同）も最後はサヨナラ打を喫したが、緩急自在の投球で粘り強く投げた。

打線は花巻東を上回る11安打。二回と四回は主砲大村蓮（同）が連続の二塁打を放つなど、チーム一丸で流れを引き寄せた。試合後、播磨は「ピンチの時こそ冷静に投げられる自分の長所を出せた。普段通りの投球でも十分通用することが分かった」と、夏に向けて自信を深めた。

柴田護監督も「播磨には落ち着きや丁寧さという素晴らしい持ち味がある。そこをもっと引き出していきたい」と、敗戦の中に大きな希望を見いだしていた。

SEMIFINAL

準決勝

5月24日

花巻南—盛岡大付　9回表花巻南無死満塁、高橋が右中間へ2点適時打を放ち、盛り上がる花巻南ベンチ

■一関市・一関運動公園球場

花巻南

0	0	0	0	0	0	0	0	4	**4**
4	1	0	0	0	0	1	0	x	**6**

盛岡大付

（花）柿沢、桜田、高橋—平野、菊池
（盛）柴田、大平、千葉雄、三浦—田屋、千葉大
【本】新井（盛）
【二】金子2（盛）

盛岡大付は初回、新井の本塁打などで4点を先制。二、七回は四球を足掛かりに松本の適時打で1点ずつ加え、4人による継投で逃げ切った。

花巻南は九回に高橋の2点適時打などで4点を挙げ追い上げたが、及ばなかった。

【花巻南】		打安点振球
④	佐藤	40101
⑧	菊地	40021
⑥	藤川	41110
③	及川	40001
⑨	下瀬川	41011
⑤	小原大知	33001
⑦	沢田	30011
①	柿沢	20000
1	桜田	10000
1	高橋	11200
②	平野	00001
2	菊池	10002
犠盗失併残	102110	316459

【盛岡大付】		打安点振球
⑤	松本	32201
⑦	平内	42000
R	大貫	00000
1	千葉雄	00000
1	三浦	00000
⑧	渡辺	40000
⑨	小針	30001
③	金子	32100
R7	駒田	00000
④73	新井	41200
②	田屋	40020
2	千葉大	00000
⑥	佐々木	10002
①	柴田	00000
H	中沢	00001
1	大平	10000
H4	南	10000
犠盗失併残	14114	287525

▽暴投　柿沢（花）2＝一回、二回、桜田（花）1＝七回、柴田（盛）1＝二回
▽審判　球審＝三浦　塁審＝佐藤、鈴木、熊谷
▽試合時間　2時間18分

投手	回	打安振球失
柿沢	3	164135
桜田	3⅓	121121
高橋	1⅔	62000
柴田	2	101130
大平	5	182120
千葉雄	1⅔	73114
三浦	1	60230

花巻南、反撃あと一歩

盛岡大付 6—4 花巻南

花巻南は立ち上がりの失点が響き、初の決勝進出を逃した。

先発柿沢佑多（2年）が強打の盛岡大付に場外弾を浴びるなど5点を失い、いきなり苦しい展開に。しかし、四回から救援した桜田太暉（3年）がキレのあるスライダーを丁寧に低めに集め、3回1/3を1失点にまとめた。0—6とリードを広げられ、なお七回2死二塁では主戦高橋陸（同）が登板。後続を断ち、反撃ムードをつくった。

投手陣の頑張りに応え、最終回は無死満塁の好機から高橋の2点適時打などで4点を奪い、盛岡大付を慌てさせた。酒井典生監督は投手陣をたたえた上で、「3位決定戦は、これまで積み上げてきたものを出す」と次を見据えた。

盛岡大付、先制弾で主導権

盛岡大付が初の4強進出で勢いに乗る花巻南を退け、3大会ぶりの決勝進出を決めた。

初回、相手の暴投や盗塁などで早々に2点を挙げると、「当たった瞬間確信した」と6番新井流星（3年）がレフトスタンドを越える2点場外弾。特大の高校通算32号で主導権を握った。二回は1死三塁から松本龍哉（3年）が低めのスライダーを振り抜いて加点。八回にも松本の適時打で6—0とした。

一方で投手陣には課題が残った。4人が9四死球を与え、何度もピンチになった。八回までは要所を抑えたものの、九回は2点差にまでに詰め寄られた。関口清治監督は「決めるところで決める」と選手に気合を入れ直した。

初回、左越えの場外本塁打を放つ盛岡大付の新井

宮古商工—花巻南　宮古商工打線を七回途中まで2失点に抑えた花巻南の主戦高橋

QUATERFINAL

準々決勝

5月18日

花巻南が12安打で宮古商工にコールド勝ちを収め、初の4強進出を果たした。花巻東は1年生佐々木の先制アーチで勢いに乗り、一関学院に快勝した。

花巻南、集中打で初4強

花巻南 10—2 宮古商工

花巻南が勢いに乗る宮古商工にコールド勝ち。春の大会初のベスト4入りを果たした。

主戦高橋陸（3年）が投打にフル回転した。投げては初回こそ押し出し四球で先制点を与えたものの、二回以降は「自分の武器は低めの制球力」と落ち着きを取り戻す。外角低めの直球と鋭い変化球で打ち取った。

立ち直ったエースの力投に応え、打線も奮起した。0—1の三回、先頭の佐藤滉太（3年）が右越え三塁打で反撃の口火を切る。菊地亮翔（3年）の内野安打ですぐさま同点。さらに2死満塁から「取られた分は自分のバットで取り返す」と、高橋が走者一掃の三塁打を放ち、この回5点。続く四回にも沢田航太（2年）、高橋の連続二塁打などで5点を奪い、宮古商工を大きく突き放した。

宮古商工は先制実らず

実力校を立て続けに破った宮古商工の快進撃が止まった。

地区予選から力投してきた主戦川戸一輝（3年）は、甘く入った直球をことごとく相手にはじき返された。打線も先制点こそ奪ったが、相手主戦を捉えきれない。斉藤亮汰（3年）の右越え三塁打が飛び出した七回も1点を返すにとどまった。

菊池暁監督は「地区予選からよくここまではい上がった。失点の原因を分析し修正する」と夏を見据えた。

1年生佐々木 流れ呼ぶ先制弾

花巻東 9—3 一関学院

1年生の先制本塁打が、花巻東に流れを呼び込んだ。初回、2番佐々木麟太郎が「甘い直球を見逃さなかった」とフルスイング。打球は右翼手のはるか上を越えた。佐々木洋監督の息子で、16日の2回戦でも2本の本塁打を放ったチーム期待の星。監督は「地区予選より成長している」と目を細めた。

花巻東—一関学院　1回表花巻東1死、先制本塁打を放ち、ガッツポーズで本塁を踏む佐々木

■一関市・一関運動公園球場

宮古商工	1	0	0	0	0	0	1	2
花巻南	0	0	5	5	0	0	×	10

（七回コールド）

(宮)川戸、穂高—三田地
(花)高橋、柿沢—平野
【三】斉藤(宮)佐藤、高橋(花)
【二】菊地、沢田、高橋、及川(花)

【宮古商工】		打安点
⑥	荒　川	400
②	三田地	410
⑤1	穂　高	300
⑧	鈴　木	310
④	瀬川　蓮	300
③	橋　場	211
⑦	佐々木丈	310
⑨	斉　藤	310
①	川　戸	100
5	宇都宮	200

振球犠盗失併残…………
7200107　2851

【花巻南】		打安点
④	佐　藤	310
⑧	菊　地	321
⑥	藤　川	410
③	及　川	321
⑨	下瀬川	320
⑤	小原大知	400
⑦	沢　田	313
①	高　橋	335
1	柿　沢	000
②	平　野	300

振球犠盗失併残…………
0410206　291210

▽審判　球審=三浦　塁審=小野寺、加藤、佐々木
▽試合時間　1時間46分

■一関市・一関運動公園球場

花巻東	1	3	0	0	0	2	1	0	2	9
一関学院	0	0	0	0	0	0	3	0	0	3

(花)万谷、菱川—田代
(一)奥谷、伊藤、鈴木壮—杉沢
【本】佐々木(花)
【二】佐々木、田代2(花)

【花巻東】		打安点
⑥	宮　沢	412
③	佐々木	522
8	渡　辺	000
⑤1	菱　川	310
②	田　代	421
⑧7	相　野	401
⑨	佐　藤	100
⑦3	黒　沢	200
④	広　内	211
H	工　藤	000
45	菊　池	100
①	万　谷	110
H	八　木	110
4	熊　谷	000

振球犠盗失併残…………
5860326　2897

【一関学院】		打安点
③	佐々木	410
⑧	佐藤　拓	300
⑨	岩　渕	300
①4	奥　谷	310
⑤	八　幡	100
1	伊　藤	100
H	鈴木　幹	100
1	鈴木　壮	100
⑦	留　場	100
H7	斎　藤	100
②	杉　沢	310
H	小　松	000
④5	佐藤　零	200
H5	高　橋	211
⑥	山　本	200
H6	千葉　竜	200

振球犠盗失併残…………
3510206　3041

▽審判　球審＝千田　塁審＝川口、伊東、阿部
▽試合時間　2時間28分

QUATERFINAL

準々決勝

5月22日

久慈が盛岡中央をコールドで下し、４年ぶりのベスト４入り。盛岡大付は松本龍哉(3年)の高校通算60号となる満塁弾が飛び出し、専大北上に快勝した。

■金ケ崎町・しんきん森山スタジアム

久慈

久慈	2	3	0	0	2	0	0	7	
盛岡中央	0	0	0	0	0	0	0	0	(七回コールド)

盛岡中央

(久)松川、播磨—荒谷
(盛)斎藤、中川—小笠原颯、橋本
【二】佐藤(久)

【久慈】	打安点
⑥ 野崎	211
⑧ 高橋琉	400
⑦ 谷地	211
③ 大村	421
⑨ 沢里	422
⑤ 佐藤	321
① 松川	400
1 播磨	000
④ 長川	410
② 荒谷	411
振球犠盗失併残…………	
6500118	31107

【盛岡中央】	打安点
⑧ 藤本	200
⑤ 茅橋	200
4 佐々木優	100
⑥ 岩動	300
⑨ 小沢	310
③ 大沼	100
H 小笠原彩	100
④5 菊池	310
⑦ 萩生田	300
② 小笠原颯	100
H 星野	100
2 橋本	000
① 斎藤	100
1 中川	000
振球犠盗失併残…………	
4300014	2220

▽審判　球審＝下川原　塁審＝千葉、細川、那須野
▽試合時間　1時間43分

■金ケ崎町・しんきん森山スタジアム

専大北上

専大北上	0	0	0	0	0	0	0	0	
盛岡大付	0	5	0	2	1	0	×	8	(七回コールド)

盛岡大付

(専)梶川、遠藤海、佐藤—岩波
(盛)渡辺—田屋
【本】松本(盛)
【二】南、松本(盛)

【専大北上】	打安点
⑥ 男沢	310
⑦ 遠藤魁	300
② 岩波	200
H 泉山	100
⑨ 長島	300
③ 福島	300
⑧ 湯浅	200
⑤ 前川	200
④ 辻野	200
① 梶川	100
1 遠藤海	000
1 佐藤	100
振球犠盗失併残…………	
7000212	2310

【盛岡大付】	打安点
⑤ 松本	434
⑥ 佐々木	210
③ 金子	210
R8 大貫	000
⑨ 小針	411
9 駒田	000
⑧7 新井	301
④ 南	310
② 田屋	200
⑦ 平内	200
3 庄司	000
① 渡辺	100
振球犠盗失併残…………	
3632106	2376

▽審判　球審＝鈴木　塁審＝長坂、佐藤、熊谷
▽試合時間　1時間27分

久慈—盛岡中央　1回表久慈2死一、二塁、沢里が右前に運び1—0と先制する。捕手小笠原颯

久慈4年ぶりベスト4

久慈 7—0 盛岡中央

投打にかみ合った久慈がコールド勝ちし、4年ぶりの準決勝進出を決めた。

2死から連打が飛び出した。初回2死一、二塁。投手登録ながら打力を買われた5番沢里大志(3年)が一、二塁間をしぶとく抜く先制打。県大会初打席で柴田護監督の起用に応えた。続く佐藤汰星(2年)も三遊間を破る適時打を放ち、盛岡中央の出はなをくじいた。

二回は2死一、二塁から谷地飛良(3年)の内野安打、大村蓮(同)の右前打、沢里の左翼線安打とたたみかけ、序盤で優位に立った。

打線の援護を得た主戦松川緋祥(同)は、直球を主体に6回1安打と好投。バックも好プレーでもり立て、四回は一塁手の大村が小フライを好捕して併殺を完成させれば、五回は中前打の打者走者を一、二塁間で挟殺した。

柴田護監督は「守りも攻めも序盤勝負だった。2死から粘り強く点を取れたのも大きい」と選手をたたえた。春は17年に準優勝して以来の4強進出。宇部天翔主将(同)は「優勝まで常にチャレンジする」と力強く宣言した。

松本満塁アーチ 盛岡大付が快勝

盛岡大付 8—0 専大北上

強豪私学対決は盛岡大付が投打で圧倒した。松本龍哉(3年)の満塁弾で優位に進め、先発渡辺翔真(同)は7回1安打無失点。昨秋の準々決勝に続いて専大北上を退けた。

二回、南早羽己(同)の二塁打を足掛かりに1死満塁と攻め立て、打席は1年時から活躍する松本。「渡辺が良いテンポで投げていた。何とか先制点を取りたかった」。内角の直球を捉えた左打者の打球は右中間にぐんぐん伸び、高校通算60号の節目を飾る満塁弾となった。

先発渡辺はストライク先行で、六回まで1人の走者も許さない。球場入りしてから調子が上がらなかったというが、直球を中心にスライダー、カーブ、チェンジアップで相手打者を手玉に取った。さすがに「意識した」という七回に初安打を浴び、失策も絡んで無死一、二塁のピンチを招いたが、背番号1は焦らずに連続三振でしのぎ切った。

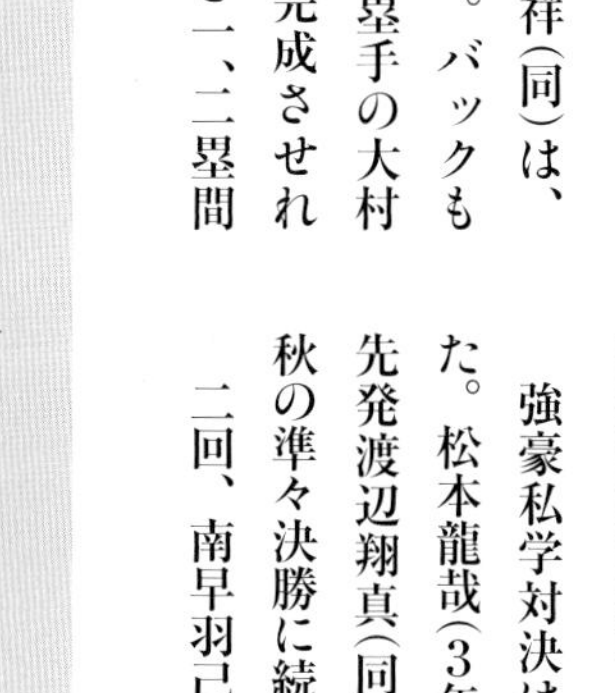

専大北上—盛岡大付　2回裏盛岡大付2死満塁、松本が右中間本塁打を放ち4—0と先制する

宮古商工、競り勝って8強

宮古商工 5―3 花巻農

宮古商工が昨秋県大会4強の花巻農との接戦を制してベスト8入り。夏の岩手大会のシード権を獲得した。

攻守で粘りを発揮した。2―3で迎えた七回、2死満塁から荒川快主将(3年)が「打席に入る前から決めていた」と相手の意表を突くセーフティーバントを決めて同点。好守で何度も窮地を救った主将が、鮮やかな小技で試合を振り出しに戻した。

3―3で迎えた八回のピンチも冷静にしのいだ。四球や暴投などで無死満塁。マウンドの2番手穂高広海(3年)は「ベンチからの伝令で少し落ち着いた」と開き直り、力強い直球を投げ込んで強打の花巻農に得点を許さない。こうなると流れは宮古商工。穂高がその裏、先頭打者として出塁し、橋場辰徳(3年)の右越え三塁打で勝ち越しのホームを踏んだ。

菊池暁監督は「昨秋から気持ちの面は大きく成長している。自信を持っていい」とチーム力の上昇に手応えを感じる。荒川は「目の前の試合を一つ一つ戦う」と冷静に語った。

花巻農に競り勝ち、準々決勝進出を喜ぶ宮古商工の選手たち

一関学院、着実に加点

一関学院 6―1 盛岡工

一関学院が着実に得点し、昨秋県大会準優勝の力を見せた。先制を許した直後の二回、相手の失策に乗じてすかさず同点とすると、三回は無死三塁から佐藤拓己(3年)の右前打で勝ち越し。四回以降も好機をしっかり得点に結びつけ、盛岡工を突き放した。高橋滋監督は「先制されても粘り強く点を積み重ねられた」。

投げてはチームの信頼が厚い伊藤龍紀(3年)が、6安打を打たれながらも5回無失点の好救援。球威のある直球を内外角に投げ分けた。

奥谷奏翔主将(3年)は「後半の強さを武器に夏の岩手大会の第1シードを取る」と準々決勝以降に向けて、気合を入れ直した。

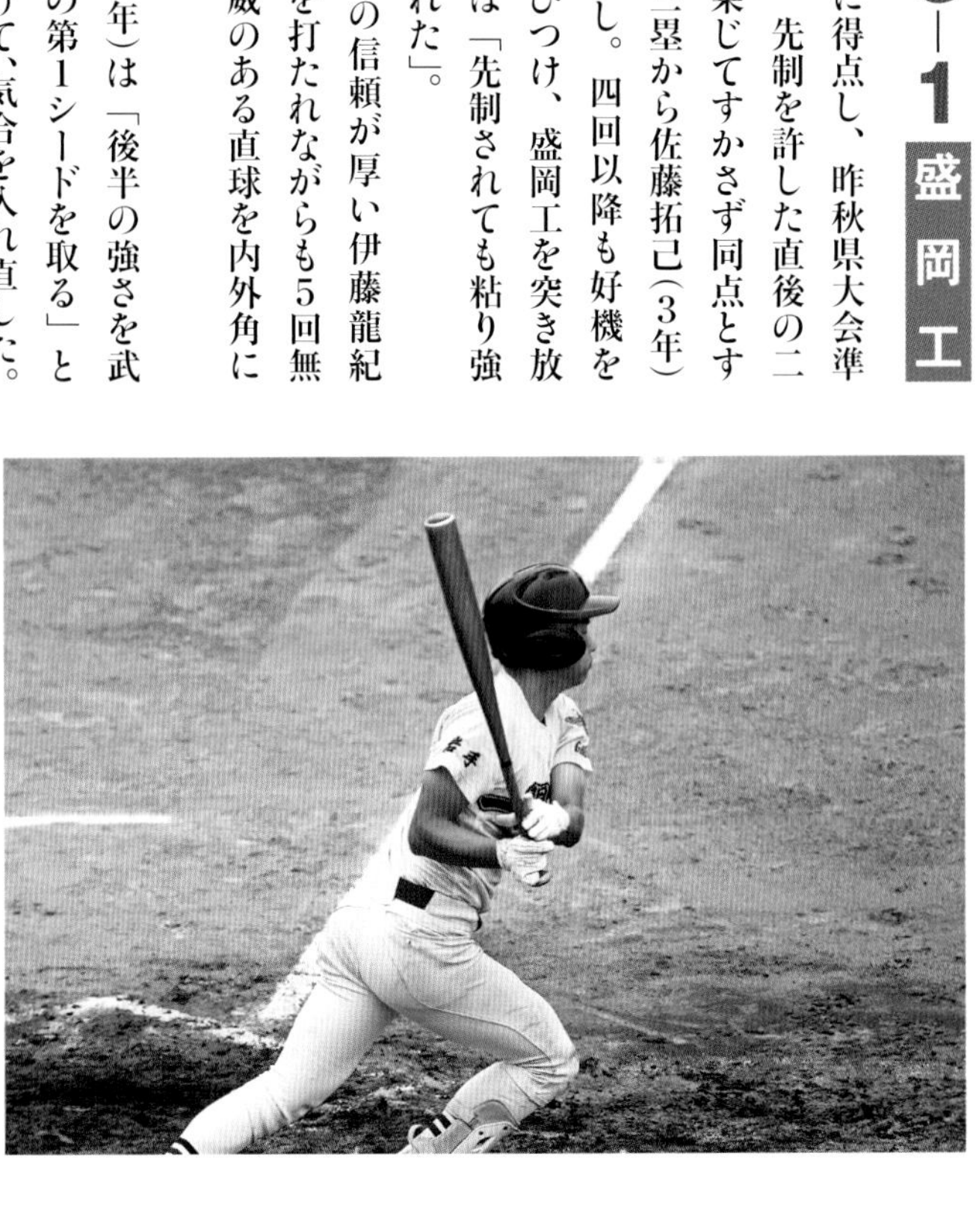

盛岡工―一関学院　3回裏一関学院無死三塁、佐藤拓が右前打を放ち2―1と勝ち越す

SECOND ROUND

2回戦

5月16日

宮古商工が昨秋県大会4強の花巻農に競り勝ち、一関学院、盛岡中央、花巻東の私立勢も快勝。花巻東の佐々木麟太郎（1年）が2打席連続本塁打を放った。

■一関市・一関運動公園球場

盛岡工	0	1	0	0	0	0	0	0	0	1
一関学院	0	1	1	2	0	1	1	0	×	6

(盛)滝本、五日市、川崎―熊谷大、藤原大、熊谷大
(一)千葉華、伊藤―杉沢
【二】菊池、高橋皇(盛)斎藤、佐々木(一)

一関修紅	0	1	2	0	0	1	0	4
盛岡中央	1	5	1	4	0	0	×	11

(七回コールド)

(一)佐藤翔、千葉蓮、佐藤翔、小原、檀上、小原―千葉圭
(盛)高橋、小笠原彩、斎藤―小笠原颯
【本】佐藤柊(一)
【三】萩生田、藤本(盛)
【二】檀上、渡辺、山崎(一)小笠原颯、小笠原彩(盛)

花巻農	1	0	0	0	0	2	0	0	0	3
宮古商工	1	0	0	0	1	0	1	2	×	5

(花)藤原奏―瀬川
(宮)川戸、穂高―三田地
【三】橋場(宮)
【二】三浦(花)

■金ケ崎町・しんきん森山スタジアム

平舘	0	0	0	1	0	1
花巻東	0	0	12	0	×	12

(五回コールド)

(平)瀬川―阿部
(花)中居、八木―田代
【本】佐々木2(花)
【二】瀬川(平)

SECOND ROUND

2回戦

5月16日

昨秋の県大会覇者・盛岡大付は終盤に勝ち越し。久慈は水沢商に競り勝った。花巻南は大船渡東に快勝、専大北上は水沢をコールドで下した。

■金ケ崎町・しんきん森山スタジアム

大船渡東

0	0	1	0	0	0	1	0	0	2
1	0	0	1	0	5	0	0	×	7

花巻南

(大)斉藤、仁木、熊谷大—野々村
(花)桜田、柿沢—平野
【三】堀(花)
【二】野々村、木下(大)佐藤、下瀬川(花)

水沢

1	0	0	1	0	1	0	3
0	0	1	4	0	3	2x	10

(七回コールド)

専大北上

(水)門脇、菊池、宇部—竹田
(専)長島、梶川—岩波
【二】及川、吉田、柳久保(水)辻野、長島、湯浅、遠藤魁(専)

■一関市・東山球場

久慈

1	0	0	2	0	0	0	0	0	3
0	0	0	0	0	0	0	1	0	1

水沢商

(久)松川—荒谷
(水)遠藤、稲田—荒井
【三】大村(久)
【二】高橋琉、大村(久)

盛岡大付

0	0	0	0	0	1	0	3	0	4
0	0	1	0	0	0	0	0	0	1

黒沢尻工

(盛)三浦、小野寺—田屋
(黒)根本、熊谷、藤沢—嘉藤
【二】渡辺、南(盛)

盛岡大付打線 八回やっと本領

盛岡大付 4—1 黒沢尻工

盛岡大付打線が時速100キロに届かないような球をどうしても捉えられない。「自ら苦しい試合にしてしまった」と関口清治監督。昨秋の王者が、もがき苦しんで8強入りした。

黒沢尻工のマウンドは右下手投げの根本夏珠葵(3年)。予想はしていたが、まんまと術中にはまった。打撃マシンを160キロに設定することもあるチームは「打ちたい打ちたい(という気持ち)が先行した」(田屋瑛人主将＝3年)と、五回まで無得点。毎回安打は出るものの要所でスローカーブに泳がされ、大きな飛球は相手の深い外野シフトに捕まり、本塁打性の当たりは逆風で戻された。

三回には二走がけん制で刺され、その裏にタイムリー失策で先制点を献上。嫌なムードが漂う中、五回終了の円陣で関口監督は「こういう試合を勝てないと、夏も勝てないぞ」と叱咤《しった》した。

直後の六回、田屋主将の適時打で追いつき、迎えた八回。先頭打者が四球で出塁したところで、根本が降板した。ここで相手2番手に連打で畳み掛け、ようやく勝ち越した。代打起用に応え、決勝の2点二塁打を放った南早羽己(3年)は「勝負強い選手が欲しいと言っていた監督の期待に応えられた」と笑みを見せた。「対応力が反省点。どんな投手でも打ち返さないと」と田屋主将は反省の弁を口にした。

盛岡大付—黒沢尻工　8回表盛岡大付無死二、三塁、代打南の右翼線二塁打で3—1と勝ち越す。捕手嘉藤

4番とエース 久慈の柱が活躍

久慈 3—1 水沢商

4番が打って、エースが抑える。久慈は投打の柱がきっちり役目を果たし、競り合いをものにした。

4番大村蓮(3年)は初回に先制の中前打を放つと、四回には右中間へ運び、2点目となる三塁打。いずれも「配球からスライダーが来るだろう」と読み通りの球種を狙い打った。昨秋まで控えに甘んじていたが「ひと冬越えて心技体ともたくましくなった」と柴田護監督。今春から主軸に起用した指揮官の期待に応え、本人も「4番らしい役割を果たせた」とうなずいた。

背番号20の捕手荒谷陽己(2年)と初バッテリーを組んだ主戦松川緋祥(3年)も、素早い援護に「気持ちが楽になった」とテンポ良く投げ込んだ。「きょうは走っていた」という直球を主体に七回まで無失点。高めに浮いた終盤はピンチが続いたが「よっしゃー」と自らを鼓舞するようにほえながら、投げ切った。「3点あったので一つずつアウトを取っていこうと思えた」と、打線への感謝を忘れなかった。

久慈—水沢商　1回表久慈2死二塁、大村が中前に先制打を放つ

FIRST ROUND

1回戦

5月15日

黒沢尻工が久慈東にサヨナラ勝ち。昨秋県大会4強の花巻農は一関一をコールドで退けた。専大北上も男沢凱生（2年）の4安打など計19安打で釜石商工を圧倒した。

■一関市・一関運動公園球場

久慈東

0	0	1	0	0	3	0	0	0	4
0	0	2	0	0	0	0	2	1x	5

黒沢尻工

（久）長倉―釜谷
（黒）藤沢、熊谷―嘉藤
【三】加美、北沢蓮（久）柏葉（黒）
【二】土屋（黒）

一関一

1	0	0	0	0	0	0	0	1
1	0	0	1	2	3	0	1x	8

（八回コールド）

花巻農

（一）小原、千葉洸、熊谷翔、須藤―高橋
（花）藤原奏、遠藤―瀬川
【二】葛巻力、高橋悠、三浦（花）

専大北上

0	1	8	0	1	5	15
0	0	2	0	0	0	2

（六回コールド）

釜石商工

（専）内沢、藤坂―岩波
（釜）佐々木稜、小野、古川―平野裕
【本】男沢（専）
【三】遠藤魁（専）
【二】男沢、岩波2、内沢、福島、藤坂（専）

黒沢尻工がサヨナラ勝ち

黒沢尻工 5―4 久慈東

久慈東―黒沢尻工　9回裏黒沢尻工2死一、二塁、サヨナラのホームを踏んだ二走柏葉（左から2人目）とサヨナラ打を放った藤沢が歓喜のハイタッチ。捕手釜谷

背番号1が投球の借りをバットで返した。黒沢尻工は同点の九回、主戦藤沢主樹（3年）が中前打を放ちサヨナラ勝ち。サヨナラのホームを踏んだ二走柏葉大夢主将（3年）とタッチを交わし「自分が取られたんだから、自分でかえそう。そう思っていた」と劇的勝利に笑顔を取り戻した。

2―1と1点リードの六回表、右腕は長打2本を浴び、失策も重なって3失点。「初回はいい感じだった」という直球は後半に入って球威が落ち、そこを狙われた。逆転を許したこの回限りでマウンドを降り、七回から遊撃手に回った。

2番手熊谷航（3年）が七回以降を無失点で切り抜け、八回に味方が追いつく。こうなれば、流れは黒沢尻工だ。九回2死から安打と四球で一、二塁。舞台は整った。

ここまで3打数無安打2三振の藤沢だったが、迷いはない。「甘い球は初球から打つ」との言葉通り、初球の直球を振り抜いた。「行け」。藤沢の信念を乗せた打球は、二塁手のグラブをはじいて中前に達した。

一関一、節目飾れず

花巻農 8―1 一関一

地元開催の大会で、一関一は花巻農にコールド負け。創部120周年の節目の春を飾れなかった。

1点を勝ち越された四回、続くピンチに右翼手千葉和（3年）が二走を本塁で刺す好返球。「流れを切った。これで反撃につながる」と思ったが、五、六回に計5失点。そのまま昨秋の県大会4強に押し切られた。

打線は二回以降1安打に終わり、四回以降は走者を出せずじまい。橋野義明主将（3年）は「踏ん張りきれなかった。この負けを夏に返したい」と悔しさをかみしめた。

一関一―花巻農　4回裏花巻農2死二塁、藤原怜の右前打で本塁を狙う葛巻力を千葉和の好返球でタッチアウト。捕手高橋

FIRST ROUND

1回戦

5月15日

統合後、春の県大会初出場の宮古商工が福岡に競り勝った。花巻南は先発高橋陸が岩手を零封し、水沢も継投で福岡工に本塁を踏ませなかった。

■金ケ崎町・しんきん森山スタジアム

花巻南

1	0	0	0	3	0	0	0	0	4
0	0	0	0	0	0	0	0	0	0

岩手

(花)高橋—平野
(岩)西村、桜田—小野
【二】佐藤、平野(花)

宮古商工

4	0	1	0	0	1	0	0	0	6
0	1	0	3	1	0	0	0	0	5

福岡

(宮)川戸、穂高—三田地
(福)平、荒谷、松沢—漆原
【三】山市(福)
【二】瀬川蓮2(宮)山市、菅野(福)

福岡工

0	0	0	0	0	0	0	0
1	0	1	1	3	3	×	9

(七回コールド)

水沢

(福)高田—高森
(水)藤沢、宇部—竹田
【本】小野寺(水)
【三】秋山、竹田、菊地(水)
【二】藤沢(水)

宮古商工「初陣」飾る

宮古商工 6—5 福岡

統合後初の春の県大会に臨んだ宮古商工が、つなぐ打撃で大会50回出場の福岡を振り切った。

初回1死から3連打で満塁の好機をつくると、地区予選で不調だった瀬川蓮汰(3年)が先制の2点二塁打。チームを勢いづけた。五回に5—5の同点とされたが、六回に荒川快主将(3年)の左前打を足掛かりに挙げた1点を守り切った。菊池暁監督は「単打でつないだ初回の攻撃が全てだった」と選手をたたえた。

宮古商と宮古工が統合して昨春開校したが、校舎は2カ所に分かれたまま。一部の選手はグラウンドまでバスで移動する。限られた時間の中、単打やゴロでつなぐ攻撃を普段から徹底してきたという。

次戦は夏のシード権を懸けて、昨秋の県4強花巻農とぶつかる。荒川主将は「チーム一丸となり我慢強く戦う」と勝利を誓った。

宮古商工—福岡　1回表宮古商工1死満塁、瀬川蓮が左翼線に先制の2点二塁打を放つ

花巻南鮮やか3連打

花巻南 4—0 岩手

攻守がかみ合った花巻南が快勝した。先頭打者の佐藤滉太(3年)が「体が反応した」と、いきなり初球をとらえて二塁打。この一打を皮切りに3連打で早々に先制し、チーム全体が波に乗った。五回には平野了(3年)の二塁打などで3点を追加。投げては高橋陸(3年)が、打たせて取る投球で本塁を踏ませなかった。小原大知主将(3年)は「守備からリズムをつくり、8強入りする」と目標達成を誓った。

花巻南—岩手　5回表花巻南2死一、三塁、平野の二塁打で三走に続き一走高橋が生還、4—0と突き放す。捕手小野

FIRST ROUND

1回戦

5月14日

平舘が高田の反撃を振り切り、春の県大会初勝利を挙げた。一関修紅は最終回に3点差を逆転。一関学院はそつなく加点し、コールド勝ちした。

■一関市・一関運動公園球場

伊保内	0	0	0	0	0	0	0	0
一関学院	0	2	1	1	0	0	3x	7

（七回コールド）

(伊)森―林
(一)寺尾、山崎、鈴木―杉沢
【三】岩渕(一)
【二】佐藤拓、佐藤零(一)

高田	1	0	0	0	0	1	0	0	3	5
平舘	0	3	1	0	0	0	0	2	×	6

(高)平山―熊谷
(平)瀬川―阿部
【二】村上真(高)畠山朔、瀬川(平)

一関修紅	0	0	1	0	0	1	0	0	4	6
盛岡農	0	1	2	1	0	0	0	1	0	5

(一)小原、千葉蓮、渡辺―千葉圭
(盛)工藤、熊谷―大志田広
【二】佐藤柊、那須、君成田(一)小野寺、熊谷、大志田広(盛)

平舘―高田　2回裏平舘2死満塁、佐々木が適時打を放ち3―1と逆転する

平舘、春初勝利飾る

平舘 6―5 高田

平舘が春の県大会初勝利を挙げた。小林哲雄監督は「学校の新たな歴史を地域の人たちとつかんだ」と喜んだ。

0―1で迎えた二回2死満塁。9番田村廉(3年)の内野安打で同点。続く佐々木英朗(同)は「とにかく点を返したい」と高めの直球をはじき返し、逆転の2点適時打。流れを一気に引き寄せた。

二回から八回まで毎回安打。八回は2死から3連打で2点を追加し、相手を突き放した。地区予選では4点以上得点できなかった打線が、この日は計17安打。打力で昨夏ベスト4の実力校を下した。

先発の瀬川流星(2年)は直球を内外角に投げ分け、緩い変化球も使いながら、力のある高田打線をかわした。最終回に制球が定まらず追い上げられたものの、最後まで気持ちは切らさなかった。

武藤快成主将(3年)は「夏に向けて貴重な経験になる。次戦も強い相手だが、平舘野球をぶつけたい」と意気込んだ。

一関修紅が九回3点差逆転

一関修紅 6―5 盛岡農

一関修紅が最終回に3点差を逆転した。1点を返し、なお2死二、三塁の場面で代打君成田楓(1年)が2点適時二塁打。次打者が四球でつなぐと、「決めてやるという気持ちで打席に立った」という1番檀上慶太(3年)が力強いスイングで、一塁線を抜ける決勝打を放った。

松好祐二監督は「あの緊迫した場面でよくバットを振り切ってくれた」とたたえた。高橋謙心主将(3年)は「この勝利はこれからの糧になる。油断せずに次に臨みたい」と意気込んだ。

一関修紅―盛岡農　9回表一関修紅2死一、二塁、檀上が一塁線を抜ける勝ち越しの適時打を放つ

FIRST ROUND

1回戦

5月14日

花巻農と水沢工が、終盤の逆転で初戦を突破。盛岡工は主戦五日市の好投で久慈東に快勝。盛岡四は外野の好守で花巻北に競り勝った。

■金ケ崎町・しんきん森山スタジアム

盛岡工

4	1	0	0	0	0	0	0	0	5
0	0	0	0	0	0	0	0	3	3

大東

(盛)五日市、熊谷春、五日市、川崎―藤原大
(大)滝沢、佐藤彗―菊池央
【本】佐藤彗(大)
【三】仁佐瀬(盛)佐藤塁(大)
【二】庭(盛)高橋(大)

盛岡市立

0	0	0	0	0	0
7	2	3	1	×	13

(五回コールド)

花巻東

(盛)宮野、田村、太布―伊藤
(花)南、中居、金―田代
【本】八木(花)
【二】宮沢、田代、菱川、千葉(花)

■一関市・東山球場

水沢商

0	0	0	0	0	0	3	0	1	0	0	2	6
0	2	1	1	0	0	0	0	0	0	0	0	4

盛岡三

(延長十二回)

(水)遠藤―荒井
(盛)下谷地、鷹觜―小柳
【二】原田、千田2、油井(水)佐々木聖、及川、斎藤(盛)

水沢工

0	1	0	0	0	1	0	1	0	3
1	0	0	3	2	2	0	1	×	9

盛岡中央

(水)山本、安倍―高橋
(盛)小笠原彩、斎藤―小笠原颯
【二】伊藤(水)岩動2、小笠原彩、小沢(盛)

延長十二回 水沢商が制す

水沢商 6―4 盛岡三

水沢商が投打一丸の粘り強い戦いぶりで延長十二回の熱戦を制した。

序盤は主戦遠藤亮祐(3年)が高めに浮いた直球を打ち込まれ、四回までに4失点。それでもエースに焦りはなかった。狙われた直球系の球と見分けが付きにくい変化球を低めに集め、五回以降は本塁を踏ませず、味方の反撃を待った。

遠藤の落ち着きに力を得て、打線も次第に奮起。七回一死から千田光琉(2年)の中越え二塁打などで3―4の1点差に詰め寄ると、九回は千田の右越え二塁打などで試合を振り出しに戻した。延長十二回は油井伸悟(2年)の中越え二塁打などで2点を奪い、勝ち越しに成功した。

水沢商―盛岡三　粘りの投球で逆転勝利を呼び寄せた水沢商の遠藤

兄2人も水沢商の主戦だった遠藤は「速い球が投げたい」と力んだ時期もあったというが、身上の打たせて取る投球で勝利を呼び込んだ。小山監督は「4点差はきついと思ったが、冷静さを失わずよく投げてくれた。これまでの努力が報われた」とたたえた。

遠藤は「『耐えて耐えて後半勝負』がうちの合言葉。何回まででも耐え抜くつもりで投げたら、みんなが応えてくれた。次も粘って投げ抜きたい」と誇らしげに語った。

盛岡工が先制パンチ

盛岡工 5―3 大東

盛岡工は初回、相手のミスを逃さずたたみかける攻撃で試合の流れをつかんだ。

2番仁佐瀬諒雅(3年)の右中間三塁打が相手の動揺を誘った。四死球や敵失で走者をため、7番藤原大将(2年)の左前適時打などで一気に4点を先制。二回も犠飛で加点し大東を突き放した。

主戦五日市健永(3年)は「球が伸びていて調子は良かった」と直球と低めの変化球を織り交ぜ、凡打の山を築いた。スタミナを考慮して六回に一度内野の守備についたが、七回から再度登板。三回以降、得点を奪えずにいたチームを支えた。九回は右ふくらはぎをつって降板したエースは「こんなに長いイニングを投げたのは初めてだった。次戦は最後までリズムよく自分のボールを投げたい」と課題を挙げた。

盛岡地区（盛岡市・県営球場、八幡平市総合運動公園球場）

▽1回戦

盛岡北0200000｜2
盛岡一240300×｜9
（七回コールド）
（北）伊藤、山本―岩崎
（一）斎藤、工藤―金沢
【三】小野（北）【二】佐々木航（一）

不来方00000｜0
盛岡三5027×｜14
（五回コールド）
（不）佐々木、阿部、塚本―北舘
（盛）下谷地、佐々木諒、内田―小柳、佐藤
【本】北舘（盛）【三】小柳、下谷地（盛）【二】波岡（不）志和、及川、斎藤（盛）

盛岡市立
000100011　02｜5
010000011　00｜3
盛岡四
（延長十一回）
（市）宮野、太布―伊藤
（四）岩渕、工藤、谷地、大志田―煙山
【三】杉下（市）【二】菅原（四）

盛岡誠桜010100000｜2
盛岡中央30000111×｜6
（誠）金森、高橋宏―小林
（中）中川、斎藤―小笠原
【二】大沼（中）

平　舘001100000｜2
盛岡農001000000｜1
（平）瀬川―阿部
（盛）工藤―大志田広

江南義塾盛岡00000｜0
盛　岡　工3 4 10 1 ×｜18
（五回コールド）
（江）佐藤蒼、太田、三浦―鈴木
（盛）川崎、熊谷春、新田―藤原
【二】菊池、仁佐瀬（盛）

盛岡商000200000｜2
岩　手00121000×｜4
（盛）広田、佐々木空―佐々木悠
（岩）西村―小野晃
【三】桜田（岩）

盛岡　南00000010｜1
盛岡大付02113001x｜8
（八回コールド）
（南）佐々木恒、吉田―熊谷
（付）千葉、山口、武石、三浦―田屋
【本】渡辺、田屋（付）【三】平内（付）【二】因幡（南）金子（付）

▽代表決定戦

盛岡一000101100｜3
盛岡三100001101x｜4
（一）菅、佐々木裕―金沢
（三）鷹觜、下谷地―小柳
【二】井上（一）斎藤、小野、志和（三）
（盛岡三は4大会連続26度目）

盛岡工000100001｜2
平　舘000100000｜1
（盛）川崎、新田―熊谷大
（平）滝川、田村、小林、瀬川―阿部
【二】佐々木（平）
（盛岡工は2大会ぶり23度目）

盛岡中央000100000
盛岡市立000100000
　　　　0001005｜7
　　　　0001003｜5
（延長十六回、十三回からタイブレーク）
（中）斎藤、中川―小笠原颯、橋本
（市）田村、宮野、太布―伊藤
【二】伊藤、工藤（市）
（盛岡中央は9大会連続29度目）

盛岡大付40017｜12
岩　手00000｜0
（五回コールド）
（盛）武石―田屋、田村
（岩）桜田―小野晃
【本】平内、松本（盛）【二】金子2、松本、小針（盛）
（盛岡大付は18大会連続25度目）

▽準決勝

盛岡工010000101｜3
盛岡三01000300×｜4
（工）新田、熊谷春―熊谷大
（三）鷹觜―小柳
【本】高橋建（工）【二】五日市（工）内田（三）

盛岡大付61270｜16
盛岡中央10000｜1
（五回コールド）
（付）渡辺、千葉―田屋
（中）中川、高橋、小笠原彩―小笠原颯、橋本
【本】新井（付）【二】渡辺、平内2、南（付）

▽決勝

盛　岡　三000000｜0
盛岡大付0430２1x｜10
（六回コールド）
（三）下谷地、佐々木諒―小柳
（付）柴田、千葉―田屋
【本】柴田（付）【三】田屋（付）【二】渡辺（付）

▽敗者復活1回戦

盛岡北101001｜3
盛岡四201046x｜13
（六回コールド）
（北）山本、小野―岩崎
（四）岩渕―煙山
【三】酒井2（四）【二】岩崎（北）

盛岡誠桜
220010001｜6
000000001｜1
不来方
（盛）金森、高橋脩、菊地―小林
（不）佐々木、阿部―北舘
【本】小林（盛）

盛岡商300000000｜3
盛岡農00000004×｜4
（商）佐々木空、広田―佐々木悠
（農）熊谷―大志田広
【二】広田（商）

盛岡南
0110315｜11
1000000｜1
江南義塾盛岡
（七回コールド）
（盛）吉田、一戸―熊谷
（江）佐藤蒼、太田、三浦―鈴木
【三】佐々木恒（盛）作山（江）【二】佐々木恒2、田山、田川、吉田、石川（盛）

▽敗者復活2回戦

盛岡四
00020000001｜3
10100000000｜2
盛岡誠桜
（延長十一回）
（四）岩渕―煙山
（誠）金森―小林
【二】中塚、酒井（四）金森、菅原（誠）

盛岡農010300001｜5
盛岡南000000000｜0
（農）工藤―大志田広
（南）吉田―熊谷
【二】大志田広、坂本壮、遠藤（農）

▽敗者復活代表決定戦

平　舘000000201｜3
岩　手100001000｜2
（平）瀬川―阿部
（岩）西村―小野晃
【二】高橋匠（平）渡（岩）
（平舘は7大会ぶり2度目）

盛岡市立
001203000｜6
000000000｜0
盛岡一
（市）宮野―伊藤
（一）佐々木裕、工藤、斎藤―金沢
【三】鈴木（市）【二】佐々木啓2、宮野（市）
（盛岡市立は3大会連続19度目）

岩手
000000000　01｜1
000000000　00｜0
盛岡四
（延長十一回）
（岩）西村―小野晃
（盛）中塚―煙山
（岩手は2大会連続8度目）

盛岡一100000000｜1
盛岡農10000001×｜2
（一）菅―金沢
（農）熊谷―大志田広
【二】金沢（一）遠藤（農）
（盛岡農は16大会ぶり4度目）

花巻地区（花巻市・花巻球場）

▽1回戦

花巻北004000000｜4
花巻南03101000×｜5
（北）中辻、畠山―宇津宮
（南）桜田、高橋―平野
【本】沢田（南）【二】宮内（北）小原（南）

花巻農000000000｜0
遠　野00000001×｜1
（花）藤原奏―瀬川
（遠）菊池宏―石田
【三】菊池楽（遠）【二】菊池楽（遠）

遠野緑峰0200000｜2
花北青雲103132×｜10
（七回コールド）
（遠）菊池魁、佐々木―菊池潤
（花）小原―高橋翔
【本】桜井（遠）【三】小原、高橋大（花）【二】高橋大、鎌田（花）

▽代表決定戦

花北青雲 0000000｜0
花巻東 202030×｜7
(七回コールド)
(青)菅原、糠森、伊藤—高橋翔
(東)南、菊池—田代、村上
【三】小原(東)
(花巻東は22大会連続46度目)

遠野 0001000｜1
花巻南 103330×｜10
(七回コールド)
(遠)菊池宏、佐々木秀、菊池宏、菊池楽、神原—石田
(花)高橋—平野
【三】沢田(花)【二】神原(遠)藤川、沢田、平野(花)
(花巻南は2大会ぶり14度目)

▽決勝

花巻南 0000000｜0
花巻東 201301×｜7
(七回コールド)
(南)柿沢、桜田、高橋—菊池、平野
(東)万谷、南—田代

▽敗者復活1回戦

花巻北 0000000｜0
花巻農 400300×｜7
(七回コールド)
(北)中辻、畠山、袴田—宇津宮
(農)遠藤—瀬川
【二】葛巻力、佐藤(農)

▽敗者復活2回戦

遠野緑峰 4100001｜6
遠野 331051×｜13
(七回コールド)
(緑)桜井、佐々木幹、菊池優—菊池潤
(遠)菊池宏、菊池楽—石田
【三】神原、菊池瑛、石田(遠)
【二】佐々木康、桜井、菊池魁、佐々木幹(緑)菊池瑛、神原、菊池海(遠)

花巻農 000300106｜10
花北青雲 201010302｜9
(農)藤原奏、菅原、遠藤—瀬川
(青)小原、伊藤、糠森—高橋翔
【本】遠藤2(農)【二】伊藤(青)

▽敗者復活代表決定戦

花巻農 102000210｜6
遠野 000002200｜4
(花)藤原奏、菅原、遠藤—瀬川
(遠)神原、菊池宏—石田
【本】伊藤(遠)
(花巻農は7大会連続13度目)

北奥地区 (金ケ崎町・しんきん森山スタジアム)

▽1回戦

水沢工 35293｜22
水沢農・岩谷堂・前沢・北上翔南 00000｜0
(五回コールド)
(工)森岡、小野寺—高橋、松戸
(農)及川大、柳村—太田
【三】村上(工)【二】佐々木、伊藤2、吉田2、北條(工)

西和賀 000002135｜11
金ケ崎 20200000｜4
(八回コールド)
(西)新田—加藤
(金)今野、海鋒—伊藤
【三】村上(西)【二】村上、加藤、新田、菊池(西)岩崎2(金)

▽代表決定戦

水沢一 10200｜3
水沢 5208×｜15
(五回コールド)
(一)新田、佐藤—高橋颯
(水)菊池、藤沢—竹田
【本】高橋颯(一)【三】及川(水)
【二】菊池(一)吉田、竹田、菊地、秋山(水)
(水沢は10大会連続27度目)

水沢商 000020000｜2
水沢工 0020000001x｜3
(商)遠藤—荒井
(工)山本—高橋
【二】北條(工)
(水沢工は3大会連続15度目)

西和賀 0100000｜1
黒沢尻工 035003x｜11
(六回コールド)
(西)新田、広沼—加藤
(黒)藤沢—嘉藤
【二】加藤(西)柏葉(黒)
(黒沢尻工は6大会連続34度目)

黒沢尻北 00000｜0
専大北上 4422×｜12
(五回コールド)
(黒)星、松本—佐藤
(専)長島—川上
【本】男沢(専)【二】鎌田、渡辺(黒)長島、遠藤、泉山、湯浅(専)
(専大北上は13大会連続34度目)

▽準決勝

水沢工 312201300｜12
水沢 400030000｜7
(工)山本、安倍—高橋
(水)菊池、藤沢—竹田
【本】伊藤(工)【二】及川2、北條(工)及川(水)

専大北上 0031121｜8
黒沢尻工 0001000｜1
(七回コールド)
(専)梶川—岩波
(黒)熊谷、佐々木、佐藤柊、鶴田、根本—嘉藤
【本】梶川(専)【三】湯浅(専)【二】梶川(専)嘉藤(黒)

▽決勝

水沢工 100000100｜2
専大北上 02022200×｜8
(水)森岡、及川直、安倍、山本—高橋
(専)佐藤、藤坂、遠藤海—岩波
【二】岩波、福島、平野(専)

▽敗者復活1回戦

水沢一 303000001｜7
金ケ崎 00010602×｜9
(水)及川、新田—高橋颯
(金)今野、海鋒—伊藤
【二】岩崎、堀江(金)

※水沢農・岩谷堂・前沢・北上翔南－黒沢尻北は、黒沢尻北の不戦勝

▽敗者復活2回戦

黒沢尻北 0231036｜15
西和賀 0000001｜1
(七回コールド)
(黒)山田、藤原—佐藤
(西)広沼、高橋潤—加藤
【三】渡辺2(黒)【二】鎌田、小原、佐藤、宮内(黒)

金ケ崎 0000000｜0
水沢商 401002×｜7
(七回コールド)
(金)今野、海鋒—伊藤
(水)遠藤—荒井
【二】海鋒(金)荒井(水)

▽敗者復活代表決定戦

黒沢尻北 200000000｜2
水沢商 10001301×｜6
(黒)松本、高橋寛—佐藤
(水)遠藤—荒井
【三】渡辺(黒)【二】高橋寛(黒)
(水沢商は2大会ぶり7度目)

一関地区 (一関市・一関運動公園球場)

▽1回戦

一関二 0071110｜10
花泉 0002000｜2
(七回コールド)
(一)菅原、及川孔—及川裕
(花)石田、和久—佐藤信
【三】田原(一)佐藤信(花)【二】及川裕、渡辺(一)佐藤祐(花)

▽2回戦

一関高専 100020001｜4
一関学院 31121010×｜9
(高)千葉、高橋—八巻
(学)岩鼻、佐々木、千葉—杉沢
【三】岩渕(学)【二】内海2(高)伊藤、佐藤零(学)

一関一 101000100｜3
一関工 000000000｜0
(一)熊谷—高橋
(工)菅原—安部

大東 000200510｜8
一関二 010010001｜3
(大)滝沢、高橋—菊池央
(一)金野、菅原—及川裕
【二】佐山、滝沢(大)渡辺(一)

一関修紅 300000030｜6
千厩 000001010｜2
(一)千葉蓮、佐藤翔、渡辺、小原—千葉圭
(千)伊藤、佐々木、千葉—佐藤真
【二】佐藤柊(一)

▽代表決定戦

大東 000210000｜3
一関学院 00020002×｜4
(大)佐藤彗、滝沢—菊池央
(一)山崎、鈴木—杉沢
【本】八幡(一)【二】菊池央、佐藤昱(大)奥谷、八幡(一)
(一関学院は24大会連続44度目)

一関一 10121201｜8
一関修紅 10000000｜1
(八回コールド)
(一)千葉洸—高橋
(修)渡辺、佐藤翔、小原—千葉
【二】千葉和(一)
(一関一は4大会連続37度目)

▽第1、2代表決定戦
一関一
100000303 7
01000072× 10
一関学院
(一)小原、須藤、熊谷、千葉洸、古舘、軍司―高橋
(学)伊藤、鈴木、千葉―杉沢
【本】伊藤(学)【二】高橋(一)小松(学)

▽敗者復活1回戦
花　泉 200000000 2
一関工 00002402× 8
(花)石田、和久―佐藤信
(一)千葉―安部
【三】石川波、石川翔(一)【二】高橋(花)三浦、小野寺(一)

▽敗者復活2回戦
一関工 000100000 1
千　厩 000000000 0
(一)菅原―安部
(千)伊藤―佐藤真

一関二 003007202 14
一関高専 201000400 7
(八回コールド)
(二)菅原、及川孔―及川裕
(高)千葉、八巻、吉田―八巻、吉田、八巻
【二】及川裕、小野寺、佐々木、及川孔、岩渕(二)佐々木、八巻、熊谷(高)

▽敗者復活代表決定戦
一関工 010110010 4
大　東 00020210× 5
(一)菅原、熊谷優―安部
(大)滝沢、高橋―菊池央
【二】石川波(一)佐山(大)
(大東は2大会ぶり18度目)

一関二 0000000 0
一関修紅 2040001x 7
(七回コールド)
(二)岩渕、菅原―及川裕
(修)小原―千葉
【三】北沢、及川孔(二)
(一関修紅は7大会ぶり10度目)

沿岸地区（釜石市・平田公園球場）

▽1回戦
岩泉・山田・大槌
111010 4
105251x 14
宮古商工
(六回コールド)
(岩)植田、内村、臼沢―塚本、阿部
(宮)川戸、仲田―三田地
【三】鈴木、橋場(宮)【二】植田(岩)鈴木、瀬川、川戸、橋場(宮)

▽2回戦
大船渡東 21043 10
住　田 00000 0
(五回コールド)
(大)斉藤、仁木―野々村
(住)水野、瀬川―村上龍
【本】仁木(大)【二】木下(大)今川(住)
※釜石商工－宮古は、釜石商工の不戦勝

釜　石 023100000 6
高　田 11003013× 9
(釜)中館―佐々木天
(高)平山―熊谷
【三】中館(釜)【二】木下(釜)

宮古商工
000100210 4
001000000 1
大船渡
(宮)川戸―三田地
(大)高、千葉翔、佐々木啓―武田
【二】三田地(宮)

▽代表決定戦
高　田 1000240 7
宮古商工 0000000 0
(七回コールド)
(高)平山―熊谷
(宮)川戸、仲田、藤田―瀬川蓮
【二】千葉(高)
(高田は7大会連続41度目)

大船渡東 0030400 7
釜石商工 0000000 0
(七回コールド)
(大)斉藤、仁木―野々村
(釜)小野、佐々木稜―平野裕
【本】仁木(大)【二】見世(大)
(大船渡東は3大会ぶり4度目)

▽第1、2代表決定戦
大船渡東 006004 10
高　田 000000 0
(六回コールド)
(大)斉藤、仁木―野々村
(高)阿部、吉田―熊谷
【二】仁木2(大)

▽敗者復活1回戦
宮古商工
000102300 6
000200000 2
大船渡
(宮)川戸、鈴木―瀬川蓮
(大)高、千葉翔、佐々木啓―武田
【三】瀬川蓮、鈴木(宮)今野(大)【二】鈴木、穂高(宮)千葉凜(大)

釜　石 0100010 2
宮　古 032050× 10
(七回コールド)
(釜)木下、八幡、中館―佐々木天
(宮)山根竜―山口
【本】木下(釜)【二】臼沢(釜)金沢(宮)

住田
001000030 4
001000100 2
岩泉・山田・大槌
(住)瀬川―村上龍
(岩)臼沢、植田―塚本
【本】崎山(住)【二】斉藤(住)塚本(岩)

▽敗者復活代表決定戦
宮古商工
010400000 5
000001000 1
宮古
(商)川戸―瀬川
(宮)山根拓、菊地、山根竜―山口
(宮古商工は初出場)

住田
300000000 3
10110400× 7
釜石商工
(住)瀬川、水野、斉藤―村上
(釜)小野、佐々木稜―平野裕
【本】斉藤(住)【二】崎山(住)佐々木稜(釜)
(釜石商工は3大会ぶり8度目)

県北地区（軽米町ハートフル球場）

▽1回戦
軽　米 00300 3
福岡工 42611× 23
(五回コールド)
(軽)皆川、井戸渕拓、皆川―佐々木
(福)奥、宮沢―高森
【本】立花(福)【三】井戸渕拓、皆川(軽)古舘、宮沢、田口、立花(福)【二】井戸渕颯(軽)宮沢、高森、田口、鷹場、工藤(福)

種市・大野・紫波総合
100001210 5
30100012× 7
伊保内
(種)下苧坪―小子内
(伊)森、屋形場―林
【三】小子内(種)山本(伊)【二】田岡2(伊)

▽2回戦
久慈東 73404 18
葛　巻 01000 1
(五回コールド)
(久)長倉、大久保、浅水―釜谷
(葛)滝浪、大上、四垂―服部
【三】畑、吉田海、吉田大(久)
【二】長倉、川端、畑2、吉田大(久)大川原(葛)

福岡工 00000 0
久　慈 14010× 15
(五回コールド)
(福)宮沢、奥―高森
(久)沢里―川端、吉田
【三】野崎、谷地、沢里(久)【二】宮沢(福)野崎、大村、高橋琉、谷地(久)

久慈工 0001000 1
福　岡 1023002x 8
(七回コールド)
(久)長根、中村、大道―三浦
(福)荒谷、日影舘―漆原
【三】和山(福)【二】舘山(福)

一　戸 003001000 4
伊保内 00610000× 7
(一)白坂―大森
(伊)森―林
【二】土屋(一)

▽代表決定戦
久慈東 000200100 3
久　慈 05000001× 6
(東)長倉―釜谷
(久)松川―川端、吉田
【三】野崎、高橋琉(久)【二】吉田大2(東)大村(久)
(久慈は17大会連続40度目)

伊保内 002010 3
福　岡 521041x 13
(六回コールド)
(伊)森、屋形場―林
(福)荒谷、日影舘、茶家功、竹田―漆原
【本】山本(伊)【三】菅野(福)【二】山本(伊)舘山(福)
(福岡は2大会ぶり50度目)

▽第1、2代表決定戦
福　岡 001011000 3
久　慈 02010001× 4
(福)平、荒谷、松沢―漆原
(久)松川、播磨―吉田、川端
【本】和山(福)【二】松川2(久)

▽敗者復活1回戦

久慈工 10020000 | 3
軽　米 1500200 2x | 10

（八回コールド）
（久）長根、大道、中村―三浦
（軽）皆川―佐々木
【二】小谷地（久）井戸渕拓、田代侑（軽）

葛巻 121000000 | 4
種市・大野・紫波総合 01030023× | 9

（葛）滝浪、関―服部
（種）上畑―小子内
【三】木村（種）【二】滝浪（葛）木村、高際、小子内（種）

▽敗者復活2回戦

一　戸 4622113 | 19
軽　米 1042201 | 10

（七回コールド）
（一）白坂、苗代幅―大森
（軽）井戸渕拓、田代晃、皆川―佐々木
【三】白坂、沢村、土屋（一）井戸渕拓（軽）【二】沢村、堀内、土屋（一）佐々木、田代晃（軽）

種市・大野・紫波総合
040000000
000130000
福岡工
00010 | 5
00011x | 6

（延長十四回、十三回からタイブレーク）
（種）下苧坪―小子内
（福）山下、高田―高森
【三】高際（種）高森（福）【二】高際、佐藤、木村（種）山下、田口、立花（福）

▽敗者復活代表決定戦

久慈東 60500 | 11
一　戸 00000 | 0

（五回コールド）
（久）長倉―釜谷
（一）鈴木、堀内―大森
【二】長倉、畑、吉田海、中田、吉田大（久）
（久慈東は2大会連続9度目）

伊保内 100010000 | 2
福岡工 20002000× | 4

（伊）森、屋形場―林
（福）宮沢、奥―高森
【二】森、日向（伊）
（福岡工は9大会ぶり14度目）

一　戸 010004000 | 5
伊保内 43001000× | 8

（一）苗代幅―大森
（伊）森、屋形場―林
【二】苗代幅（一）
（伊保内は2大会連続12度目）

第73回秋季東北地区高校野球

東北大会

花巻東に重い1点

準決勝で惜敗

第73回秋季東北地区高校野球大会は、仙台育英が前評判通りの強さを見せて2年連続優勝。準優勝の柴田（宮城第3）とともにセンバツ甲子園に出場した。

県勢は第3代表の花巻東が準決勝まで駒を進めたが、仙台育英に0―1で惜敗。昨年の盛岡大付に続き、2年連続して準決勝で涙をのんだ。

仙台育英 1―0 花巻東

「センバツ切符」が懸かった大一番。花巻東は昨年の盛岡大付同様、準決勝で仙台育英に屈した。終盤、押し気味に試合を進めたものの、伝統の逆転劇を演じることはできなかった。

四回に先制された花巻東が、しぶとい打撃で食らいついた。救援した相手主戦の伊藤樹（2年）から何度も外野に打球を飛ばす。低めのチェンジアップを見極め、外角直球の一本勝負。「捉えてきてるぞ」。三回以降は先頭打者が抑えられたが、伊藤は「工夫の中に執念を感じ、投げづらかった」と明かした。

五、六回は併殺で切り抜け、八回は初めて三者凡退に仕留めた。守りでリズムをつくり、終盤の勢いは確実に花巻東が上回っていた。

そして迎えた八回、2死から渡辺陸（1年）が大会初安打で出塁すると、宮沢圭汰（同）も左前打で続いた。五回に安打を放った田代旭を含め、不調だった1年生が連打で好機をつくった。

打席には相野七音主将（2年）。今大会は全試合で安打を放つも、この日は無安打。「主将の意地を見せろ」。ベンチの叫びやスタンドの拍手がやまない中、追い込まれてから2球ファウルで粘って7球目。外角直球をはじきかえした。快音とともに飛んだ

FINAL

決勝

10月20日

■石巻市・石巻市民球場

柴田（宮城3）

柴田	0	0	0	0	0	0	0	1	0	1
仙台育英	0	1	4	8	1	4	0	0	×	18

仙台育英（宮城1）

（柴）南條、谷木、日下―舟山
（仙）古川、松田、小林、中村―木村、小野、小原
【本】秋山、八巻、吉野（以上仙）
（仙台育英は2年連続11度目の優勝）

■第73回秋季東北地区高校野球東北大会 試合結果

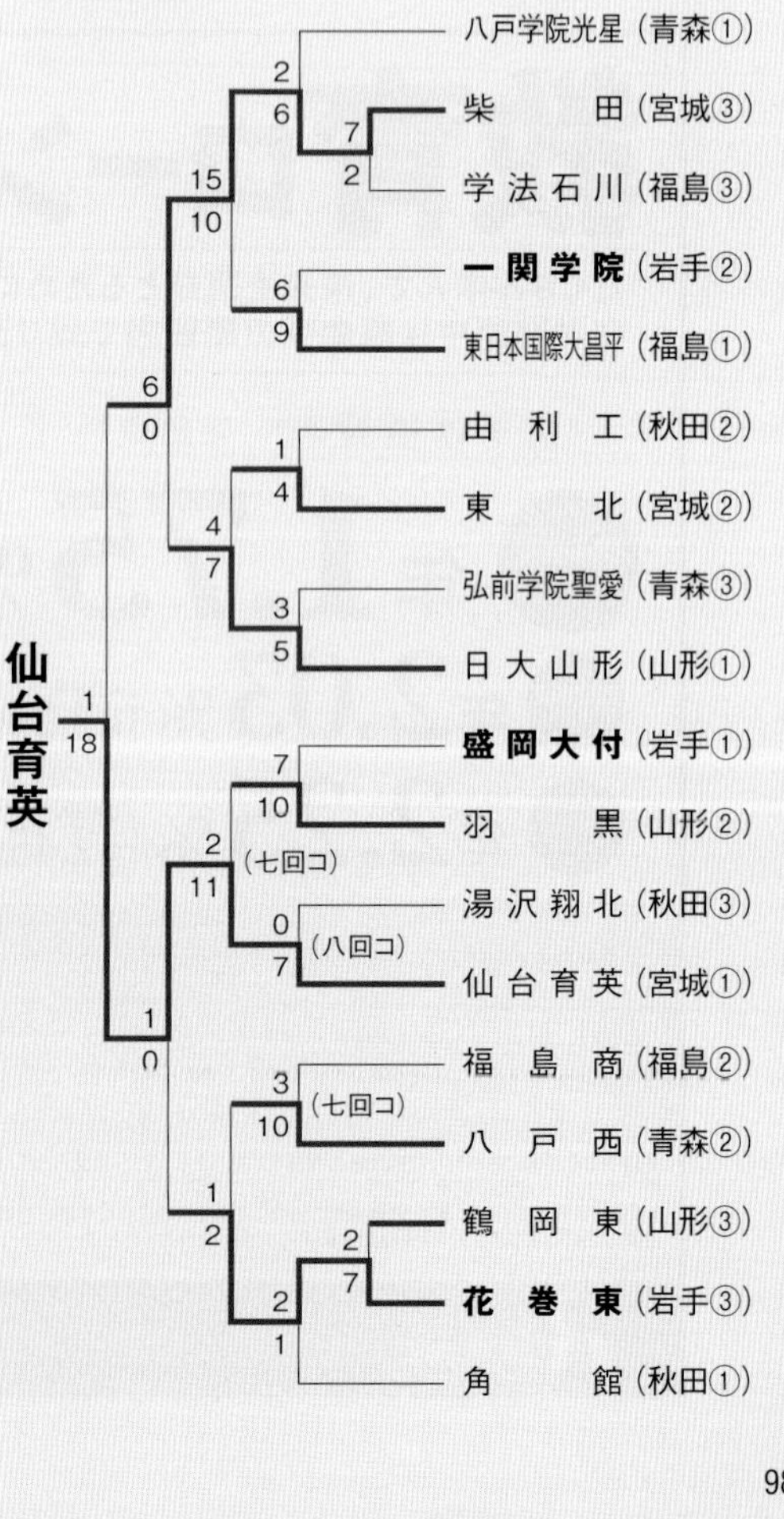

SEMIFINAL

準決勝

10月18日

■石巻市・石巻市民球場

仙台育英（宮城1）

	1	2	3	4	5	6	7	8	9	計
仙台育英	0	0	0	1	0	0	0	0	0	1
花巻東	0	0	0	0	0	0	0	0	0	0

花巻東（岩手3）

（仙）古川、伊藤—木村
（花）菱川—田代

花巻東はロースコアの競り合いに持ち込んだが、最後まで本塁を踏めず１点差で涙をのんだ。

二回２死一、三塁から仕掛けた重盗は一走がけん制死。三回は連続四球で１死一、二塁としたものの併殺で先制機を逃した。0—1の八回は２死から渡辺、宮沢の連続安打でつくった好機をものにできなかった。

先発菱川は変化球を丁寧に制球し、被安打７でも連打は許さなかった。四回２死二塁で二遊間のゴロから１点を失ったものの、五回以降は本塁を踏ませなかった。

【仙台育英】		打安点振球
④	浅　野	31011
⑨7	島　貫	41000
⑧	秋　山	31011
③	吉　野	40000
⑥	渡　辺	42010
⑤	八　巻	30010
⑦	岡　田	21000
H	奈良田	10010
9	宇治野	10000
①	古　川	10000
H	橋　本	10000
1	伊　藤	10000
②	木　村	31000
犠盗失併残		
11016		317052

【花巻東】		打安点振球
⑥	宮　沢	31011
④	相　野	40000
①	菱　川	40020
⑨	佐　藤	42010
⑤	菊池開	30010
③	黒　沢	40010
②	田　代	21001
⑦	平　井	30000
⑧	渡　辺	21001
犠盗失併残		
10126		295063

▽暴投　菱川（花）1＝一回
▽審判　球審＝平山　塁審＝野田、三浦、山舘
▽試合時間　2時間14分

投手	回	打安振球失
古　川	3	111230
伊　藤	6	224400
菱　川	9	347521

仙台育英—花巻東　8回裏花巻東2死一、二塁、相野の打球は右寄りシフトの右翼手正面に飛び、無得点に終わる

右方向へのライナーだったが、右翼手が正面で捕球。大胆な右寄りシフトを敷いた仙台育英に得点を阻まれた。

ベンチ入り20人の半数が1年生の中、力は劣るが東北4強は2年生の活躍があってこそ。一戦ごとに力をつけ、優勝候補の仙台育英と互角の試合を演じた。「悔しさを忘れない」（相野主将）。チーム全員が同じ思いで球場を後にした。

エース菱川が気迫の完投

花巻東の主戦菱川一輝（2年）が気迫の投球を見せた。全試合コールドで勝ち上がった仙台育英相手に丁寧かつ強気の投球。強力打線を1点に抑え込んだ。

不運な失点だった。四回1死、投手前の弱い当たりに人工芝で足を滑らせ、内野安打になった。2死二塁から9番打者の弾んだ打球が菱川の頭上を越えた。遊撃手宮沢圭汰（1年）が二塁ベースを越えて好捕したものの、一塁への送球がそれ、二走が生還。打ち取った打球、広い守備範囲を生かした守備。誰も責められない失点だった。

五回以降は下半身の動きを意識し、高めに浮いた直球を修正。終盤は雄たけびを上げて投げ込み、相手打線に長打を許さなかった。仙台育英の須江航監督は「スライダーかチェンジアップが浮くかと思っていたが、最後まで低めに集まっていた」とたたえた。

「チームを勝たせられなかった」。体調万全のマウンドで敗れはしたものの、まぎれもなくエースのピッチングだった。

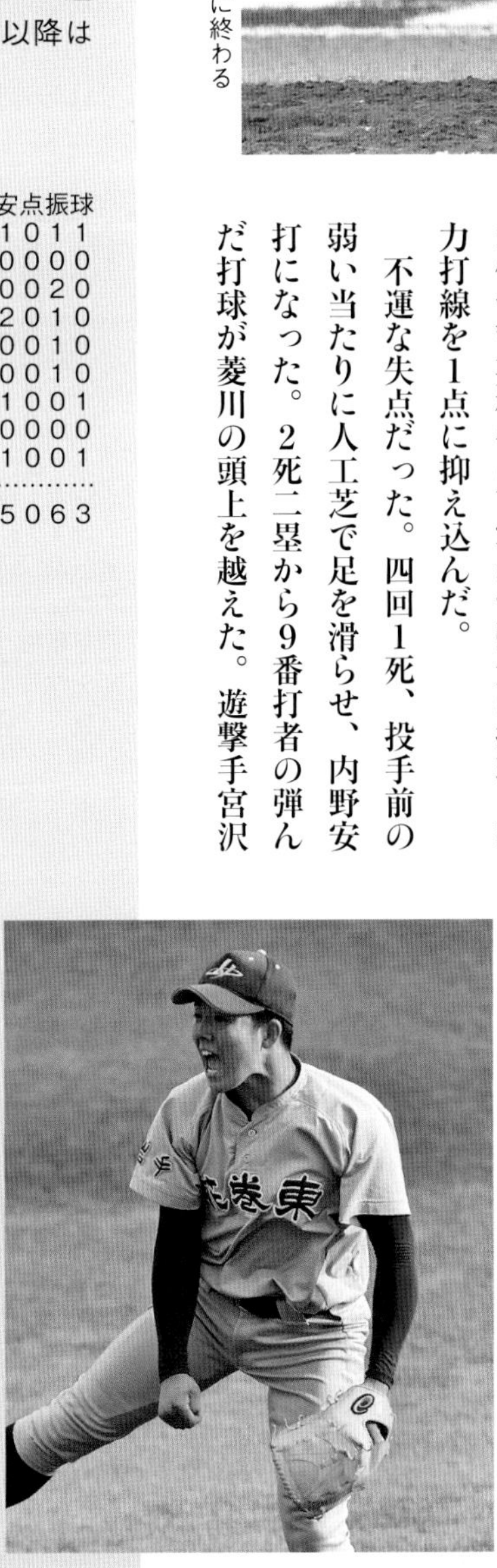

仙台育英打線を9回1失点に抑えた花巻東の菱川。最終回は雄たけびを上げながら三者凡退に抑えた

QUATERFINAL

準々決勝

10月17日

■石巻市・石巻市民球場

八戸西（青森2）

0	0	0	0	0	0	0	0	1	1
0	2	0	0	0	0	0	0	×	2

花巻東（岩手3）

（八）福島―藤本
（花）中居―田代
【三】菱川（花）
【二】桐山（八）菊池開（花）

花巻東は先発中居の好投で八戸西に競り勝った。中居は七回まで無安打投球。八回は先頭に初安打を許したが、その後の1死三塁をしのいだ。2点リードの九回は1死から連打で1点を失ったものの後続を打ち取り、好調な相手打線を3安打1点に封じて完投した。

打線は二回に先頭の菱川が左翼線三塁打で出塁。続く菊池開が左越え二塁打を放ち1点を先制した。さらに犠打で1死三塁とすると、田代の左犠飛でリードを2点に広げた。

【八戸西】	打安点振球
⑥　相　前	40000
⑤　桐　山	41010
③　西　谷	31111
⑨7下井田	40000
⑦9広　田	20001
⑧　村　上	21010
④　宮　崎	20010
②　藤　本	30020
①　福　島	30000
犠盗失併残……	
21103	273162

【花巻東】	打安点振球
⑥　宮　沢	40010
⑦　相　野	31011
⑨　佐　藤	40020
⑤　菱　川	32000
④　菊池開	21101
③　黒　沢	10000
②　田　代	20100
①　中　居	30010
⑧　渡　辺	30010
犠盗失併残……	
31004	254262

▽捕逸　田代（花）1＝八回
▽審判　球審＝雁部　塁審＝武田、高橋、水戸
▽試合時間　1時間40分

投手	回	打安振球失
福島	8	304622
中居	9	313621

左腕中居が3安打完投

花巻東2―1八戸西

八戸西―花巻東　被安打3、1失点で完投した花巻東の中居

「柔」の左サイドスローが、プロ注目の本格派右腕に投げ勝った。花巻東の中居颯真（2年）は抜群の制球力でコースを突き、わずか98球で公式戦初完投。大会前までは登板の当落線上にいた背番号10が2試合連続でチームを勝利に導いた。

変えたばかりの横手から繰り出す直球は球速１２０キロに満たないが、切れ味鋭いスライダーやチェンジアップを織り交ぜ、相手打線に的を絞らせない。相手は追い込まれないように初回から初球攻撃を仕掛けるが、捉えた打球はほとんどなかった。「驚きの連続」（佐々木洋監督）と予想を上回る快投が続いた。

「（安打は）ゼロだな」。五回終了後のグラウンド整備中にスコアボードを見つめた。それでも中居の冷静ぶりは変わらない。七回は好調の相手中軸を三者凡退。八回に初安打を浴びても「3点以内は続投と言われていたので投げ切るつもりだった」。1死三塁のピンチは得意の変化球で三振。次打者も直球で二飛に抑えた。

「外角の変化球が多いと思ったら低めの変化球を振らされた。福島（蓮）も良かったが、中居投手が素晴らしかった」と、八戸西の小川貴史監督は脱帽した。

最速１４７キロ右腕の菱川一輝（2年）に注目が集まるが「投手陣は仲が良い。菱川がムードメーカー。力を発揮してくれれば、みんながうれしい」とそれぞれが目の前の役割に集中している。準決勝を前に、大きな価値のある完投勝利だった。

SECOND ROUND

2回戦

10月15日

■仙台市・仙台市民球場

角館（秋田1）

	1	2	3	4	5	6	7	8	9	計
角館	0	0	0	0	0	0	0	1	0	1
花巻東	1	0	0	0	0	0	0	0	1x	2

花巻東（岩手3）

（角）武田―藤峰
（花）中居、菱川―田代
【二】伊藤慧、原（角）菱川（花）

【角館】		打	安	点	振	球
⑦	伊藤慧	4	1	0	2	0
④	高村	3	1	0	0	1
⑥	木村	4	0	1	1	0
②	藤峰	4	0	0	1	0
⑨	千葉	4	0	0	1	0
③	磯	4	0	0	2	0
⑤	後藤	4	1	0	1	0
⑧	石郷岡	3	0	0	1	0
H8	原	1	1	0	0	0
①	武田	3	1	0	2	1
犠盗失併残	0 3 2 0 8	34	5	1	11	2

【花巻東】		打	安	点	振	球
⑥	宮沢	3	1	0	1	2
⑦4	相野	5	2	0	0	0
⑨	佐藤	4	0	1	1	0
⑤1	菱川	4	1	1	0	0
④5	菊池開	4	0	0	2	0
③	黒沢	3	1	0	0	1
②	田代	3	0	0	0	1
①	中居	3	2	0	0	0
7	平井	0	0	0	0	1
⑧	渡辺	3	0	0	0	0
犠盗失併残	2 2 3 1 11	32	7	2	4	5

▽暴投　菱川（花）1＝八回
▽審判　球審＝吉田　塁審＝鴇田代、水戸、曽根
▽試合時間　2時間24分

投手	回	打	安	振	球	失
武田	8⅔	39	7	4	5	2
中居	7	26	4	6	1	0
菱川	2	10	1	5	1	1

■仙台市・仙台市民球場

東日本国際大昌平（福島1）

	1	2	3	4	5	6	7	8	9	計
東日本国際大昌平	4	0	1	2	0	0	0	2	0	9
一関学院	0	0	0	3	2	1	0	0	0	6

一関学院（岩手2）

（東）矢板、鈴木―岸田
（一）伊藤、千葉華、奥谷―高橋
【三】岸田、辺見（東）
【二】坂本（東）鈴木幹（一）

【東日本国際大昌平】		打	安	点	振	球
④	星	5	3	0	1	1
⑦	坂本	5	2	0	1	0
⑨	大竹竜	5	0	0	4	1
⑧	辺見	4	2	1	0	0
②	岸田	5	2	4	0	0
③	金井	2	1	2	0	2
⑤	菅原	4	2	0	0	1
①	矢板	3	0	0	0	0
1	鈴木	1	0	0	1	1
⑥	佐藤	1	1	0	0	0
6	室塚	2	1	1	1	1
犠盗失併残	4 2 1 2 12	37	14	8	8	7

【一関学院】		打	安	点	振	球
⑧	佐藤拓	5	2	2	1	0
②	高橋	5	0	0	1	0
④1	奥谷	3	2	1	1	1
⑨	佐々木	3	1	1	0	0
③	小松	4	1	1	0	0
⑦	岩渕	4	2	0	0	0
⑤	杉沢	2	0	1	1	0
H54	千葉周	1	0	0	0	0
①	伊藤	1	1	0	0	0
1	千葉華	2	0	0	0	0
4	千葉竜	0	0	0	0	0
H	留場	1	0	0	1	0
45	八幡	0	0	0	0	0
⑥	佐藤零	1	0	0	0	0
H	鈴木幹	1	1	0	0	0
R	佐藤広	0	0	0	0	0
6	山本	1	0	0	0	1
犠盗失併残	2 2 1 0 5	34	10	6	5	2

▽暴投　奥谷（一）1＝八回
▽ボーク　伊藤（一）1＝一回
▽審判　球審＝浅利　塁審＝小松、沼辺、細川
▽試合時間　2時間25分

投手	回	打	安	振	球	失
矢板	5⅔	24	9	2	1	6
鈴木	4	14	1	3	1	0
伊藤	3⅓	22	10	3	2	7
千葉華	3⅔	16	3	4	2	1
奥谷	2	10	1	1	3	1

角館―花巻東　9回裏花巻東1死満塁、佐藤の左犠飛で三走平井（中央）が生還。2―1でサヨナラ勝ちを収める

花巻東、執念サヨナラ

花巻東 2―1 角館

花巻東が執念のサヨナラ勝ちを収めた。「よっしゃあ」。三走平井柊（2年）が頭から本塁に生還すると、ナインは両手を突き上げて喜びを爆発させた。

1―1で迎えた九回、途中出場の平井が死球で出塁。犠打後に宮沢圭汰（1年）も四球を選んだ。得点できなくても、人工芝の球足の速さを生かすために強いゴロを徹底。全員が低めの変化球を見極めてプレッシャーをかけ続けた攻撃が効き、好投を続けていた相手主戦は疲労が蓄積していた。

主将の相野七音（2年）も詰まりながら中堅前に運び、1死満塁。五回の満塁機で三振に倒れた3番佐藤史弥（同）に打席が回った。「食らいつくことしか頭になかった」と、低めの直球をすくい上げた打球は外野へ。浅い左飛だったが、平井は死球の痛みをこらえて激走し、頭から本塁に飛び込んだ。主審の両腕が左右に伸び、静かだった球場に歓声が響いた。

投手陣も踏ん張った。先発中居颯真（2年）が7回無失点。八回から救援した主戦菱川一輝（同）は守備の乱れもあって同点を許したが、吹っ切れたように直球勝負。三振でピンチをしのぐと、九回は3三振を奪い、流れを呼び込んだ。

佐藤は「先輩の諦めない強さを聞いてきた。全力を出し切ることがメンバーにできること」。その言葉を体現した一戦だった。

一関学院、初戦で涙

東日本国際大昌平 9―6 一関学院

一関学院は序盤の大量失点が最後まで響き、初戦で姿を消した。初回は守備のミスが相次ぎ、5安打と先発伊藤のボークも絡み4失点。三、四回にも追加点を許し0―7とリードを広げられた。

反撃は四回。奥谷からの4連打などで3点を返すと、五回は代打鈴木幹の二塁打をきっかけに佐藤拓の中前打、佐々木の犠飛で2点。六回は佐藤拓の右前打で1点差まで迫った。しかし終盤の3回は全て三者凡退に抑えられた。

一関学院・千葉華生《はるき》「エースだけでは勝ち抜けない。二枚看板になれるよう、もっと強くなる」（2番手として四回途中から登板、中盤3回を抑える）

SECOND ROUND

2回戦

10月14日

■仙台市・仙台市民球場

羽黒（山形2）

5	2	1	0	0	0	0	0	2	**10**
0	0	0	2	0	0	0	2	3	**7**

盛岡大付（岩手1）

（羽）奥中、本間―高橋柊
（盛）三浦、渡辺―田屋
【本】池田（羽）渡辺（盛）
【三】桜井（羽）小針（盛）
【二】斎藤2、奥中（羽）新井2（盛）

【羽黒】		打	安	点	振	球
⑨7	桜井	6	2	2	1	0
⑧	鈴木響	5	1	0	1	1
⑥	菅井	4	3	0	0	1
⑤	川田	5	2	2	1	0
②	高橋柊	3	0	0	0	2
③	斎藤	5	2	2	0	0
④	太田	3	0	0	0	2
①	奥中	3	2	3	1	0
H	津田	0	0	0	0	1
R	鈴木大	0	0	0	0	0
1	本間	1	0	0	0	0
⑦	池田	4	1	1	1	0
9	小野	0	0	0	0	0
犠盗失併残	1 0 1 0 10	39	13	10	5	7

【盛岡大付】		打	安	点	振	球
⑤	松本	4	1	1	0	1
④1	渡辺	4	1	2	0	1
③	金子	5	1	0	1	0
⑨	小針	4	1	1	0	0
⑦	平内	3	0	1	1	1
R	赤堀	0	0	0	0	0
⑧4	新井	4	3	0	0	0
②	田屋	4	0	0	1	0
⑥	佐々木	3	0	0	2	0
H	南	1	1	2	0	0
R	大貫	0	0	0	0	0
①	三浦	0	0	0	0	0
H	千葉	1	0	0	0	0
8	駒田	3	0	0	1	0
犠盗失併残	0 2 0 0 5	36	8	7	6	3

▽暴投 奥中（羽）1＝六回
▽審判 球審＝野田 塁審＝西山、毛利、吉田
▽試合時間 2時間26分

投手	回	打	安	振	球	失
奥中	6	22	3	4	1	2
本間	3	17	5	2	2	5
三浦	3	21	9	4	3	8
渡辺	6	26	4	1	4	2

FIRST ROUND

1回戦

10月14日

■石巻市・石巻市民球場

鶴岡東（山形3）

0	0	0	0	0	0	2	0	0	**2**
0	1	2	0	0	0	2	2	×	**7**

花巻東（岩手3）

（鶴）津田、海藤―堀部
（花）菱川、平井―田代
【二】安藤（鶴）菱川、佐藤、黒沢（花）

【鶴岡東】		打	安	点	振	球
⑧	角田	3	0	0	1	1
④	横山	4	0	0	0	0
⑥	小林壱	4	1	0	1	0
⑦	斉藤	3	0	0	1	1
⑤	増田	4	0	0	1	0
⑨	安藤	3	1	1	0	1
②	堀部	2	1	0	0	0
H	土屋	1	0	0	1	0
③	和泉	3	1	1	0	0
R	武田	0	0	0	0	0
1	海藤	1	0	0	1	0
①	津田	2	0	0	0	0
H	相木	1	0	0	1	0
3	下川	0	0	0	0	0
犠盗失併残	1 0 0 0 6	31	4	2	7	3

【花巻東】		打	安	点	振	球
⑥	宮沢	3	0	0	1	2
④7	相野	5	3	1	0	0
⑨	佐藤	5	1	0	0	0
①5	菱川	3	2	2	0	2
⑤4	菊池開	3	0	0	1	1
③	黒沢	4	2	2	0	0
⑦1	平井	2	0	1	0	0
②	田代	4	1	0	1	0
⑧	渡辺	2	0	0	0	2
犠盗失併残	2 0 1 0 9	31	9	6	3	7

▽暴投 津田（鶴）1＝六回、菱川（花）1＝七回
▽審判 球審＝三浦 塁審＝浅利、佐藤、山舘
▽試合時間 2時間31分

投手	回	打	安	振	球	失
津田	6	28	6	3	4	3
海藤	2	12	3	0	3	4
菱川	8	32	4	5	3	2
平井	1	3	0	2	0	0

盛岡大付、遅すぎた反撃

羽黒―盛岡大付 9回裏盛岡大付1死二、三塁、代打南が右前打を放ち、6―10と追い上げる

羽黒 10―7 盛岡大付

打力自慢の県王者が終盤に意地の反撃を見せたが、序盤の8失点は重かった。盛岡大付は県大会で好投した投手陣が相手打線を止められず初戦敗退。立ち上がりの攻防が明暗を分けた。

「奇跡を起こせ」と雄たけびが続いた。6点を追う九回、先頭が四球で出塁し、新井流星（2年）がこの日3安打目となる右翼線二塁打で続く。代打の南早羽己《さわぎ》（同）は追い込まれながら痛烈な右前打で2点を返し、松本龍哉（同）も適時打。八回に本塁打を放った渡辺翔真（同）もつないだ。2死一、二塁とし、一発が出れば同点の場面。だが、金子京介（同）の打球は無情にも遊撃手のグラブに収まった。

「序盤にやり返せなかったことが大きい」と田屋瑛人主将（同）。初回、先発三浦宗大（同）は2死から突然崩れた。4安打と2四死球で5失点。それでもベンチに焦りはなかった。ところが裏の攻撃は三者凡退。打線は三回まで1安打に封じられ、反撃ムードが高まらなかった。序盤の失点もさることながら、直後の攻撃で得点できなかったことが大きかった。

秋は県大会3連覇を果たした。だが、甲子園を追い求める常勝軍団の2年生は聖地に届いていない。ベンチ入り20人を全員2年生で臨んだ今大会。思い描いたストーリーは初戦でついえた。

花巻東、さえる機動力

花巻東 7―2 鶴岡東

花巻東は終盤の好機を確実に生かし、粘る鶴岡東を振り切った。

二回に平井の左犠飛で先制。三回は2死二、三塁から菱川の左翼線二塁打で2点を追加した。3―2と1点差に迫られた七回は2死一、二塁から黒沢の左越え2点二塁打で再び3点差。八回は機動力を発揮し、相野の左前打と佐藤の中飛でいずれも二走が一気に本塁を陥れた。

先発菱川は六回まで無安打投球。七回は3連打を浴びて2点を失ったが、九回は救援した平井が3人で締めた。

春のセンバツ出場校と戦績

大会（開催年）	出場校	回戦		スコア	対戦校
第27回（1955年）	一関一	2回戦	●	0—5	県尼崎（兵庫）
第30回（1958年）	遠野	1回戦	●	1—4	兵庫工（兵庫）
第34回（1962年）	宮古	1回戦	●	3—4（延長十五回）	松山商（愛媛）
第38回（1966年）	盛岡商	2回戦	●	2—6	育英（兵庫）
第44回（1972年）	専大北上	1回戦	○	1—0	花園（京都）
		2回戦	●	1—4	日大三（東京）
第50回（1978年）	黒沢尻工	1回戦	●	0—1	箕島（和歌山）
第56回（1984年）	大船渡	1回戦	○	4—0	多々良学園（山口）
		2回戦	○	8—1	日大三島（静岡）
		準々決	○	1—0	明徳（高知）
		準決勝	●	1—2	岩倉（東京）
第64回（1992年）	宮古	1回戦	●	3—9	星稜（石川）
第68回（1996年）	釜石南	1回戦	●	7—9	米子東（鳥取）
第75回（2003年）	盛岡大付	2回戦	●	0—10	横浜（神奈川）
第76回（2004年）	一関一	1回戦	●	0—6	拓大紅陵（千葉）
第78回（2006年）	一関学院	1回戦	●	1—2	岐阜城北（岐阜）
第80回（2008年）	一関学院	2回戦	●	1—4	東洋大姫路（兵庫）
第81回（2009年）	花巻東	1回戦	○	5—0	鵡川（北海道）
		2回戦	○	4—0	明豊（大分）
		準々決	○	5—3	南陽工（山口）
		準決勝	○	5—2	利府（宮城）
		決　勝	●	0—1	清峰（長崎）
第82回（2010年）	盛岡大付	1回戦	●	4—5	中京大中京（愛知）
第84回（2012年）	花巻東	1回戦	●	2—9	大阪桐蔭（大阪）
第85回（2013年）	盛岡大付	2回戦	○	4—3	安田学園（東京）
		3回戦	●	0—3	敦賀気比（福井）
第88回（2016年）	釜石	1回戦	○	2—1	小豆島（香川）
		2回戦	●	1—9	滋賀学園（滋賀）
第89回（2017年）	不来方	1回戦	●	3—12	静岡
	盛岡大付	1回戦	○	10—9（延長十回）	高岡商（富山）
		2回戦	○	5—1	智弁学園（奈良）
		準々決	●	1—8	履正社（大阪）
第90回（2018年）	花巻東	2回戦	○	5—3	東邦（愛知）
		3回戦	○	1—0（延長十回）	彦根東（滋賀）
		準々決	●	0—19	大阪桐蔭（大阪）
第91回（2019年）	盛岡大付	1回戦	○	3—2（延長十一回）	石岡一（茨城）
		2回戦	●	1—9	龍谷大平安（京都）

（通算15勝22敗）

第73回秋季東北地区高校野球 県大会

盛岡大付、盤石の秋

第73回秋季東北地区高校野球県大会は盛岡大付が3年連続12度目の優勝を果たした。準決勝で花巻東、決勝では一関学院を退け、頂点に立った。盛岡大付の秋3連覇は2002～04年以来16年ぶり。

夏に続く2季連続優勝を狙った一関学院が準優勝。11年ぶりの秋制覇こそならなかったが、安定した投手陣を軸に勝ち上がった。花巻東は得意の機動力野球で3位となり、私立勢が3年連続で「東北切符」を独占した。

公立勢では花巻農が健闘し、4年ぶりのベスト4入り。1回戦から3試合連続で1点差の競り合いを制した。

盛岡大付 5―2 一関学院

強打そして堅守 16年ぶり3連覇

重量打線が県内最強に上り詰めた。盛岡大付は準決勝の花巻東、決勝の一関学院と、私立校上位対決を制し、16年ぶりの秋3連覇を達成。大型選手を中心に個々の役割を全力でやり切る20人の結晶が夏の雪辱につながった。

成長を喜ぶ指揮官とは対照的にナインの目はぎらついていた。「負けられないぞ」「泥くさくやれよ」。新チーム結成後から「気を出せ」と言い合ってきた選手たち。夏の決勝で一関学院に敗れた屈辱を晴らそうという思いでいっぱいだった。

「おまえの仕事をやり切れ」。1―1の六回2死三塁。ベンチのげきを受けた平内純兵(2年)が打席へ。追い込まれた状況で131キロの直球に食らいつき、打球は二遊間に飛んだ。「とにかくセーフになりたい」。181センチ、85キロの巨体を揺らして頭から一塁に飛び込む。真っ黒になった背番号7の激走で勝ち越した。

初回に松本龍哉(2年)、渡辺翔真(同)がわずか7球で先制点を奪うなど決勝も13安打。三者凡退は五回のみだった。全打者が長打を秘めたバットでプレッシャーをかけ続け、八回は中軸の3連打をきっかけに2得点。試合終了までに確実に仕留める打撃を身に付けた。

今大会は守備力も光った。全5試合で2失点以内。先発三浦宗大《そうた》(同)の制球力を生かした安定感。八回には途中出場の右翼手駒田隼大《はやた》(同)が好捕。大型選手に代わり試合後半に出場する選手の走力や守備力がピンチを救った。

聖地甲子園を目指す戦いに慢心はない。田屋瑛《あき》人《と》主将(同)は「まだまだ打てると思った。これでは足りない」とさらなる強さを求める。打線は近年にない可能性を秘める。東北最強へ。時は満ちた。

FINAL

決勝

9月27日

■県営球場

盛岡大付

1	2	3	4	5	6	7	8	9	計
1	0	0	0	0	1	0	2	1	5
0	0	1	0	0	0	0	1	0	2

一関学院

(盛)三浦、渡辺―田屋
(一)伊藤、奥谷―高橋
【三】松本(盛)
【二】金子、松本(盛)

盛岡大付は投打がかみ合い、終盤にリードを広げて３連覇を果たした。初回に松本の三塁打、渡辺の右前打で１点を先制。1―1の六回２死三塁から平内の内野安打で勝ち越した。八回は小針の適時打と暴投、九回は渡辺の左犠飛で加点した。三浦、渡辺の継投で２点に抑えた。

一関学院は三回に奥谷の左前打で追い付き、得意の後半勝負に持ち込んだが、疲れが見える投手陣が踏ん張れなかった。

【盛岡大付】		打安点振球
⑤	松　本	5 3 0 1 0
⑥1	渡　辺	4 3 2 0 0
③	金　子	5 1 0 1 0
⑨	小　針	4 1 1 0 0
R8	大　貫	0 0 0 0 0
⑦	平　内	4 2 1 0 0
R4	蝦　名	0 0 0 0 0
④7	新　井	4 0 0 0 0
②	田　屋	4 2 0 0 0
⑧	中　沢	2 0 0 0 0
89	駒　田	2 0 0 1 0
①	三　浦	2 0 0 0 0
H	千　葉	1 0 0 0 0
6	佐々木	1 1 0 0 0
犠盗失併残		
1 1 1 1 7		38 13 4 3 0

【一関学院】		打安点振球
⑧	佐藤拓	4 2 0 0 0
②	高　橋	2 1 0 0 1
④1	奥　谷	4 1 1 0 0
⑨	佐々木	4 0 0 0 0
③	鈴木幹	4 0 0 2 0
⑦	留　場	4 1 0 1 0
⑤	杉　沢	4 0 0 1 0
①	伊　藤	1 0 0 1 1
6	山　本	1 1 0 0 0
⑥4	佐藤零	3 0 0 1 0
犠盗失併残		
1 0 1 1 5		31 6 1 6 2

▽暴投　奥谷(一)１＝八回
▽審判　球審＝湊　塁審＝伊藤、伊東、三浦
▽試合時間　１時間57分

投手	回	打安振球失
三　浦	6	22 3 5 2 1
渡　辺	3	12 3 1 0 1
伊　藤	7	28 8 3 0 2
奥　谷	2	11 5 0 0 3

盛岡大付―一関学院　6回表盛岡大付2死三塁、平内が内野安打を放ち2―1と勝ち越す。捕手高橋、球審湊

一関学院、粘り強く戦う

一戦ごとに力を付けてきた夏の王者一関学院は、粘り強い試合運びで競り合いに持ち込んだ。終盤に追加点を奪われ、２季連続の優勝はならなかったものの、東北大会につながる戦いぶりだった。

三回の守りで三振併殺に仕留めて流れを引き寄せた。直後の攻撃で夏唯一のレギュラーだった奥谷奏翔《かなと》主将(２年)が左前打を放ち、同点に追い付いた。

１―１で迎えた六回の攻防で明暗が分かれた。表の守りはポテンヒットをきっかけに１死二塁。遊ゴロに打ち取ったものの二走の進塁を許し、次打者の内野安打で勝ち越された。

裏の攻撃は先頭が中前打で出塁。続く奥谷主将は痛烈なライナーを放ったが、不運にも一塁手の正面を突いた。一走が戻れず併殺となり、反撃ムードがしぼんでしまった。

主戦伊藤龍紀《りゅうき》(同)は逆転を信じて投げ続けた。七回はバックが好守で応えた。２死二塁から中前打を浴びたが、中堅手佐藤拓己(同)が本塁に好返球。捕手高橋研伍(同)が二走にタッチして相手の追加点を防いだ。

今秋からベンチ入りした伊藤はチームの未熟さを自覚し、試合の中で成長を続けた。高橋滋監督は「力のないチームがよくここまで来た」と評価した。奥谷主将は「積極性に欠けた。ファーストストライクからどんどん振りたい」と前を向き、東北の強豪との戦いを見据えた。

盛岡大付―一関学院　7回表盛岡大付2死二塁、松本の中前打で二走田屋が本塁を突くも、中堅手佐藤拓の好返球でタッチアウト。捕手高橋

THIRD PLACE PLAYOFF

3位決定戦

9月27日

■県営球場

	1	2	3	4	5	6	7	8	9	計
花巻農	0	0	0	0	0	0	0	0	0	0
花巻東	0	1	0	0	0	0	0	4	×	5

(農)菅原、藤原奏—瀬川
(東)菱川—田代
【本】佐藤(東)
【二】藤原怜(農)菊池開、宮沢、相野(東)

花巻東は主戦菱川が２安打、８奪三振で完封した。二回に菊池開の右中間二塁打と犠打で１死三塁とし、黒沢の二ゴロの間に１点を先制。八回は宮沢、相野の連続二塁打、佐藤の右越え２ランなど６安打を集中して４点を奪った。

花巻農は先発菅原の好投と堅守で終盤まで競り合ったが、八回に突き放された。初回無死二塁の先制機を生かせず、最後まで本塁を踏めなかった。

花巻農—花巻東　４回表花巻農１死、高橋悠が中前打を放つ。捕手田代

花巻農、終盤まで互角

花巻東 5—0 花巻農

初の東北大会出場を懸けた花巻東との一戦。花巻農は最後まで食らいついた。悔しさはあるが、下を向く選手はいない。強力打線はわずか2安打と振るわなくても、再三の好守と笑顔のプレーは全力を出し切った証しだった。

「笑顔で楽しもう」。朝、全員でテーマを決めた。前日の準決勝は緊張と勝利への焦りが強すぎた反省を踏まえ、普段通りに全力を出し切ることを確認した。

初回、１番藤原怜偉《れい》(2年)の鮮やかな左翼線二塁打で幕を開ける。ガッツポーズの藤原と盛り上がるベンチ。四回は前日3三振の高橋悠仁《ゆうと》(同)が１４０キロの直球をはじき返す。「少しは自分のプレーができたかな」。持ち前の打力の片りんをようやく示した。

先発の菅原新太(2年)は笑顔で投げ続けた。冷静に右横手から緩急自在の投球で打ち取った。守備は内野が2併殺を決め、外野手も長打性の打球を好捕。地区予選で大敗した相手にがっぷり四つで戦った。

もちろん打ちたかった。狙っていたスライダーにバットは何度も空を切った。だが、これが今の実力だ。「来春、驚かせるチームにする」と佐々木貴大監督。夏は地区大会を勝ち抜いてベスト16入り。新チームは県大会3試合をいずれも5—4の1点差で勝ち上がった。「農業高校最強」を目指す挑戦は続く。

花巻東・菱川が2安打完封

花巻東の主戦菱川一輝(2年)が、強打の花巻農に三塁を踏ませず、被安打2で完封した。

朝に先発を告げられると「自分で行くつもりだった」と闘志をかき立ててマウンドに登った。右打者の外角に逃げるスライダーの制球が抜群だった。2番手で登板した準決勝の盛岡大付戦は、力みから変化球が指にかかり、直球を狙い打たれて4失点。この日は投球練習から脱力を心掛けた。

初回、先頭打者に二塁打を浴びたものの、2三振で切り抜けると、１４０キロ台の速球に大きく曲がるスライダー、カーブのコンビネーションで五回以降は無安打。わずか１０４球の完封劇だった。

【花巻農】			打安点振球
④	藤原	怜	41000
⑧	高橋	空	30021
⑥	高橋	悠	41000
③	三	浦	20011
⑨	遠	藤	30020
②	瀬	川	30000
⑦	及	川	30020
⑤	佐	藤	30000
①	菅	原	20010
1	藤原	奏	00000
H	葛巻	力	00001
R	牛	崎	00000

犠盗失併残……
00123　272083

【花巻東】			打安点振球
⑥	宮	沢	43000
④	相	野	21101
⑨	佐	藤	32200
①	菱	川	41000
⑤	菊池	開	41000
②	田	代	32010
③	黒	沢	32201
⑦	平	井	40010
⑧	渡	辺	20001

犠盗失併残……
31026　2912523

▽審判　球審＝小谷地　塁審＝高橋、三浦、佐久間
▽試合時間　1時間39分

投	手	回	打安振球失
菅	原	7⅓	309134
藤原	奏	⅔	53101
菱	川	9	302830

被安打2で花巻農を完封した花巻東の主戦菱川

東北大会出場3チーム

盛岡大付の県大会成績

1回戦	7-0	大東（七回コールド）
2回戦	7-0	水沢商（七回コールド）
準々決勝	7-1	専大北上
準決勝	7-2	花巻東
決　勝	5-2	一関学院

打数159　犠打3　三振14
安打54　四死球18　残塁36
二塁打13　盗塁14　失策3
三塁打2
本塁打2　チーム打率 .340
打点30　チーム防御率0.88

盛岡大付

一関学院の県大会成績

1回戦	6-3	盛岡商
2回戦	4-0	盛岡四
準々決勝	5-1	水沢工
準決勝	9-2	花巻農
決　勝	2-5	盛岡大付

打数161　犠打17　三振17
安打53　四死球17　残塁42
二塁打8　盗塁2　失策4
三塁打0
本塁打2　チーム打率 .329
打点22　チーム防御率1.60

一関学院

花巻東の県大会成績

2回戦	11-1	盛岡中央（六回コールド）
準々決勝	14-0	黒沢尻工（六回コールド）
準決勝	2-7	盛岡大付
3位決定戦	5-0	花巻農

打数116　犠打8　三振14
安打45　四死球21　残塁28
二塁打11　盗塁15　失策1
三塁打3
本塁打2　チーム打率 .388
打点31　チーム防御率2.48

花巻東

秋季東北大会の県勢成績
（★は選抜甲子園出場）

	第1代表	第2代表	第3代表
第68回（2015年）	盛岡大付 ベスト4	★釜石 2回戦	一関学院 ベスト4
第69回（2016年）	★盛岡大付 準優勝	★不来方 2回戦	花巻東 1回戦
第70回（2017年）	★花巻東 準優勝	黒沢尻工 ベスト8	一関学院 1回戦
第71回（2018年）	★盛岡大付 準優勝	花巻東 ベスト4	専大北上 2回戦
第72回（2019年）	盛岡大付 ベスト4	花巻東 2回戦	一関学院 ベスト8

■第73回秋季東北地区高校野球県大会　試合結果

盛岡大付（3年連続12度目）

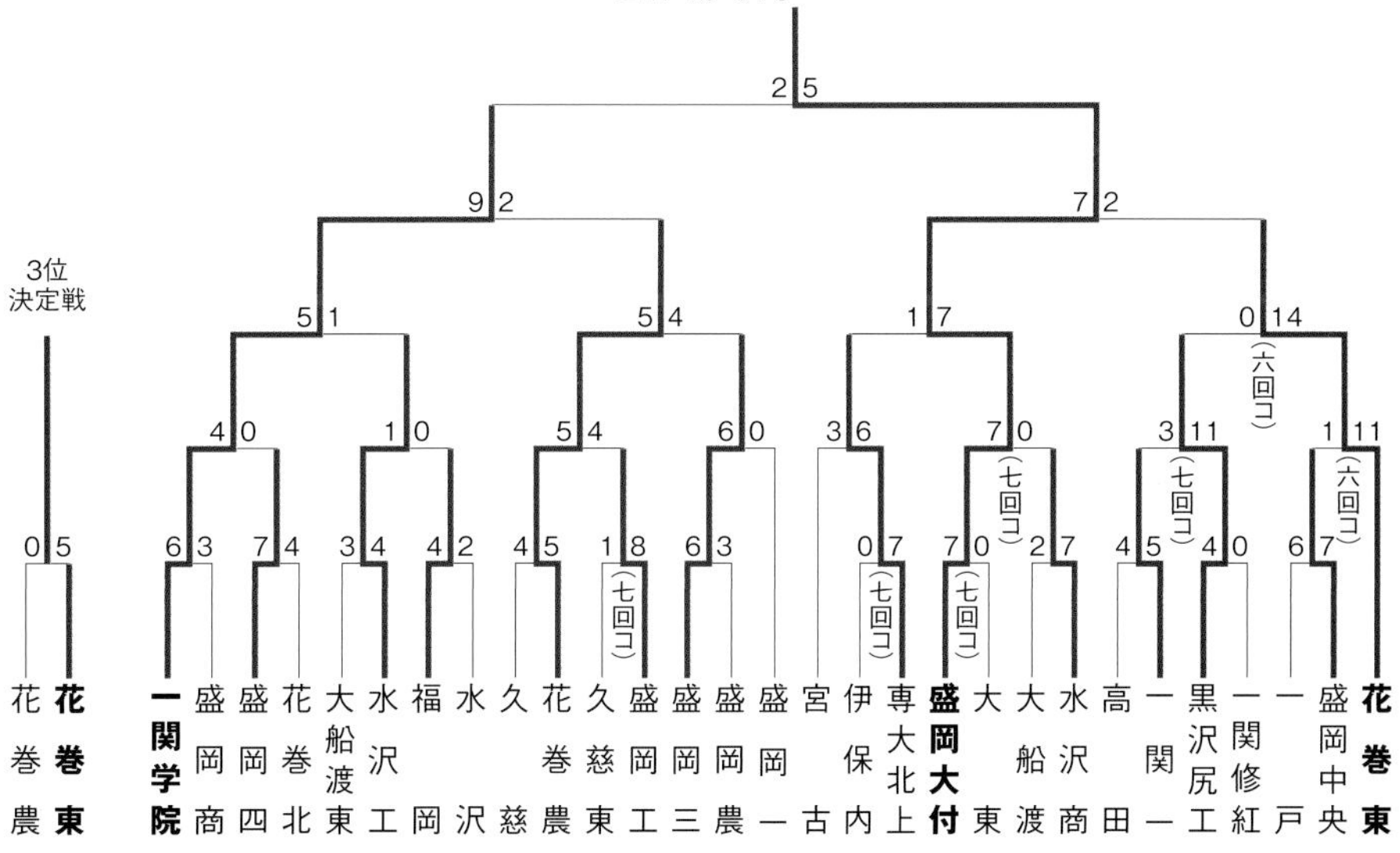

SEMIFINAL

準決勝

9月26日

■県営球場

一関学院	0	0	1	1	0	0	3	0	4	9
花巻農	0	0	0	0	0	2	0	0	0	2

(一)伊藤、奥谷—高橋
(花)藤原奏、菅原—瀬川
【二】鈴木幹、佐藤拓、留場(一)

一関学院が終盤に突き放した。三回に佐々木のスクイズで先制。四回は伊藤が３バントスクイズを成功させた。同点の七回は１死満塁から奥谷の中犠飛、佐々木の２点左前打で勝ち越し。九回は６安打で４点を奪いリードを広げた。

花巻農は０—２の六回に三浦、瀬川の連続適時打で追い付いた。疲労が見える藤原奏が七回以降に打ち込まれ、勝機が遠のいた。

【一関学院】		打安点振球
⑧	佐藤　拓	42011
②	高　橋	10002
④1	奥　谷	43100
⑨	佐々木	32411
⑤	杉　沢	30010
5	角　田	10000
H	小　松	10010
5	千葉　竜	00000
⑦	留　場	52100
③	鈴木　幹	43200
①	伊　藤	10100
6	山　本	21010
⑥4	佐藤　零	41000
犠盗失併残		
80119		3314954

【花巻農】		打安点振球
④	藤原　怜	31011
⑧	高橋　空	41001
⑥	高橋　悠	40030
⑨	遠　藤	41020
③	三　浦	42100
②	瀬　川	42100
⑦	葛巻　力	40000
⑤	佐　藤	30020
①	藤原　奏	20001
1	菅　原	11000
犠盗失併残		
20109		338283

▽捕逸　高橋(一)１＝六回
▽暴投　奥谷(一)１＝六回
▽審判　球審＝宇都宮　塁審＝瀬川、木村、高橋
▽試合時間　１時間59分

投手	回	打安振球失
伊　藤	5⅔	234512
奥　谷	3⅓	154320
藤原　奏	8⅔	4313549
菅　原	⅓	21000

一関学院—花巻農　7回表一関学院2死二、三塁、佐々木の左前打で三走に続き二走高橋(中央)が生還し、5—2とリードを広げる。捕手瀬川(右)、投手藤原奏(左奥)

一関学院、勝機を逃さず

一関学院 9—2 花巻農

したたかで勇猛果敢な一関学院が2季連続の決勝進出を果たした。相手が見せた隙を得点につなげ、終盤の好機に初球攻撃の連打。伝統の堅実な攻めに終盤の得点力を融合させ、東北切符を勝ち取った。

追い付かれた直後の七回、がらりと打線の雰囲気が変わった。「終盤に打つのが俺たちだろ」。ベンチの声に応え、1死から佐藤零士(2年)、佐藤拓己(同)が安打を連ねる。相手は序盤のスクイズを警戒。四球後、奥谷奏翔《かなと》主将(同)は失投を見逃さない。初球をきっちり中犠飛。続く佐々木巧実(同)も「変化球を狙っていた」と鮮やかにはじき返して計3得点。相手の勢いを断ち切った。

一関学院は記録に残らない相手のわずかなほころびを得点につなげた。三回は内外野の間に飛球が落ちた安打に乗じて、初めて4番に座った佐々木が「試合で初めて決めた」とスクイズで先制。四回は伝令を送り、伊藤龍紀(2年)にスリーバントスクイズ。高橋滋監督は「嫌な流れを感じて得点できるうちに取りたかった」。

夏に優勝した3年生と比べて「力が劣っていることは選手も自覚している。毎試合、挑戦者の心、粘り強く戦うと言い続けている」と高橋監督。ただ、夏のチームに唯一、終盤の得点力は勝っている。奥谷主将は「試合後半の集中力を強く言ってきた」とチームの成長を実感している。目指すは2009年以来の秋制覇。最後の1球まで諦めない。

花巻農、受け身悔やむ

目に見えないプレッシャーが花巻農ナインから笑顔を奪った。練習試合で勝った一関学院に対し、本来の積極的なプレーを出せずに敗戦。六回まで粘投したエースを援護できなかった。瀬川龍太主将(2年)は「練習試合の勝利で受け身になってしまった」と唇をかんだ。

六回に瀬川主将が意地の同点打を放ったが、本来は先行して相手を焦らせたかった。力みでスイングが鈍り、巧打が持ち味の上位打線は思うように出塁できない。期待された長打は1本も出なかった。

チームの雰囲気は前日まで普段と変わらなかったというが「当日のバス移動から静かになってしまった」と佐々木貴大監督。「七回も間を取って守らせれば良かった。普段のプレーを発揮させてやれなかった」と悔やんだ。

6回裏花巻農2死一、三塁、瀬川が右前打を放ち、2—2の同点に追い付く

SEMIFINAL

準決勝

9月26日

■県営球場

花巻東

	1	2	3	4	5	6	7	8	9	計
花巻東	2	0	0	0	0	0	0	0	0	2
盛岡大付	0	2	1	0	0	2	2	0	×	7

盛岡大付

(花)中居、菱川、平井―田代
(盛)三浦、渡辺―田屋
【三】佐藤(花)
【二】宮沢、田代(花)渡辺、金子、佐々木、松本(盛)

盛岡大付打線が本領を発揮した。2点を追う二回に駒田、三浦の連続適時打で同点。三回は渡辺、金子の連続二塁打で勝ち越した。六回は佐々木の2点二塁打、七回は小針、平内の連続適時打で加点。15安打で7点を奪った。

花巻東は初回に佐藤の三塁打、菱川の右前打などで2点を先制したが、二回以降は無得点に終わった。終盤の2度の満塁機を生かせなかった。

【花巻東】			打安点振球
⑧	渡	辺	50020
⑥	宮	沢	41021
⑨	佐	藤	52110
⑤15	菱	川	42110
④54	菊池	開	20012
⑦47	相	野	40000
③	黒	沢	41000
②	田	代	42000
①	中	居	00000
71	平	井	31010
犠盗失併残			
110110			359283

【盛岡大付】			打安点振球
⑤	松	本	51000
⑥1	渡	辺	42000
③	金	子	31101
R8	大	貫	10000
⑨	小	針	31111
R	久保	田	00000
3	庄	司	00000
⑦9	平	内	43100
④7	新	井	31000
②	田	屋	41010
⑧	駒	田	32100
H	中	沢	10010
64	蝦	名	00000
①	三	浦	11101
646	佐々	木	22200
犠盗失併残			
22008			3415733

▽暴投　平井(花)1＝八回
▽審判　球審＝小野寺　塁審＝菅原、湊、熊谷
▽試合時間　2時間27分

投手	回	打安振球失
中居	3	146013
菱川	4	218324
平井	1	41000
三浦	5	204212
渡辺	4	195620

花巻東―盛岡大付　6回裏盛岡大付2死二、三塁、佐々木が右越え二塁打を放ち、5―2とする。捕手田代

盛岡大付、本領15安打

盛岡大付 7―2 花巻東

豪打で宿敵を粉砕した。盛岡大付は先制されても焦らず、長短15安打で7得点。打力への自信と「タフになれ」と夏から言い続けた精神面の強さが花巻東との決戦で全開した。

初回から両校ナインの雄たけびが球場に響く。「強く振れ」。ともに序盤はエースを温存し、ノーガードの打ち合いは必至。先発三浦宗大(2年)が二回のピンチをしのぐと、重量打線のスイッチが入った。

二回は下位打線の駒田隼大《はやた》(同)と三浦の連続適時打で2点。三回は上位の渡辺翔真(同)と金子京介(同)の連続二塁打で1点。犠打無しの強打で、いとも簡単に逆転した。

六回は途中出場の佐々木一晃《いっこう》(同)が「直球を狙った」と前進守備の右翼手の頭を越える2点二塁打で貴重な追加点。「気持ちよく打たせてしまった」と相手指揮官が嘆くほど、打線が低めの変化球を冷静に見極め、右へ左へかっ飛ばした。大柄な選手をそろえながら好投手相手でもわずか3三振。しぶとい打撃が宿敵を追い詰めた。

三浦は雪辱を誓ったマウンドだった。「1年生大会や下級生の練習試合で何度も投げて花巻東に打たれた」と関口清治監督。丁寧にコースを投げ分けて5回2失点。「雪辱できました。素直にうれしい」と笑顔を見せた。

花巻東、逸機で流れ失う

花巻東の歯車が突如狂った。初回の鮮やかな先制攻撃から一転、三回以降は持ち味の機動力を生かせない。終盤の二度の満塁も得点に結びつけることができず、ここまで圧倒的な得点力を発揮してきた打線のもろさが浮き彫りになった。

二回の逸機で流れが変わった。二塁打と犠打で1死三塁としながら1、2番が痛恨の連続三振。絶好の追加点の場面で無得点に終わり、直後に同点とされた。

1点を追う四回からマウンドに上がった主戦菱川一輝(2年)は、最速147キロを計測しながら「決め球が直球しかなかった」と苦しい投球内容。8安打を浴びて4点を失った。佐々木洋監督も「菱川がここまで打たれるとは思わなかった」と険しい表情のままだった。

花巻農―盛岡三　6回裏の守りで併殺を完成させ、笑顔を見せる花巻農の三塁手佐藤（左）と投手藤原奏

QUATERFINAL

準々決勝

9月22日

花巻農が盛岡三の追い上げを振り切り、4年ぶりのベスト4進出。盛岡大付は着実に加点して専大北上に快勝。一関学院は伊藤―奥谷の継投で水沢工を下し、花巻東は14安打で黒沢尻工にコールド勝ちした。

花巻農、4年ぶり4強入り

花巻農 5―4 盛岡三

花巻農の勢いが止まらない。盛岡三の最終回の猛反撃をかわし、3試合連続で5―4の激戦を制して4年ぶりの4強入りを果たした。

5―0の九回、好投を続けていた左腕藤原奏良《そら》(2年)が突如つかまった。「(直前に)追加点が入って楽になりすぎた」と制球に苦しみ、1点を失う。さらに無死満塁と大きなピンチを迎えたが「落ち着いて、やってきたことを信じよう」と、連打を浴びながらも1点差で逃げ切った。

藤原奏は八回まで被安打3とほぼ完璧な投球。県大会直前に戦列に復帰した捕手瀬川龍太主将(2年)が「練習試合でカーブが有効だった」と、変化球を生かした巧みな配球でエースを支えた。

内野も4併殺でもり立てた。先制の左越え二塁打を放つなど3安打の三塁手佐藤厚《こう》(同)は「藤原の投球が流れをつくってくれる」と話し、守備から生まれるリズムが、今大会での思い切りの良い打撃につながっている。

2016年は準決勝まで進んだが、準決勝で延長戦の末に不来方に、3位決定戦では花巻東に敗れ、初の東北大会出場を逃した。チームの目標は「センバツ1勝」。瀬川主将は「歴史をつくる」と言葉に力を込めた。

専大北上、1点止まり

盛岡大付 7―1 専大北上

専大北上は盛岡大付の長打攻勢に屈し、2年ぶりの4強入りを逃した。

打線は相手の思惑通りに外野フライを打たされ、四回まで無安打。五回に泉山心海《みなみ》(2年)のチーム初安打を足掛かりに前川陸(同)の犠飛で1点を返した。しかし、六回以降は安打が出ても得点に結びつけることはできず、及川将史監督は「こちらは序盤の入り方が悪かった。相手は勝負どころの一打が素晴らしかった」。

先発した佐藤悠寿希《ゆずき》(2年)は、盛岡大付の3番金子京介(同)に場外本塁打を浴びるなど、10安打を喫した。「甘く入った球を痛打された。盛岡大付に勝つために練習してきたので悔しい」。

■県営球場

										計
花巻農	0	0	0	2	0	0	0	0	3	5
盛岡三	0	0	0	0	0	0	0	0	4	4

(花)藤原奏―瀬川
(盛)下谷地、鷹觜、内田、佐々木諒―小柳
【二】佐藤、高橋悠(花)志和、小柳(盛)

【花巻農】		打安点
④	藤原　怜	421
⑧	高橋　空	411
⑥	高橋　悠	312
⑨	遠　藤	510
③	三　浦	500
②	瀬　川	420
⑦	葛巻　力	310
7	及　川	000
⑤	佐　藤	431
①	藤原　奏	220
振球犠盗失併残	2251149	34135

【盛岡三】		打安点
⑨	門　屋	200
H	斉　藤	000
⑤	志　和	320
⑥	佐々木聖	411
⑦	小　野	300
⑧	小　林	400
④	斎　藤	421
②	小　柳	321
①3	下谷地	200
H3	千葉　篤	100
3	及　川	000
1	内　田	000
1	佐々木諒	100
③13	鷹　觜	200
振球犠盗失併残	6420004	2973

■県営球場

										計
専大北上	0	0	0	0	1	0	0	0	0	1
盛岡大付	0	2	1	1	0	3	0	0	×	7

(専)佐藤―川上
(盛)渡辺、阿部―田屋
【本】金子(盛)
【三】金子(盛)
【二】新井、田屋、蝦名(盛)

【専大北上】		打安点
⑧	遠藤　魁	400
⑥	男　沢	410
④	平　野	400
⑦	湯　浅	310
③	福　島	400
R	荻　野	000
⑨	泉　山	310
H	高　橋	100
⑤	前　川	201
②	川　上	320
①	佐　藤	300
振球犠盗失併残	1110105	3151

【盛岡大付】		打安点
⑤	松　本	300
①4	渡　辺	310
③	金　子	524
⑨	小　針	400
7	大　平	000
1	阿　部	000
⑦	平　内	400
46	佐々木	000
④747	新　井	410
②	田　屋	432
⑧	中　沢	300
8	大　貫	100
⑥	蝦　名	221
H	庄　司	110
R9	駒　田	000
振球犠盗失併残	5502108	34107

QUATERFINAL

準々決勝

9月22日

花巻東鮮やか8盗塁

花巻東 14—0 黒沢尻工

今夏の準々決勝の再現となった一戦は、花巻東が14安打14得点で大勝した。

夏に先輩たちが打ち崩せなかった右下手の根本夏珠葵《なずき》（2年）の対策を練ってきたが、先発は右上手の熊谷航（同）。それでもナインは慌てることなく対応した。初回2死三塁から4番佐藤史弥（同）が中前にはじき返して1点を先制。さらに菊池開斗（2年）、平井柊《しゅう》（同）、田代旭（1年）の連続適時打で計4点を奪った。

続く二回も佐藤の二塁打などで3点を加えると、三回からマウンドに立った根本からも六回に5点を奪い、コールド勝ちに持ち込んだ。

足を絡めた攻撃も効果的だった。相手の投球動作をよく観察してタイミング良くスタートを切り、この試合だけで8盗塁を決めた。相野七音《なおと》主将（2年）は「打線は水物。走塁が持ち味ですから」と事もなげだった。

花巻東—黒沢尻工　2回表花巻東1死一、二塁、佐藤が中越え二塁打を放ち6—0とリードを広げる

水沢工奮闘 互角の9安打

一関学院 5—1 水沢工

水沢工は夏の優勝校に継投で挑み、最後まで粘り強く戦った。

先発の安倍友基（1年）は、90キロに満たない直球と70キロ台のカーブを大胆に投げ込み、打者の打ち気をそらした。2回戦で好投した主戦山本陸駆《りく》（2年）は三回途中から救援し、2失点と粘投した。

打線は一関学院と同じ9安打を放った。適時打こそ出なかったが、七回は暴投で1点を返す意地を見せた。この日2安打の村上天馬主将（同）は「力の差はなかった。走者をかえせる安打を打ちたい」と出直しを誓った。

■花巻球場

水沢工

0	0	0	0	0	0	1	0	0	1
0	1	2	1	1	0	0	0	×	5

一関学院

（水）安倍、山本—高橋
（一）伊藤、奥谷—高橋
【二】佐藤零、奥谷、佐藤拓（一）

【水沢工】	打安点
⑥　村　上	5 2 0
⑨　佐々木	3 0 0
③　伊　藤	4 2 0
⑧　及　川	4 1 0
⑦5遠　藤	3 1 0
④　阿部静	1 0 0
H7吉　田	2 0 0
②　高　橋	4 2 0
①　安　倍	1 0 0
1　山　本	3 1 0
⑤4北　條	3 0 0
振球犠盗失併残…………	
1022 0 1 0 9	33 9 0

【一関学院】	打安点
⑧　佐藤拓	3 1 1
②　高　橋	2 0 0
④1奥　谷	4 2 0
③　鈴木幹	3 1 2
⑨　佐々木	5 1 0
⑦　岩　渕	4 1 0
7　留　場	0 0 0
⑤　杉　沢	3 1 0
①　伊　藤	2 1 0
H　小　松	1 0 0
6　山　本	0 0 0
⑥4佐藤零	3 1 1
振球犠盗失併残…………	
3 8 3 1 0 1 12	30 9 4

■花巻球場

花巻東

4	3	1	0	1	5	14
0	0	0	0	0	0	0

（六回コールド）

黒沢尻工

（花）中居、平井—田代
（黒）熊谷、藤沢、根本、熊谷—嘉藤、藤原、高橋優
【三】佐藤（花）
【二】相野2、菊池開2、佐藤、渡辺（花）

【花巻東】	打安点
⑧　渡　辺	4 2 2
④　相　野	4 2 1
⑥　宮　沢	1 0 0
⑨3佐　藤	4 3 3
⑤　菊池開	3 2 3
⑦1平　井	3 2 1
②　田　代	4 1 1
③　黒　沢	3 2 3
R9佐　々	0 0 0
①　中　居	2 0 0
H　金	0 0 0
R　下斗米	0 0 0
7　菊池敏	0 0 0
振球犠盗失併残…………	
2 5 4 8 1 2 5	28 14 14

【黒沢尻工】	打安点
③　土　屋	2 1 0
⑤415根　本	3 1 0
①91熊　谷	3 0 0
⑧　柏　葉	2 0 0
②7嘉　藤	3 0 0
④64舘　洞	2 1 0
⑥16藤　沢	1 0 0
⑦　鶴田隼	1 0 0
2　藤　原	0 0 0
9　桜　田	0 0 0
⑨52高橋優	2 0 0
振球犠盗失併残…………	
4 3 1 0 3 1 5	19 3 0

福岡―水沢工　8回表福岡2死一、二塁、三塁を狙った二走菅野（左）は挟殺プレーでタッチアウト。遊撃手村上（右）、三塁手遠藤（中央）

水沢工、1点を死守

水沢工 1―0 福岡

水沢工が冷静な守備で1点を守り切った。六回1死一、二塁。遊撃手の村上天馬主将（2年）が「あうんの呼吸」で二塁カバーに入ると、マウンドの山本陸駆《りく》（同）が素早くけん制。2走をアウトにした。

八回は二つの挟殺プレーでピンチをしのいだ。無死一塁から山本がけん制で走者を一、二塁間に誘い出しタッチアウト。二死後、二走が三盗を試みると捕手の高橋来《らい》（同）が三塁に素早く送球。再び挟殺で仕留めた。

山本は142球を投げ抜き完封。「一丸で試合ができた」とバックに感謝した。五回に値千金の適時二塁打を放った伊藤諒比《あさひ》（同）は「山本が粘っていた。自分が決めるという気持ちだった」と胸を張った。

4番が決めた花巻農サヨナラ

花巻農 5―4 盛岡工

花巻農がサヨナラ勝ち。2試合連続で接戦をものにし、ベスト8に進出した。

4―4の九回裏1死、1番藤原怜偉《れい》（2年）が「自分が出れば必ずみんなが打ってくれる」と、この日5安打目となる左前打で出塁。2死一、二塁とし、打席には4番遠藤悠音《はると》。追い込まれながら外角低めの直球を振り抜き、左中間に強烈な打球を飛ばして試合を決めた。

快勝ムードが一転、2番手投手を打ちあぐねる間に追いつかれた。それでも主戦藤原奏良《そら》が九回、気迫あふれる投球で三者凡退に抑え、三塁手佐藤厚《こう》の好守で再び流れを引き寄せた。

多くの選手が中学時代のKWB花巻選抜。「1年生からみんなで活躍しようと話していた」（藤原奏）と花巻農に進んだ。私学に引けを取らない強力打線で「センバツを本気で目指している」と遠藤。東北切符をつかむまで打って打ちまくる。

盛岡工―花巻農　9回裏花巻農2死一、二塁、遠藤が左中間にサヨナラ打を放つ

SECOND ROUND

2回戦

9月20日

水沢工が1点を守り切り8強入り。花巻農はサヨナラで競り合いを制した。一関学院は盛岡四を零封、花巻東は菱川の2点本塁打などで快勝した。

■県営球場

盛岡四

盛岡四	0	0	0	0	0	0	0	0	0	0
一関学院	0	0	2	0	0	1	0	1	×	4

一関学院

（盛）岩渕、工藤―煙山
（一）千葉華、山崎、奥谷―高橋
【本】佐藤零（一）
【二】留場（一）

盛岡工

盛岡工	1	0	0	0	2	0	0	1	0	4
花巻農	1	1	1	1	0	0	0	0	1x	5

花巻農

（盛）五日市、新田―藤原大
（花）菅原新、藤原奏―瀬川
【三】高橋皇（盛）
【二】高橋皇、藤原大（盛）葛巻力、藤原怜（花）

盛岡中央

盛岡中央	0	0	0	0	0	1	1
花巻東	2	2	0	2	0	5x	11

花巻東　（六回コールド）

（盛）中川、斎藤、高橋、小笠原彩―小笠原颯
（花）菱川―田代
【本】菱川（花）
【三】黒沢（花）

■花巻球場

福岡

福岡	0	0	0	0	0	0	0	0	0	0
水沢工	0	0	0	0	1	0	0	0	×	1

水沢工

（福）釜石―漆原
（水）山本―高橋
【三】舘山（福）
【二】平（福）及川、遠藤、伊藤（水）

SECOND ROUND

2回戦

9月20日

盛岡三が同地区対決に快勝。専大北上は3年連続のベスト8。盛岡大付は松本の先頭打者本塁打などで圧勝し、黒沢尻工も18安打で一関一を下した。

■花巻球場

水沢商

0	0	0	0	0	0	0	0
1	0	0	1	4	0	1x	7

（七回コールド）

盛岡大付

（水）遠藤、原田―荒井
（盛）山口、阿部、大平―田屋
【本】松本（盛）
【二】新井、平内、小針（盛）

一関一

0	0	0	0	2	1	0	3
4	2	1	3	0	1	×	11

（七回コールド）

黒沢尻工

（一）須藤、熊谷―千葉和
（黒）根本―嘉藤
【三】菅原晴（一）土屋（黒）
【二】千葉和（一）根本、嘉藤、高橋優（黒）

■しんきん森山スタジアム

盛岡三

0	0	0	1	0	1	0	0	4	6
0	0	0	0	0	0	0	0	0	0

盛岡一

（三）下谷地、鷹觜、佐々木諒―小柳
（一）佐々木裕、菅、平井―金沢
【二】千葉篤、小林（三）川村、大川（一）

宮古

0	0	0	1	0	0	0	2	0	3
0	0	3	0	2	1	0	0	×	6

専大北上

（宮）山根竜、中村、山根拓―若狭
（専）藤坂―川上
【三】山根拓（宮）前川（専）
【二】遠藤魁、男沢、福島（専）

盛岡三―盛岡一　9回表盛岡三無死満塁、志和の中前打で三走下谷地（右）と二走小柳（左）が相次いで生還し、4―0とリードを広げる

同地区対決 盛岡三が快勝

盛岡三 6―0 盛岡一

盛岡三が盛岡一との同地区対決に快勝、2年連続の8強入りを果たした。

2点リードで迎えた九回に打線がつながった。下谷地璃樹《りき》（2年）、小柳晴哉（同）、門屋佳一郎（1年）の3連打で無死満塁とすると、志和孝祐主将（2年）も快音を響かせ中前へ2点適時打。さらに後続も畳み掛け、打者一巡の攻撃で4点を奪い、試合を決めた。

先発の下谷地は打たせて取る投球がさえ、6回を投げて被安打5で無失点。前日の1回戦で3失点した反省を生かし、粘り強く投げた。千葉勝英監督は「しっかり修正して投げてくれた」と、気合に満ちた投球をたたえた。

専大北上 投打かみ合う

専大北上 6―3 宮古

専大北上は公式戦初登板となる藤坂怜央《れお》（2年）が力投、3年連続で8強入りした。

「当初は継投を考えていた」という及川将史監督の予想を上回り、背番号11は丁寧にコースを突く投球でマウンドに立ち続けた。7安打を浴びたものの、四球は一つだけ。無我夢中で111球を投げ抜いた。

伝統の強力打線も藤坂を援護。上位に起用された1年生の男沢凱生《がいき》と平野翔太が三回に適時打を放つなど、小刻みに得点して主導権を渡さなかった。

1回戦で完封した主戦佐藤悠寿希《ゆずき》（2年）に続く好投で、投手陣は厚みを増した。盛岡大付との準々決勝に向け、男沢は「集中して戦う」と気合を入れた。

宮古―専大北上　公式戦初登板で3失点完投した専大北上の藤坂

FIRST ROUND

1回戦

9月19日

50度目出場の福岡が水沢を下し2回戦へ。一関学院は盛岡商の好投手を攻略し、盛岡三は継投で同地区対決を制した。

■県営球場

一関学院

1	2	1	0	1	1	0	0	0	6
0	0	0	0	0	3	0	0	0	3

盛岡商

(一)伊藤、千葉華、鈴木壮、奥谷—高橋
(盛)桜庭、佐々木空、桜庭—佐々木悠
【本】鈴木幹(一)
【二】小松(一)広田(盛)

福岡

0	0	0	2	0	0	1	0	1	4
0	0	0	0	0	0	0	1	1	2

水沢

(福)釜石—漆原
(水)藤沢、伊藤—竹田
【三】和山、大平(福)
【二】大平(福)及川、秋山(水)

盛岡三

1	0	1	1	0	2	1	0	0	6
0	0	2	0	0	1	0	0	0	3

盛岡農

(三)下谷地、鷹觜、佐々木諒—小柳
(農)熊谷—大志田
【三】志和(三)
【二】工藤(農)

福岡—水沢　8回裏水沢無死満塁、小野寺の中前打で三走及川は生還。二走菊池(左)は三塁をオーバーランし、捕手漆原の送球でタッチアウト。三塁手村田

福岡、堅守でピンチしのぐ

福岡 4—2 水沢

50度目出場の古豪福岡が堅い守りで水沢に競り勝ち、県北地区で唯一2回戦に進んだ。

3—0の八回、福岡の先発釜石虎晟《こうせい》(2年)が3連打を浴びて無死満塁。続く打者にも中前打を許したが、捕手漆原空蒼《くう》(同)が二走の三塁オーバーランを見逃さず、三塁に送球してタッチアウト。4連打を喫しながら最少失点で切り抜けた。

2018年の軟式野球全国大会でベスト8に進んだ福岡中(二戸)のメンバーが中心。このときは水沢中(奥州)も8強入りした。田中純一監督は「(水沢の)伊藤裕平投手(2年)を攻略しようと練習してきた。スター選手はいないが、走攻守安定したプレーは期待できる」と手応えを口にした。

一関学院、好投手を攻略

一関学院 6—3 盛岡商

一関学院は序盤から盛岡商の好投手・桜庭悠空《ゆうく》(2年)を打ち崩し、2季連続制覇へ好発進した。

初回に奥谷奏翔《かなと》主将(2年)が鮮やかな適時打で1点を先制。3—0の三回は2死から鈴木幹大《かんた》(同)が右越えソロを放ち、序盤でリードを広げた。

投げてはエース伊藤龍紀(2年)が今秋公式戦初先発ながら5回8三振、無失点と完璧な投球。「序盤は制球に苦しんだが、投げる位置を少し変えて修正した」。威力のある直球をどんどん投げ込んだ。

FIRST ROUND

1回戦

9月19日

夏ベスト８の水沢商が初戦を突破。盛岡中央はサヨナラ勝ちで一戸を振り切った。専大北上は部員１０人で臨んだ伊保内をコールドで下した。

■花巻球場

伊保内

0	0	0	0	0	0	0	0
2	2	0	0	0	0	3x	7

（七回コールド）

専大北上

（伊）森―林
（専）佐藤―川上
【二】屋形場、田岡（伊）泉山、平野（専）

一戸

0	0	3	0	0	1	0	2	0	6
0	6	0	0	0	0	0	0	1x	7

盛岡中央

（一）泉久保、苗代幅―大森
（盛）中川、斎藤―小笠原颯
【三】小沢（盛）
【二】中村、沢村（一）藤本（盛）

水沢商

0	2	0	1	0	0	0	4	0	7
0	1	0	0	0	1	0	0	0	2

大船渡

（水）遠藤―荒井
（大）高、佐々木啓、千葉翔―梅沢
【三】武田（大）
【二】阿部、千葉、原田（水）久保田（大）

水沢商、終盤に集中打

水沢商 7―2 大船渡

水沢商―大船渡　8回表水沢商2死二塁、千田が左前打を放ち5―2とリードを広げる

　夏8強の快進撃を見せた水沢商が、終盤の集中打で大船渡を破った。

　二回に2点を先制し、四回は阿部健太朗（2年）の二塁打で1点を追加したが、七回を終わってリードはわずか1点。それでも「僅差はいつも通り」（千葉拓人主将＝2年）とナインに焦りはなかった。八回は四球を足掛かりに1点を奪い、千田光琉《ひかる》（1年）、原田琉《るい》（2年）の適時打で突き放した。

　投げては今秋から背番号1を背負う遠藤亮祐（2年）が、9安打を浴びながらも2失点で投げ抜いた。「エースの責任がある。気持ちを高めて頑張りたい」と自覚十分だった。

11人一戸サヨナラ負け

盛岡中央 7―6 一戸

　一戸は八回は追い付く粘りを見せたが、サヨナラ負けで力尽きた。

　二回に大量6点を失っても諦めなかった。三回に苗代幅光琉《ひかる》（2年）、中村諒（同）、沢村陽《ひな》大《た》（1年）の連続長短打などで3点を奪って反撃開始。八回は四球に敵失などが絡み無安打で2点を返し、試合を振り出しに戻した。

　八回の打席で右腕泉久保由信（2年）が右腕に死球を受けた。直後の守りでは守備位置の大幅な変更を余儀なくされ、苗代幅がマウンドに立つなど勝利への執念を見せた。

　苗代幅は「地区ではこんなに打てず、雰囲気も悪かったが一丸になれた」と11人で戦ったチームを誇った。

FIRST ROUND

1回戦

9月19日

黒沢尻工は先発藤沢が15奪三振の力投。一関一は逆転で高田を下し、2回戦に駒を進めた。盛岡大付は集中打で粘る大東を振り切った。

■しんきん森山スタジアム

大東	0	0	0	0	0	0	0	0
盛岡大付	1	0	0	0	1	5	×	7

（七回コールド）

（大）滝沢―菊池央
（盛）遠藤、三浦、大平―田屋
【二】田屋（盛）

一関修紅	0	0	0	0	0	0	0	0	0	0
黒沢尻工	0	0	0	0	1	1	2	0	×	4

（一）千葉蓮、佐藤翔、小原―千葉圭
（黒）藤沢―嘉藤
【二】藤沢（黒）

高田	0	1	2	0	1	0	0	0	0	4
一関一	0	1	0	0	2	0	2	0	×	5

（高）平山―熊谷
（一）熊谷―千葉和
【二】吉田（高）軍司、橋野、高橋、須藤（一）

黒沢尻工・藤沢15奪三振

黒沢尻工―一関修紅　被安打2、15奪三振で一関修紅を完封した黒沢尻工の藤沢

黒沢尻工 4―0 一関修紅

黒沢尻工の大型右腕、藤沢主樹《かずき》（2年）が被安打2、15奪三振で完封した。六回には自らのバットで1点を追加し、背番号1が投打で躍動した。

「いつも逆球が多いが、今日は狙ったコースに投げられた」と納得の表情。130キロ台中盤の速球と100キロ以下の変化球で勝負した。190チセンの長身を生かしたダイナミックなフォームから投じたボールは切れ味抜群だった。

一関修紅、堂々の戦い

15年ぶりの秋の県大会に挑んだ一関修紅ナインは無得点で敗れたものの、強豪校に全力で立ち向かった。

先発は背番号11の千葉蓮（2年）。好調ぶりを買われて初戦の先発に抜てきされた。立ち上がりから丹念にコースを突き、タイミングを外す投球で四回まで無失点に封じた。マウンドを引き継いだエースの佐藤翔太（同）も粘り強く投げ、相手打線を4点に抑えた。

今夏は3年ぶりの1勝を挙げた。地区予選を勝ち上がり、県大会で戦う喜びを味わった。大会後は40試合ほどの練習試合をこなし、例年以上に実戦経験を積んだという。この日は相手投手に2安打に抑えられ、守りでは2失策。それでも最後まで食らいついた。

代打で出場した高橋謙心主将（2年）は「負けたがこの時期に強いチームと試合ができて良い経験になると思う。ミスを続けないチームを目指したい」とさらなる成長を誓った。

一関一、夏の雪辱

一関一 5―4 高田

一関一が逆転勝ちし、夏の準々決勝でコールド負けした高田に雪辱を果たした。

3―4と1点を追う七回2死一、二塁。1、2番の村上直也、菊池飛翔《つばさ》（ともに2年）の連打が、4番高橋紬（2年）に勢いを与えた。会心の左越え二塁打で2者が生還、劣勢をはね返す逆転打となった。

一方、今夏4強の高田は、平山千尋主将（2年）の142球の力投も実らなかった。「最初の流れを続けられたら良かったが、後半は相手がしっかり合わせてきた」と悔しがった。

高田―一関一　7回裏一関一2死一、二塁、高橋が2点二塁打を放ち5―4と逆転する

FIRST ROUND

1回戦

9月18日

花巻農と水沢工が、終盤の逆転で初戦を突破。盛岡工は主戦五日市の好投で久慈東に快勝。盛岡四は外野の好守で花巻北に競り勝った。

■花巻球場

花巻北	1	0	0	0	0	3	0	0	0	4
盛岡四	0	0	1	2	0	0	1	3	×	7

(花)中辻、畠山―宇津宮
(盛)岩渕、工藤、中塚―煙山
【二】宇津宮、袴田(花)菅原(盛)

久慈	0	0	1	1	0	1	1	0	0	4
花巻農	0	0	3	0	0	0	2	0	×	5

(久)播磨、松川、滝谷―川端
(花)藤原奏―瀬川
【三】川端(久)
【二】伊藤、高橋琉(久)三浦(花)

■しんきん森山スタジアム

大船渡東	2	0	0	0	0	0	0	1	0	3
水沢工	0	0	0	1	1	0	0	2	×	4

(大)仁木―新沼
(水)安倍、山本―高橋
【三】伊藤(水)
【二】仁木、野々村(大)

久慈東	0	0	0	0	0	0	1	1
盛岡工	1	6	0	0	0	0	1x	8

(七回コールド)

(久)大久保、長倉―谷地中
(盛)五日市―藤原大
【二】庭、高橋建、五日市(盛)

花巻農、執念スクイズ

花巻農 5―4 久慈

久慈―花巻農　7回裏花巻農1死一、三塁、瀬川のスクイズで5―4と勝ち越す

強打の花巻農がスクイズで決勝点をもぎ取った。3―4の七回、高橋悠仁《ゆうと》(2年)の右前打で同点に追い付き、なおも1死一、三塁。瀬川龍太主将(同)はベース前でバウンドした変化球に食らいつき、勝ち越しの走者を迎え入れた。

主戦藤原奏良《そら》(2年)は11安打を浴びながら4失点完投。花巻・宮野目中時代もバッテリーを組んだ瀬川が冷静なリードでもり立てた。直球が狙われていることを察すると、後半からはスライダーやチェンジアップを多投して相手打線に的を絞らせなかった。

瀬川は「次もしっかり勝って優勝を目指す」と力強かった。

水沢工、勝機逃さず

水沢工 4―3 大船渡東

水沢工は終盤の勝負どころで中軸の長打が飛び出した。狙い通りの攻撃で鮮やかに逆転し、競り合いを制した。

序盤は大船渡東のエースを攻めあぐねた。それでも千葉渉太監督は「球数が増える終盤になれば勝負できる」。その言葉通り、2―3の八回に上位打線が応えた。先頭の村上天馬主将(2年)が四球で出塁すると、佐々木大地(1年)が中前打で続き、盗塁で無死二、三塁の好機をつくった。

打席にはここまで2安打の3番伊藤諒比《あさひ》(2年)。「2人がつないでくれた」と鋭く振り抜いた打球は右中間を破る逆転の三塁打となった。

大船渡東―水沢工　8回裏水沢工無死二、三塁、伊藤が右中間に三塁打を放ち4―3と逆転する

盛岡地区（盛岡市・県営球場、八幡平市総合運動公園球場）

▽1回戦

江南義塾盛岡	0000000	0
盛岡農	106000×	7

（七回コールド）
（江）太田、三浦―出村
（盛）工藤、熊谷―大志田
【二】小野寺、坂本2（盛）

盛岡大付	105013	10
岩　手	000000	0

（六回コールド）
（盛）三浦、山口、武石―田屋
（岩）西村、桜田―小野
【本】金子（盛）【二】田屋、金子、平内、中沢（盛）

平　舘	000000300	3
不来方	100100000	2

（平）瀬川―阿部
（不）阿部―北舘
【三】神山（不）【二】武藤（平）神山（不）

盛岡工	3020221	10
盛岡南	1000000	1

（七回コールド）
（工）五日市―藤原
（南）吉田、一戸―藤沢
【二】菊池、高橋皇（工）

盛岡商	000000020	2
盛岡三	00000211×	4

（商）桜庭、佐々木空―佐々木悠
（三）下谷地―小柳
【三】小林（三）【二】下谷地、志和（三）

盛岡四	005400040	13
盛岡市立	001001600	8

（四）岩渕、工藤、千田、大志田、谷地―煙山
（市）田村、宮野、太布、三上、米田―稲葉、伊藤、佐藤
【三】工藤（市）【二】煙山（四）小田嶋、佐々木泰（市）

盛岡誠桜	000000000	0
盛岡中央	11201000×	5

（誠）木戸場、高橋宏、小田島、金森―小林
（中）中川―小笠原
【二】木戸場（誠）大沼、高林、小笠原（中）

盛岡一	2100217	13
盛岡北	1000002	3

（七回コールド）
（一）佐々木、菅、福井―金沢
（北）小野、佐々木永、山本―岩崎
【二】高橋、菅、川村、金沢（一）田頭（北）

▽代表決定戦

盛岡農	000001000	1
盛岡大付	00200000×	2

（農）熊谷―大志田
（付）遠藤、井口、山口―田屋
（盛岡大付は19年連続27度目）

盛岡四	000211000	4
盛岡三	000000001	1

（四）岩渕、谷地、中塚―煙山
（三）鷹觜、下谷地、佐々木諒―小柳
【本】酒井（四）【二】田沼（四）
（盛岡四は2年ぶり25度目）

平　舘	0000000	0
盛岡工	241010×	8

（七回コールド）
（平）田村―阿部
（盛）五日市―藤原
【三】藤原（盛）
（盛岡工は3年ぶり18度目）

盛岡一	000400000	4
盛岡中央	000000000	0

（一）佐々木、菅―金沢
（中）中川、斎藤―小笠原
【二】高林（中）
（盛岡一は4年連続28度目）

▽準決勝

盛岡四	000000000	0
盛岡大付	00000100×	1

（四）岩渕―煙山
（付）三浦―田屋
【二】金子（付）

盛岡工	000000010	1
盛岡一	00310000×	4

（工）五日市、滝本―藤原
（一）佐々木、菅―金沢
【二】仁佐瀬（工）佐々木、金沢（一）

▽第1、2代表決定戦

盛岡一	3100010003	8
盛岡大付	0000004010	5

（延長十回）
（一）菅、福井、工藤、佐々木―金沢
（付）武石、山口、渡辺―田屋
【三】平井（一）【二】高橋、川村、金沢（一）渡辺（付）

▽敗者復活1回戦

不来方	40100103	9
江南義塾盛岡	00002000	2

（八回コールド）
（不）阿部、佐々木―北舘
（江）三浦、太田―出村
【三】太田（江）【二】出村（江）

盛岡南	010100010	3
岩　手	21003100×	7

（盛）吉田、一戸―藤沢
（岩）西村―小野
【本】吉田（盛）【三】阿部（岩）【二】一戸（盛）

盛岡商	010025013	12
盛岡誠桜	410000010	6

（商）佐々木空、桜庭―佐々木悠
（誠）金森、木戸場、小田島、金森―小林
【三】成ケ沢（誠）【二】佐々木悠2、盛内、広田（商）金森（誠）

盛岡　北	00000	0
盛岡市立	14041x	10

（五回コールド）
（北）山本、佐々木、小野―岩崎
（市）田村、太布―稲葉
【三】三浦、米田、佐藤（市）

▽敗者復活2回戦

不来方	00010021000	4
岩手	2011000000 1x	5

（延長十一回）
（不）阿部、佐々木―北舘
（岩）桜田、西村―小野
【三】阿部（岩）【二】佐々木（不）田山、桜田（岩）

盛岡市立	000010110	3
盛岡商	00001300×	4

（市）田村、宮野―稲葉、佐藤
（商）桜庭―佐々木悠
【二】宮野2（市）広田（商）

▽敗者復活代表決定戦

盛岡中央	010300010	5
盛岡三	000001000	1

（中）斎藤―小笠原
（三）下谷地、鷹觜―小柳
【二】高林、小笠原（中）
（盛岡中央は6年連続22度目）

平　舘	0210100	4
盛岡農	1002026x	11

（七回コールド）
（平）瀬川―阿部
（盛）熊谷―大志田
【三】大志田（盛）【二】藤原、阿部（平）熊谷、高橋（盛）
（盛岡農は2年連続5度目）

盛岡三	003000000	3
岩　手	000000002	2

（盛）下谷地、鷹觜―小柳
（岩）西村―小野
【本】田山（岩）【二】伊藤（岩）
（盛岡三は11年連続23度目）

平　舘	000000000	0
盛岡商	00300100×	4

（平）田村、瀬川、田村、瀬川―阿部
（盛）桜庭―佐々木
【二】広田、阿部（盛）
（盛岡商は5年連続32度目）

花巻地区（花巻市・花巻球場）

▽1回戦

花巻南	4002100001	8
花北青雲	4000002010	7

（延長十回）
（南）高橋、桜田、小原大知―平野
（青）菅原、藤原、高橋文、小原―高橋翔
【三】及川（南）【二】堀、高橋、佐藤、及川（南）

花巻農	000001000	1
花巻東	01030300×	7

（農）藤原奏、菅原―瀬川
（東）菱川、平井―田代
【本】高橋悠（農）【三】佐藤、菱川2、黒沢（東）【二】渡辺、菱川（東）

花巻北	4031103	12
遠野緑峰	0000010	1

（七回コールド）
（花）中辻―宇津宮
（遠）桜井、佐々木康―菊池潤
【三】袴田（花）菊池宏（遠）【二】袴田2、宇津宮2（花）佐々木康（遠）

▽代表決定戦

花巻北	23021000104	13
遠野	20004111002	11

（延長十一回）
（花）中辻、畠山―宇津宮
（遠）菊池宏、佐々木秀、菊池楽、神原、菊池楽―石田
【二】宮内、佐藤、白藤（花）菊池瑛（遠）
（花巻北は2年ぶり29度目）

花巻東	2000212	7
花巻南	0000000	0

（七回コールド）
（東）中居―田代
（南）高橋―平野
【二】田代、平井、菊池（東）名須川（南）
（花巻東は16年連続38度目）

▽第1、2代表決定戦

花巻北	001002	3
花巻東	050026x	13

（六回コールド）
（北）中辻、畠山―宇津宮
（東）南、平井、菱川―田代
【二】宮内（北）田代、菊池、平井（東）

▽敗者復活1回戦

花北青雲	200000000	2
花巻農	00000304×	7

（青）小原、藤原―高橋
（農）遠藤、藤原奏―瀬川
【二】高橋空、遠藤2、佐藤（農）

▽敗者復活2回戦

花巻南	0120223	10
遠野緑峰	0000000	0

（七回コールド）
（花）柿沢、高橋―平野
（遠）佐々木康、佐々木幹、菊池優、桜井―菊池潤
【三】小原（花）【二】堀、柿沢、沢田（花）

花巻農	520111	10
遠野	000000	0

（六回コールド）
（花）藤原奏―瀬川
（遠）佐々木秀、菊池楽、神原―石田
【本】葛巻（花）

▽敗者復活代表決定戦

花巻南	0000000	0
花巻農	1001024x	8

（七回コールド）
（南）高橋―平野、多田
（農）藤原奏―瀬川
【本】葛巻、遠藤（農）
（花巻農は2年連続13度目）

北奥地区（北上市民江釣子球場、金ケ崎町・しんきん森山スタジアム）

▽1回戦

黒沢尻北	002010402	9
黒沢尻工	021020011	7

（北）星、渡辺―佐藤
（工）藤沢、根本、熊谷、佐藤―嘉藤
【三】鎌田（北）【二】高橋寛、鎌田（北）根本、舘洞、土屋（工）

▽2回戦

水沢工	3 1 10 0 1	15
岩谷堂・水沢農・前沢・北上翔南	00100	1

（五回コールド）
（水）佐々木、小野寺、山本―高橋
（岩）及川―坂内
【三】及川（水）【二】村上、及川、阿部一、高橋（水）

西和賀	000000	0
専大北上	001333x	10

（六回コールド）
（西）新田、広沼―加藤
（専）長島―和多田
【本】長島（専）【二】遠藤、泉山、平野、湯浅、長島（専）

黒沢尻北	2100000	3
水沢	1401004x	10

（七回コールド）
（黒）渡辺、松本、星―佐藤
（水）伊藤―竹田
【三】小野寺（水）【二】高橋颯2、滝津（黒）伊藤、菊地、竹田、及川（水）

金ケ崎・水沢一	100000010	2
水沢商	02110001×	5

（金）新田―伊藤
（水）遠藤―荒井
【三】海鋒、鈴木（金）【二】荒井（水）

▽代表決定戦

水沢	012000300	6
水沢商	000000000	0

（水）宇部、菊池、門脇―竹田、鈴木
（商）原田、阿部―荒井
（水沢は4年連続34度目）

水沢工	001000000	1
専大北上	20000023×	7

（水）安倍、山本―高橋
（専）佐藤―川上
【三】長島（専）【二】湯浅、福島2、平野2、長島（専）
（専大北上は19年連続37度目）

▽第1、2代表決定戦

専大北上	000000100	1
水沢	000010001x	2

（専）長島、佐藤―和多田、川上
（水）伊藤―竹田
【二】遠藤2（専）小野寺（水）

▽敗者復活1回戦

岩谷堂・水沢農・前沢・北上翔南	00000	0
黒沢尻工	4314×	12

（五回コールド）
（岩）及川―坂内
（黒）藤沢―嘉藤
【二】菊池（岩）

▽敗者復活2回戦

西和賀	1000100	2
黒沢尻北	0412011x	9

（七回コールド）
（西）新田、広沼―加藤
（黒）小原、藤原―佐藤
【三】佐藤（黒）

金ケ崎・水沢一	0000000	0
黒沢尻工	200043×	9

（七回コールド）
（金）新田、海鋒―伊藤
（黒）根本―嘉藤
【三】鶴田隼、熊谷、根本（黒）【二】舘洞、鶴田隼（黒）

▽敗者復活代表決定戦

黒沢尻北	000030001	4
水沢商	00000510×	6

（黒）山田、渡辺、星―佐藤晃
（水）遠藤―荒井
【二】高橋寛、山田（黒）荒井（水）
（水沢商は2年ぶり7度目）

黒沢尻工	00401005	10
水沢工	01000000	1

（八回コールド）
（黒）根本、藤沢―嘉藤
（水）山本、小野寺―高橋
【二】舘洞、柏葉（黒）吉田、高橋（水）
（黒沢尻工は6年連続36度目）

黒沢尻北	401000020	7
水沢工	24030002×	11

（黒）松本、星―佐藤
（水）安倍―高橋
【三】村上、及川（水）【二】所、高橋寛、鎌田（黒）伊藤、高橋、吉田（水）
（水沢工は2年連続18度目）

一関地区（一関市・一関総合運動公園球場）

▽1回戦

花泉	0000000	0
一関学院	102230×	8

（七回コールド）
（花）石田、和久―佐藤信
（一）千葉、岩鼻、吉田―高橋、杉沢
【三】佐藤拓（一）【二】小松、佐々木、奥谷（一）

▽2回戦

一関修紅	201040010	8
一関二	002003002	7

（修）佐藤翔、千葉蓮、小原―千葉圭

(二)岩渕—及川裕
【三】田村、渡辺、小原(修)及川孔(二)【二】渡辺、佐々木(二)

大　東1002240｜9
千　厩0000000｜0
(七回コールド)
(大)滝沢—菊池央、小山
(千)及川亜、千葉—星
【二】菊池央(大)

一関一
121010433｜15
310100102｜8
一関高専
(一)小原、小野寺、千葉洸—千葉和、武田
(高)吉田、高橋—八巻
【三】橋野、菊池(一)八巻(高)
【二】菊池、軍司、高橋(一)熊谷、佐々木(高)

一関学院
100141001｜8
102000000｜3
一関工
(学)山崎、伊藤—高橋
(工)菅原—阿部

▽代表決定戦

一　関　一00011｜2
一関学院30441x｜12
(五回コールド)
(一)熊谷、小原—千葉
(学)奥谷—高橋
【三】小松(学)【二】佐藤拓2、八幡(学)
(一関学院は17年連続37度目)

一関修紅
000200100｜3
000000000｜0
大東
(一)千葉蓮—千葉圭
(大)滝沢、佐藤彗—菊池央
【本】渡辺(一)【二】田村、佐藤、那須(一)
(一関修紅は15年ぶり8度目)

▽第1、2代表決定戦

一関修紅
000021000｜3
000021001x｜4
一関学院
(修)佐藤翔、小原、佐藤翔、小原—千葉
(学)山崎、伊藤—杉沢、高橋
【二】岩渕(学)

▽敗者復活1回戦

千　厩021000100｜4
一関二20021002×｜7
(千)及川亜—星
(一)氏家、岩渕—及川裕
【三】岩渕(一)【二】及川孔、渡辺(一)

▽敗者復活2回戦

一関工021000103｜7
一関二00102140×｜8
(工)熊谷優、菅原—阿部
(二)及川孔、岩渕—及川裕
【三】及川(工)小野寺(二)【二】及川裕、佐々木(二)

沿岸南地区（釜石市・平田公園球場）

▽1回戦

大船渡304011000｜9
釜　石300410000｜8
(大)高、葉内、佐々木啓—梅沢
(釜)木下、中館—佐々木
【三】朴沢、今野(大)【二】村上翔、梅沢(大)中館、八幡、臼沢(釜)

一関高専4002322｜13
花　泉0201000｜3
(七回コールド)
(一)吉田—八巻
(花)石田、和久、石田—佐藤信、佐藤祐
【三】佐々木、千葉、熊谷、内海(一)【二】真籠、熊谷(一)

▽敗者復活代表決定戦

一関一2410412｜14
一関二2000012｜5
(七回コールド)
(一)須藤—千葉
(二)及川孔、菅原、岩渕—及川裕
【二】千葉、軍司、高橋(一)小野寺、田原、佐々木(二)
(一関一は2年ぶり43度目)

大東
200014401｜12
000005010｜6
一関高専
(大)佐藤彗、滝沢—菊池央
(一)吉田、高橋—八巻
【三】高橋(大)【二】菊池央(大)千葉、八巻(一)
(大東は4年ぶり13度目)

高田
000051000｜6
000001201｜4
釜石商工
(高)平山—熊谷
(釜)小野、佐々木稜—平野
【本】千葉(高)【三】吉田、熊谷、千葉(高)佐々木優2(釜)【二】大久保(高)

▽代表決定戦

大船渡東
000010050｜6
010010002｜4
大船渡
(東)仁木—新沼
(大)高、葉内、佐々木啓、千葉翔—梅沢
【二】佐々木(東)朴沢(大)
(大船渡東は4年ぶり5度目)

高　田0010000001｜2
住　田0000000001｜1
(高)平山—熊谷
(住)村上颯—村上龍
【二】鳥沢(高)
(高田は6年連続39度目)

▽第1、2代表決定戦

高　田4012000｜7
大船渡東0000000｜0
(七回コールド)
(高)平山—熊谷
(大)金野、熊谷大、仁木—野々村、新沼
【二】大久保、鳥沢(高)

▽敗者復活1回戦

釜　石010000030｜4
住　田000020012x｜5
(釜)木下、中館—佐々木
(住)瀬川—村上龍

大船渡
003110000｜5
011001010｜4
釜石商工
(大)高—梅沢
(釜)小野、佐々木稜—平野
【三】中村(釜)【二】今野(大)

▽敗者復活代表決定戦

住　田0003000｜3
大船渡0610102x｜10
(七回コールド)
(住)村上颯、瀬川—村上龍
(大)高、佐々木啓—梅沢
【三】佐々木颯(大)【二】村上和(大)
(大船渡は4年連続35度目)

沿岸北地区（宮古市・宮古運動公園球場）

▽リーグ戦

岩泉・山田・大槌(1敗)
01001｜2
02217x｜12
宮古商工(1勝)
(五回コールド)
(岩)植田、前川、阿部—塚本
(宮)川戸—橋場
【三】植田(岩)瀬川、鈴木、宇都宮(宮)【二】佐々木丈2、荒川、川戸(宮)

宮古(1勝)
000020702｜11
004003000｜7
岩泉・山田・大槌(2敗)
(宮)菊地、中村、久保田—山口、若狭
(岩)植田—前川
【二】若狭2、菊地(宮)小笠原、小国(岩)

宮古(2勝)
203001120｜9
002200000｜4
宮古商工(1勝1敗)
(宮)久保田涼、中村—若狭
(商)川戸、藤田、穂高—橋場
【本】鈴木(商)【三】菊地(宮)【二】福士2(宮)穂高、佐々木丈、鈴木(商)
(宮古は6年連続39度目)

県北地区（軽米町ハートフル球場、葛巻町総合運動公園球場）

▽1回戦

葛　巻000100000｜1
久慈東40010021x｜8
(八回コールド)
(葛)滝浪、大上、関—服部
(久)北沢総、谷地、浅水—谷地中

軽　米200001000｜3
一　戸12030000×｜6
(軽)井戸渕拓、皆川—佐々木
(一)泉久保—大森
【三】土屋(一)【二】井戸渕拓(軽)白坂、沢村(一)

▽2回戦

伊保内000000002｜2
福　岡13000001×｜5
(伊)森—林
(福)釜石—日影館
【二】山市(福)

久慈東1000000｜1
久　慈260200×｜10
(七回コールド)
(東)長倉、大久保—谷地中
(久)播磨、松川—川端

【二】吉田大(東)
福岡工 00000200 2
大野・種市・紫波総合 00203004x 9
(八回コールド)
(福)奥、立花、宮沢―高森
(大)上畑―小子内
【二】高際(大)
久慈工 100000000 1
一戸 10100010× 3
(久)長根、大道―三浦
(一)苗代幅―大森
【三】坂本(久)苗代幅(一)
▽代表決定戦
福岡 012101000 5
久慈 004001001x 6
(福)釜石―漆原
(久)播磨、松川、滝谷―川端
【二】谷地2、野崎陸(久)
(久慈は2年連続26度目)
一戸 0210002000002 7
大野・種市・紫波総合 1000001300000 5
(延長十三回タイブレーク)
(一)白坂、泉久保―大森
(大)下苧坪―小子内
【三】高際(大)【二】泉久保(一)馬場(大)
(一戸は2年ぶり20度目)
▽第1、2代表決定戦
久慈 111370 22
一戸 00000 0
(五回コールド)
(久)松川、舘石、沢里―川端、吉田
(一)堀内、白坂、泉久保、苗代幅―大森
【三】谷地、伊藤(久)【二】伊藤、川端(久)
▽敗者復活1回戦
葛巻 001220100 6
福岡工 00330011× 8
(葛)滝浪、大上、関―服部
(福)高田―高森
【二】大上、服部、伊藤、辰柳(葛)田口、高田、高森、立花(福)
久慈工 01000 1
福岡 5254× 16
(五回コールド)
(久)長根、大道―三浦
(福)村田、平―漆原、日影舘
【三】舘山(福)【二】和山、舘山(福)
軽米 000000000 0
伊保内 00001300× 4
(軽)井戸渕拓、皆川、井戸渕拓―佐々木
(伊)森―林
【三】屋形場、七戸(伊)
久慈東 010010020 4
大野・種市・紫波総合 000010000 1
(久)大久保、長倉―谷地中
(大)上畑―小子内
【二】北沢総、谷地中、清水(久)下苧坪(大)
▽敗者復活代表決定戦
福岡工 00010 1
福岡 4308× 15
(五回コールド)
(工)宮沢、奥―高森
(福)竹田、平―日影舘
【三】立花(工)和山、大平(福)【二】山市(福)
(福岡は17年連続50度目)
久慈東 102002030 8
伊保内 200000002 4
(久)大久保、浅水、長倉―谷地中
(伊)森、屋形場、中野―林
【三】北沢総(久)【二】吉田大晟、北沢総、村上(久)森(伊)
(久慈東は2年ぶり10度目)
福岡工 00001030 4
伊保内 21221012x 11
(八回コールド)
(福)高田、奥、宮沢―高森
(伊)森―林
【本】山本(伊)【二】立花、高森(福)日向(伊)
(伊保内は2年連続14度目)

2週間余りにわたり熱戦を繰り広げ、盛岡大付の優勝で幕を閉じた夏の岩手大会。平年より12日も早く梅雨明けとなり、大会後半は炎天下のグラウンドで球児たちが懸命に白球を追った。準々決勝では水沢工が劇的な延長サヨナラ勝ちを収め、38年ぶりのベスト4入りで大会を盛り上げた。来年はどんなドラマが待っているだろうか。応援団の声援と満員のスタンドが球場に戻ってくることを信じて―=7月19日、花巻・花巻球場